教材に「しかけ」をつくる国語授業10の方法

文学アイデア50

桂　聖 編著
授業のユニバーサルデザイン研究会沖縄支部 著

東洋館出版社

まえがき

あなたは、楽しくて力がつく国語授業をしたいと思いませんか。

いくつかの学校や研究会で、小学校教師を対象にして、国語授業に関する問題意識に関するアンケート調査を行いました。質問項目は「あなたが国語授業をする上で、一番困っていることは何ですか？」です。その結果、一番多かったのが**「指導方法」**に関する問題でした。**国語授業の教え方がわからない**というものです。

国語は、授業時数が一番多い教科で、誰もが重要な教科だと考えています。しかし、教え方が単調になりやすく、マンネリ化しやすい教科です。

例えば、文学の授業では、「大造じいさんの気持ちは、どの言葉からわかりますか？　線を引きなさい」「なぜ、大造じいさんは、銃を下ろしたのですか？」など、どの学年でも、どの教材でも同じような学習活動が行われ、登場人物の心情理解に偏《かたよ》った指導が行われています。

あるいは「朗読発表会をしよう」などの活動ばかりが先行してしまって、その結果、読解力が身についていないという問題も指摘され始めています。

説明文の授業も同様です。一問一答で、説明内容の理解に傾斜した指導になりがちです。

指導方法に関する問題意識が高いということは、マンネリ化した国語授業に問題を感じていて、楽しくて力がつく国語授業の指導方法を知りたいという気持ちの表れだと思います。

さて、その有効な指導方法の一つが、本書で提案する「教材のしかけづくり」です。

①順序を変える　②選択肢をつくる　③置き換える　④隠す
⑤加える　⑥限定する　⑦分類する　⑧図解する
⑨配置する　⑩仮定する

この「10の方法」によって、明日からの国語授業が、間違いなく、楽しいものに変わります。

ただし、注意することもあります。それは「指導内容」「授業展開」の問題です。

教材のしかけづくりは、あくまでも一つの「方法」。その「目的」とは、読むことの授業で言えば、「指導内容」としての読む力の習得です。これらの指導内容を明らかにすることも必要です。

また、しかけ教材を提示した後は、話し合い活動をどのように展開すればよいのでしょうか。教材のしかけづくりにおける「授業展開」の問題も避けて通れません。

本書では、「教材のしかけづくり」という「指導方法」の提案を中心としながらも、その「授業展開」の方法や、その結果、身につけさせたい読みの力としての「指導内容」についても言及しています。

ところで、本書は、授業のユニバーサルデザイン研究会沖縄支部（ＵＤ研沖縄支部）の先生方との共著です。企画してから約十カ月の間、何度も沖縄に行ったり、Ｓｋｙｐｅで話し合ったりして、のべ何百本も原稿を検討してきました。

数多くの原稿検討をこなしていくうち、**「教材のしかけづくり」は、単なるアイデアレベルの話ではなく、次のように「授業の一連のストーリーそのものである」**ことがわかりました。

教師がしかけ教材を提示すると、子どもがつぶやき始める。それをとらえて問い返し、学習課題を設定する。課題に対する子どもの意見を論理的な読み方に落とし込んで整理する。

こうした授業のストーリーとして見せるために、最初は片側1ページだけの予定でしたが、見開き2ページで、教材提示のビフォアとアフターとして読んでもらうことにしました。これまでの教育書にはない新しいレイアウトに挑戦できたと自負しています。

ＵＤ研沖縄支部の先生方は、ベテランの小島哲夫先生や長浜朝子先生を除くと、全員が教師二年目の先生方です。この若い先生方は、原稿を書くこと自体が初めての経験。なかなか書けなくて、何度も涙を流したことがあるでしょう。

ただ、原稿を何度も何度も書き直す頃、ある先生がこんなことを私に笑顔で言いました。

「国語の授業をするのが楽しくなってきました！」

教師二年目の先生が、こんなに力強い言葉を言うなんて……。そのときの驚きと感動は忘れられません。私なんて、最近になって、国語授業の楽しさをやっと感じているぐらいですから。

本としてまとめることも大事ですが、それ以上に、若い先生方が、本書の執筆や原稿検討を通して、確実に授業の実力をつけてきていることも嬉しく思います。

あなたの国語授業も、教材のしかけづくりで、きっと、楽しくて力がつくものになります！

本書の提案やアイデアが、日本の国語授業を大きく改善していくきっかけになると信じています。「わかった！」「できた！」という子どもたちの声が、教室中に飛び交うことを願ってやみません。

ＵＤ研沖縄支部の先生方には、私の様々な理不尽な要求に対しても、前向きに取り組んでいただきました。苦労を乗り越え、こうして一緒になって世に問うことができることを、心から感謝しています。ありがとうございました。

最後になりましたが、東洋館出版社様には、本企画へのご賛同をいただき、お陰で私たちの夢が実現できました。心からお礼申し上げます。

筑波大学附属小学校　桂　聖

Contents

もくじ

第1章 教材にしかけをつくる国語授業
「10の方法」の考え方・進め方　桂　聖

第2章 文学教材のしかけづくり 50のアイデア

第3章 文学教材のしかけづくり 実践例

第1章

教材にしかけをつくる国語授業

「10の方法」の考え方・進め方

1　教材にしかけをつくるとは？

筑波大学附属小学校　桂　聖

子どもたちが、楽しく「わかる・できる」国語授業をつくる。これは、すべての教師の願いではないでしょうか。

でも、現実は厳しいです。

国語の授業の多くは、教科書教材をそのまま扱う授業です。すると、子どもは、すでにあるものを受け入れるだけになります。能動的に学ぶ姿を引き出すことは、かなり難しいと言っていいでしょう。

しかし、**教材をそのまま扱うのではなく、教材にしかけをつくって提示します。すると、子どもたちが「話したくなる」「考えたくなる」授業に変えていくことができます。**

例えば、四年生「ごんぎつね」の授業で説明しましょう。

導入で、次のような文を提示して、音読をするように言います。

> ①ふと見ると、川の中に人がいて、おどりをやっています。

「えっ、おどり？」と、首を傾げる子がいます。くすっと笑う子もいます。

その様子をとらえて、次のように言います。

「今、笑う子がいましたが、なぜでしょうね？」

「変なところがある」

「そうです。この文には、変なところがあります。今日の勉強は、変なところ探しです」

子どもたちの表情が、ぱっと明るくなります。

続けて、次の文を次々に見せて、音読してもらいます。

②兵十は、見つからないように、そうっと草の深い所へ歩きよって、そこからじっとのぞいてみました。
③「兵十だな。」
と、ごんは思いました。
④兵十は、ぼろぼろの黒い着物をまくし上げて、こしのところまで水にひたりながら、魚をとるはりきりというなべをゆすぶっていました。

これらの四つの文には、それぞれ一つずつ変なところがあります。

あなたは、わかりますか。

答えは、次のとおりです。

①（誤）おどり　→（正）何か
②（誤）兵十　→（正）ごん
③（誤）「兵十だな。」と、ごんは思いました。→（正）「兵十だな。」と、ごんは思いました。
※会話文の場合は改行しますが、この文は地の文なので改行しません。
④（誤）なべ　→（正）あみ

まず、ごんは、川の中の人が「何か」をやっているところを見ます。そして、「ごん」は、そうっと覗いてみます。「兵十だな。」と思います。よく見ると、「あみ」をゆすぶっています。ごんは、「何か」→「兵十だな」→「あみ」と、兵十の様子を見続けているのです。

この場面の文章は、語り手の地の文だけです。つまり、語り手が、ごんの視点から、兵十にズームアップしながら語っているのです。

この授業の導入では、視点にかかわる重要語句を**「置き換える」**というしかけをつくることで、ごんがズームアップして見ていることに注目させています。

こうして**教材にしかけをつくることで、子どもは、自ら教材に働きかけ始めます。つい考えて、話し始めます。受動から能動的な子どもの姿を引き出すことができるのです。**

教材のしかけづくりの目的は、教科書教材をそのまま扱った授業では見られなかったような

「意欲と思考の活性化」を図ることです。

実は、教材にしかけをつくるというのは、**「教材の安定を崩す」**ということです。

たとえると、水の入ったコップが、机のぎりぎりの端にある状態。コップが机の真ん中にあれば、特に何も感じません。でも、そのコップが机のぎりぎりの端に置いてあり、しかも、その底が少し、机からはみ出していると想像してみてください。すると、「ねえ、水がこぼれるよ！ 真ん中に置いて！」など、誰もが話したくなるはずです。

教材も同じです。文章の内容や構成に違和感がないと、強く表現したい気持ちにはなりません。しかし、内容や構成に違和感があると、人は、つい話したくなるのです。

教材にしかけをつくるとは「安定していた教材を、意図的に不安定な状態する」ということ。

教科書教材は、もちろん教材です。ところが、そのままの状態では、子どもが動き出す教材とは言えません。教材にしかけをつくるとは、教科書教材（教科書以外の教材でも可）を、子ども自らが考えたくなり、話したくなる教材に加工することです。比喩的に言えば「教材を教材化する」ということです。

しかし、単に、教材にしかけをつくって、クイズのように楽しくすればよい、というものではありません。**「教材にしかけをつくることで、指導の目的が達成できること」が重要**です。

例えば、先の「ごんぎつね」の授業の例でいえば、視点にかかわる重要語句を「置き換える」ことで、ごんが、ズームアップしながら兵十の様子を見ていることをイメージすることが、指導の目的になります。

教材にしかけをつくることは、あくまでも「指導の方法」。「指導の目的」は、文章の内容や論理的な読み方の理解です。

また、教材にしかけをつくる授業は、先の「ごんぎつね」のような物語文教材だけではなく、説明文教材でもできます。本書では、読むことの授業だけしか扱いませんが、音声言語教材、作文教材などでも、有効な指導方法です。

教材にしかけをつくることによって、論理的な「話し方・聞き方、書き方、読み方」を、子ども自らが学ぶようにすることができるのです。

2 「10の方法」の具体例

冒頭で紹介した「ごんぎつね」の授業では、「置き換える」というしかけの方法を紹介しましたが、その方法だけではありません。これまでの私の実践をふり返ってみると、教材のしかけづくりは、次の「10の方法」として帰納的に整理することができました。

①順序を変える　②選択肢をつくる　③置き換える　④隠す
⑤加える　⑥限定する　⑦分類する　⑧図解する
⑨配置する　⑩仮定する

以下、これらについて、例を挙げながら説明します。

方法1 ▼ 順序を変える

二年生の物語文「お手紙」（光村図書二年下）の授業です。

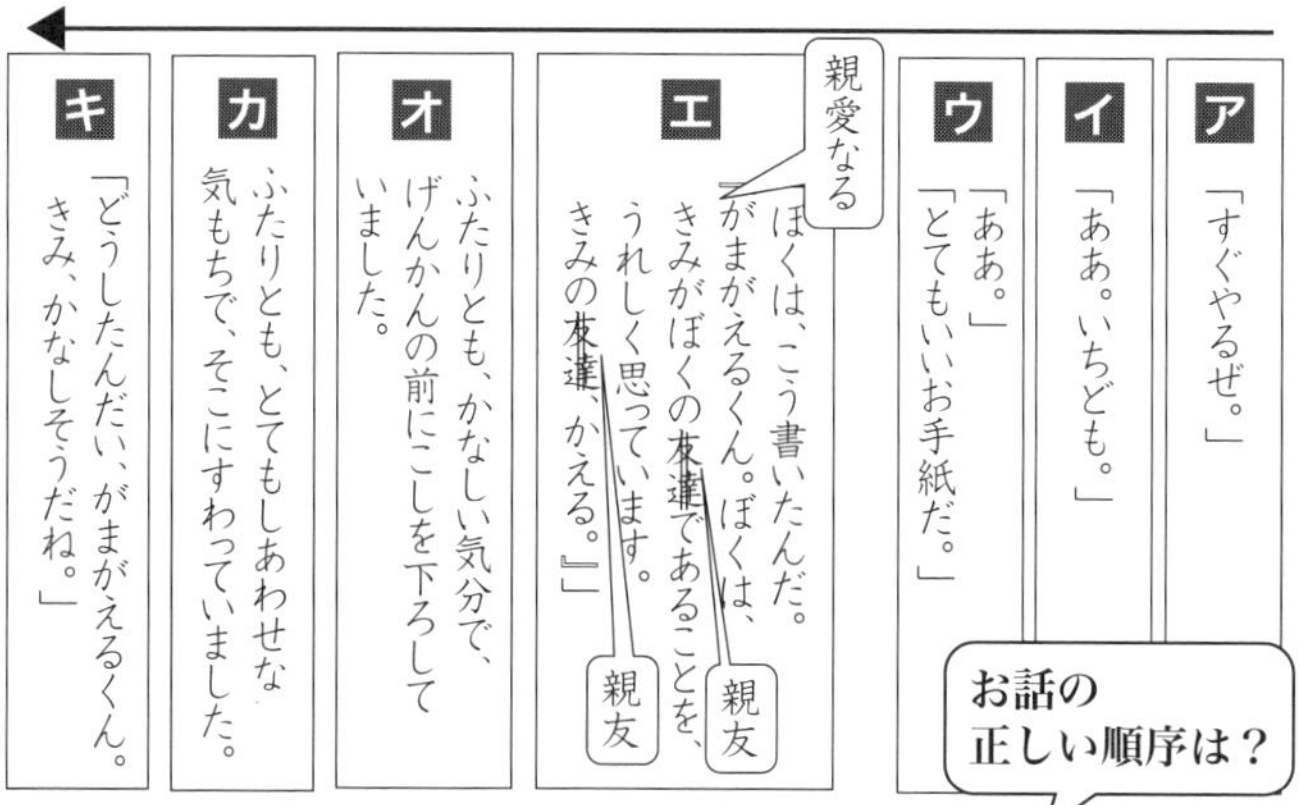

【図1　順序を変える（文）「お手紙」】

まず、黒板の上のほうに、右から左へ矢印を引きます。次に、順序がばらばらになっているセンテンスカード（図1）を提示すると、子どもたちが口々に話し始めます。

「ねえ、お話の順序と違うよ！」

そのつぶやきをとらえて、

「そう。お話の正しい順序に並び替えることができるかな？」

と、問い返します。

そして、話し合いをしながら、センテンスカードを並び替えます。

このしかけは、**「文の順序を変える」**。**この活動の目的は、物語のストーリーを思い出すこと**です。

ちなみに、この事例は「文」の順序でしたが、教材や指導の目的によっては「語句」「段落」「挿絵」などの順序を変えるというしかけをつくることも想定できます。

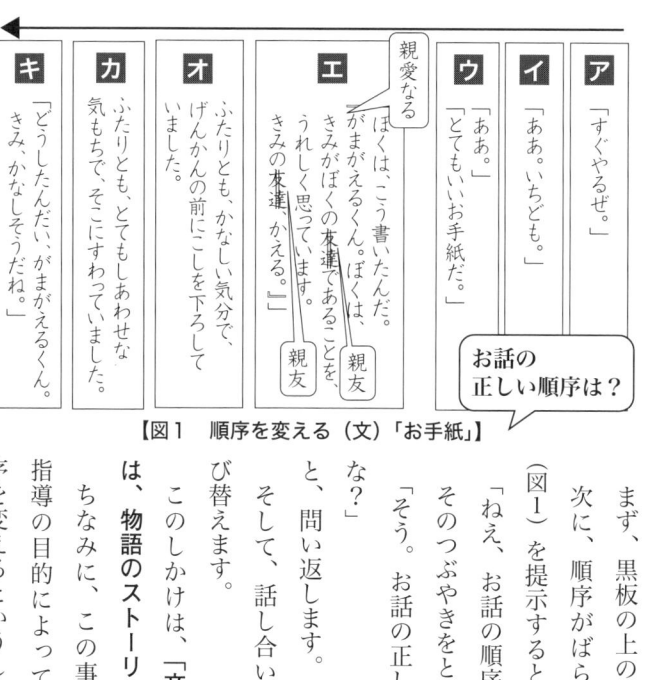

方法2 ▼ 選択肢をつくる

三年生の説明文「たねの旅」（大阪書籍一年生の教科書に掲載されていた教材文を桂がリライトしたもの）の授業です。

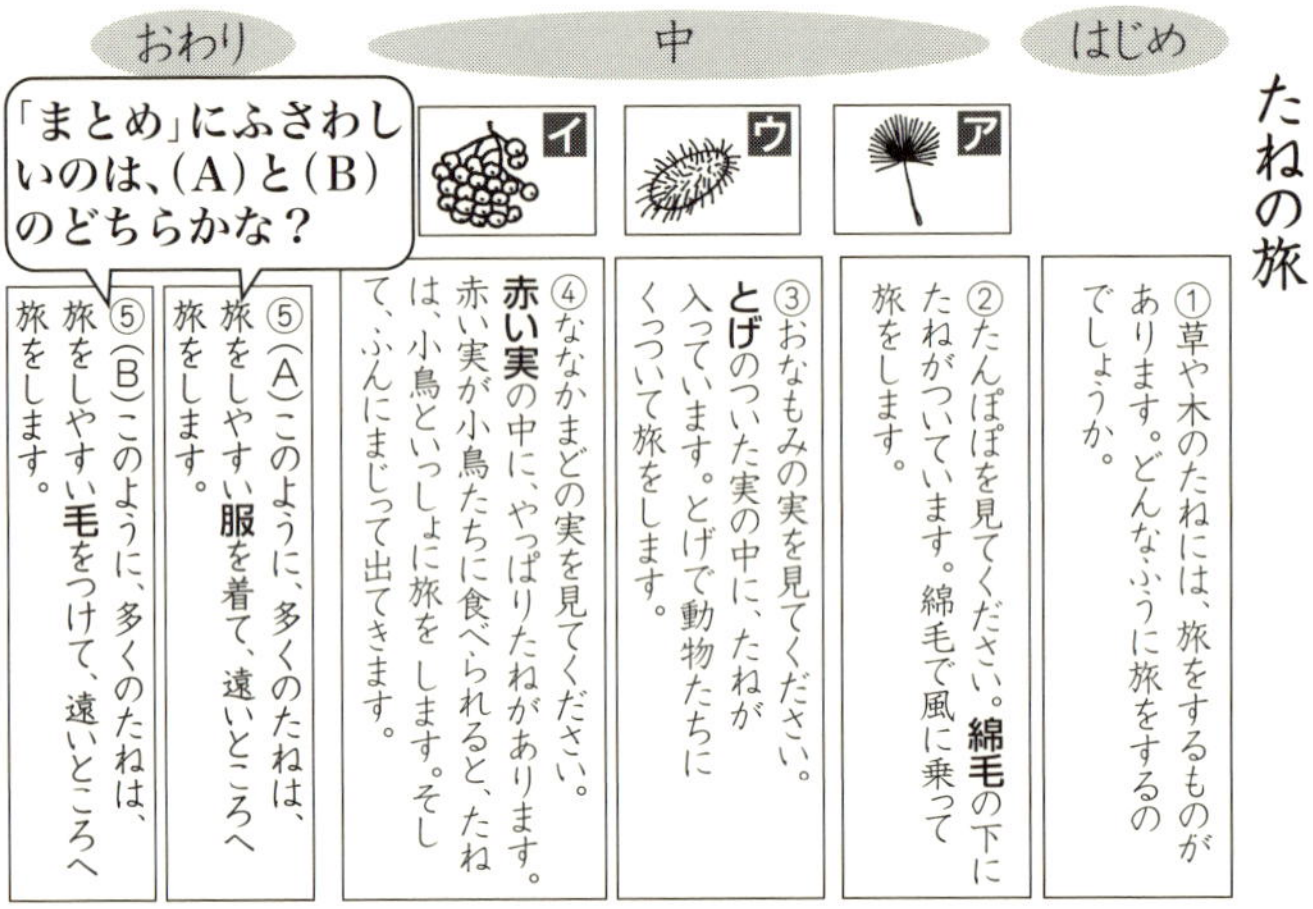

たねの旅
はじめ
中
おわり
ア
ウ
イ
①草や木のたねには、旅をするものがあります。どんなふうに旅をするのでしょうか。
②たんぽぽを見てください。綿毛の下にたねがついています。綿毛で風に乗って旅をします。
③おなもみの実を見てください。とげのついた実の中に、たねが入っています。とげで動物たちにくっついて旅をします。
④ななかまどの実を見てください。赤い実の中に、やっぱりたねがあります。赤い実が小鳥たちに食べられると、たねは、小鳥といっしょに旅をします。そして、ふんにまじって出てきます。
⑤(A)このように、多くのたねは、旅をしやすい服を着て、遠いところへ旅をします。
⑤(B)このように、多くのたねは、旅をしやすい毛をつけて、遠いところへ旅をします。
「まとめ」にふさわしいのは、(A)と(B)のどちらかな？

【図2　選択肢をつくる（段落）「たねの旅」】

授業の前半では、この文章の「はじめ」と「中」の部分しか見せません。授業の後半では、「おわり」の部分の選択肢（図2）を出して尋ねます。

「『おわり』のまとめにふさわしいのは、⑤（A）と⑤（B）、どちらかな？」

この活動の目的は、事例とまとめのつながりを理解することです。「綿毛」「とげ」「赤い実」の事例を、「服」と「毛」のどちらの表現でまとめることがよいのかを話し合います。

ちなみに、この場合では、終わりの「段落」の選択肢をつくりました。方法1「順序を変える」もそうでしたが、この方法2においても、**「語句」「文」「段落」「場面」「挿絵」「写真」「題名」**などの**「しかけの規模」**を変えて、様々な種類の「選択肢をつくる」ことが想定できます。

こうした考え方は、教材のしかけづくりのすべてで同じことがいえます。**「10の方法×しかけの規模」によって、様々なバリエーションのしかけをつくることができる**ということです。

方法3 ▼ 置き換える

三年生の物語文「海をかっとばせ」（光村図書三年上）の授業です。

①

今はまだ
ベンチせんもんだが、
夏の大会までには、
なんとかしあいに
出たいと思っている
だろう。

②

五十回をすぎたころ
から、うでがだんだん
軽くなった。足が
ふらつき、目が回る。

③

まるで、ピッチング
マシンのように、
波がしらがぎゅうんと
もり上がっては、
黒いボールを
投げこんでくる。

④

かっとばせ。
ワタル。

⑤

ワタルは、
しっかりと
せなかを丸めて、
ダイヤモンドを
一周する。

⑥

「たぶん
来るからね。」

変なところは？

【図3　置き換える（語句）「海をかっとばせ」】

①〜⑥のセンテンスカード（図3）を、一枚ずつ提示していきます。

それぞれのカードには、一カ所ずつ誤った表現があります。誤った表現を正しい表現に直します。

冒頭で紹介した「ごんぎつね」の事例と同様、「変なところ探し」の活動です。答えは、次の通りです。

①（誤）〜と思っているだろう。
↓（正）〜と思っている。
②（誤）軽く
↓（正）重く

③（誤）黒い
↓（正）白い
④（誤）かっとばせ。ワタル。
↓（正）「かっとばせ。ワタル。」
⑤（誤）せなかを丸めて
↓（正）むねをはって
⑥（誤）たぶん
↓（正）絶対

正誤だけを確認するのでは、クイズと変わりません。子どもの発言に対して問い返し、指導内容をおさえることが大切です。

例えば①のカードでは、「なぜ〈思っているだろう〉ではダメなの？」や「これは、誰が〈思っている〉の？」と問い返します。その中で「〈思っている〉に〈だろう〉がつくのは変」だし、この言葉は「語り手が、試合に出たいというワタルの気持ちを語っている」ことを確認します。

また、②のカードでは、「〈軽く〉と〈重く〉では、ワタルの気持ちはどう違うの？」と問い返します。「〈軽く〉だったら、素振りが気持ちよくなる感じだけど、〈重く〉だったら、素振りが辛くなる感じ」という違いを引き出して、ワタルの辛い気持ちを確認します。

このように、**間違いの理由や表現の比較について問い返しをすることで、中心人物ワタルの気**

持ちの変化を浮き彫りにしていきます。

「置き換える」という方法は、子どもにとって面白いしかけです。でも、置き換える表現によっては、単なる楽しいクイズになってしまいます。**授業のねらいを焦点化して、それに合わせて表現を置き換えることが大切です。**

方法４ ▼ 隠す

一年生の詩「のはらうた」（工藤直子著『のはらうたⅠ』童話屋）の授業です。

「のはらうた」は、野原の生き物が詩を書いたという設定になっています。それを伝えた上で、図４のような詩の本文だけを見せて、「何の生き物の詩かな？」と問いかけます。

だいめい　さくしゃめい

カラから　かおを　だすときは
ぐるぐるぐる　にゅ
カラに　かおを　ひっこめるときは
るぐるぐるぐ　ぴしゃり

ぐるぐるぐるぐる
るぐるぐるぐるぐ
ぐる　るぐ　ぐる　るぐ

めが　まわりますので
おやすみなさい

何の生き物の詩かな？

【図４　隠す（題名）「のはらうた」】

答えがわかったという子を指名して、教師の耳元で答えを言わせます。

もしもそれが正しい答えだったら、その子に、

「その生き物は、どの言葉でわかるかな？」

と問い返して、他の子にヒントを伝えてもらいます。

すると、例えば「カラ」「かおをだす」などの言葉を、ヒントとして教えてくれます。

何人か指名すると、「ぐるぐるぐる」「るぐるぐるぐ」

もヒントの言葉として発表してくれるので、次のように言って、その生き物の動作をするようにすすめます。

「〈ぐるぐるぐる〉と〈るぐるぐるぐ〉って、どんな様子なのかな？　先生がこの詩を読むので、あなたは、その生き物になったつもり動作をして、みんなにヒントを出してあげてね」

もうおわかりだと思いますが、答えは「かたつむり」です。（題名：でたりひっこんだり／作者名：かたつむりでんきち）その指名された子は、かたつむりになりきって、動作をしてくれます。その中で、「ぐるぐるぐる」は顔を出す様子になっていて、「るぐるぐるぐ」は顔を引っ込める様子になっていることを確認します。

この活動のねらいは、題名や作者名を隠して、生き物名とそのヒントについて話し合うことを通して、擬態語の「ぐる」「るぐ」が反対の動きになっているという対比的な効果を確認することです。

方法5 ▼ 加える

二年生の説明文「どうぶつ園のじゅうい」（光村図書二年上）の授業です。

この文章は、七つの段落で書かれています。本文中の⑥段落と⑦段落の間に、次のしかけの段落を仕込んでおきます。

二年前には、どうぶつ園の近くにすむ二十五さいの女の人から電話がかかってきました。

ま夜中、おなかがいたくなって、ずっといたいというのです。すぐに、その人の家に行って、いちょう薬を飲ませてあげました。すると、おなかのいたみはきえました。

子どもたちは、文章を読むと、口々に

「おかしい！」

「変だよね。この段落」

と言い始めます。

「なぜこの段落が変なのかな？」

と問い返すと、

「だって、動物園の獣医なのに、人間をみるのは変だよ」

「獣医なのに、動物園の外にまで行くのはおかしい」

「最後の段落に、〈これで、ようやく、長い一日が終わります〉と書いてあって、一日の話が書いてあるのに、二年前の話があるのもおかしい」

「〈朝〉〈見回りがおわるころ〉〈お昼前に〉〈夕方〉〈一日の終わり〉という順序で書かれているのに、〈二年前〉というのは、その一日の順序には当てはまらないよ」

という理由を言います。

この活動の目的は、「段落を加える」というしかけによって、獣医の一日の仕事が書かれていることや、時間的な順序の書き方に気づくことです。

方法6 ▼ 限定する

五年生の物語文「大造じいさんとガン」（光村図書五年）です。

三枚のセンテンスカードを黒板にはります（図5）。

子どもが話し始めます。

「全部、風景の文だね」

その話を受けて、教師が説明した上で、問いかけます。

◆1場面（うなぎつりばり作戦）
秋の日が、美しくかがやいていました。

◆2場面（タニシばらまき作戦）
あかつきの光が、小屋の中にすがすがしく流れこんできました。

◆3場面（おとり作戦）
東の空が真っ赤に燃えて、朝が来ました。

残雪を取りたいという心情が、一番強く表れているのはどの文かな？

【図5　限定する（文）「大造じいさんとガン」】

「この三つの文は、風景を表していますね。でも、この三つの文は、風景の文ではなくて、情景の文です。情景とは、漢字からもわかるように、心『情』が表れている『景』色のことです。では、これらの情景には、誰の心情が表れているかな？」

子どもはすぐにわかります。

「大造じいさん」

三つの文のすべてが大造じいさんが見た情景です。 視点人物が大造じいさんであることを確認した上で、3場面の文だけに絞って、大造じいさんの心情について尋ねます。

「すべて、大造じいさんから見た情景ですね。では、例えば、３場面の文では、大造じいさんのどんな心情が表れているかな？」

「大造じいさんが、残雪を捕まえようと燃えている」

「大造じいさんが、おとりのガンを使って、今度こそ残雪を捕まえてやろうという強い気持ち」

続けて、三つの文を取り上げて、気持ちの変化について尋ねます。

「３場面の文は、おとり作戦の時の心情だね。１場面は、ウナギ釣り針作戦、２場面は、タニシばらまき作戦。では、１場面、２場面、３場面のうち、大造じいさんが残雪を捕りたい心情が一番強く表れているのは、どの文かな？」

「３場面だよ！　だって、〈真っ赤に燃えて〉で、大造じいさんの心情をたとえてる」

「１場面、２場面よりも、３場面が一番強い。だって、いろいろな作戦を試して、今度こそ、捕ろうと思っているはずだから」

　１場面と２場面の心情の違いは、あまりよくわかりません。でも、３場面の心情が一番強いことは感じ取ることができます。少なくとも、１場面や２場面よりも、３場面のほうが、残雪を捕まえたいという大造じいさんの心情が強くなっていったことを読み取ることができます。つまり、複数の情景描写の文を関係づけて読むことで、大造じいさんの心情の変化までも読むことができるということです。

この活動の目的は、情景描写から大造じいさんの心情の変化を読み取ることです。

方法7 ▼ 分類する

三年生の説明文「ありの行列」（光村図書三年上）の授業です。

その文章の三段落を提示します。

1 はじめに、ありの巣から少し離れた所に、ひとつまみのさとうをおきました。
2 しばらくすると一ぴきのありが、そのさとうを見つけました。
3 これは、えさをさがすために、外に出ていたはたらきありです。
4 ありは、やがて、巣に帰っていきました。
5 すると、巣の中から、たくさんのはたらきありが、次々と出てきました。
6 そして、列を作って、さとうの所まで行きました。
7 ふしぎなことに、その行列は、はじめのありが巣に帰るときに通った道すじから、外れていないのです。

※文頭の番号は文の番号。

そして、文の種類のことについて話します。

「これらの文は、『調べる方法の文』『調べた結果の文』『考えたことの文』の三つの種類に仲間分けできます。どの文がどの種類の文かな？」

続けて、**文の種類ごとに役割を決めて音読をするように言います。**

「一列目の子は『調べる方法の文』、二列目の子は『調べた結果の文』、三列目の子は『考えたことの文』を音読しましょう。しかも、自分が読む番になったら、立って読みます」

一文目、二文目の役割音読では立って読む子は揃いますが、三文目では立っている子と座っている子に分かれて、ばらばらになります。七文目も、ばらばらになることがあります。

そこで、この問題点にふれた上で、解決方法を示します。

「ばらばらになったね。では、どの文がどの種類の文かを、この三段落の劇をしながら考えましょう。」

「はじめのアリ役（一人）」「次々と出てくるアリ役（三人）」「ウイルソン役（一人）」を決めて、黒板の前で劇をしてもらいます。

実際に劇をやってみると、この三段落では、ウイルソンの動きがある文が「調べる方法の文」、ありの動きがある文が「調べた結果の文」、劇での動きがない文が「考えたことの文」だということが視覚的に理解できます。

この活動の目的は、事実と意見を区別して読むことです。「調べる方法の文」「調べた結果の文」が事実の文、「考えたことの文」が意見の文に当たります。

方法8 ▼ 図解する

六年生の物語文「カレーライス」（光村図書六年）の授業です。

中心人物ひろしの変化の図（図6）を提示します。

子どもがつぶやきます。

「『おわり』のところが変だよ！」

そのつぶやきを拾って、「では『おわり』をどう直せばいいの？」と尋ねます。

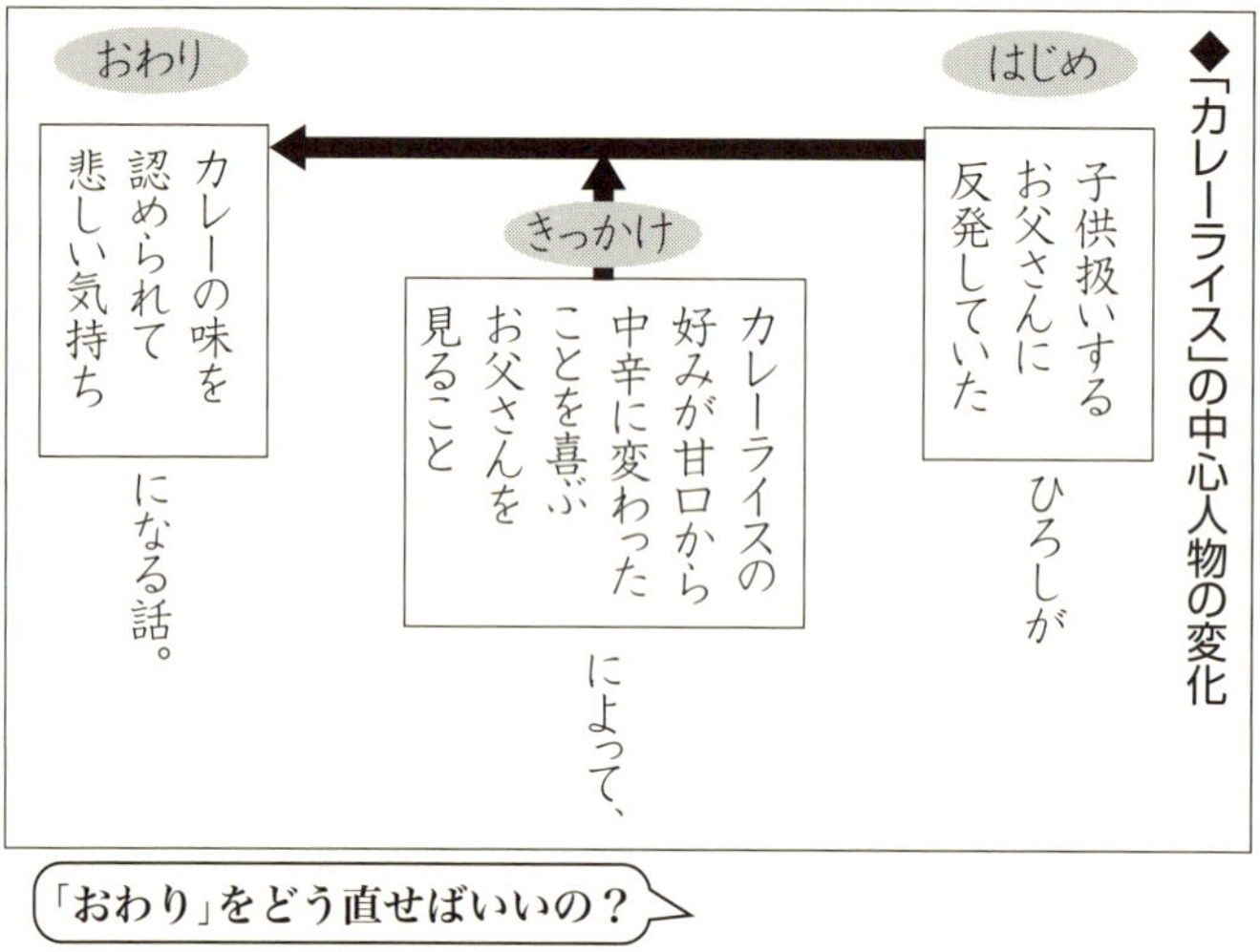

◆「カレーライス」の中心人物の変化
はじめ
子供扱いする
お父さんに
反発していた
ひろしが
きっかけ
カレーライスの
好みが甘口から
中辛に変わった
ことを喜ぶ
お父さんを
見ること
によって、
おわり
カレーの味を
認められて
悲しい気持ち
になる話。
「おわり」をどう直せばいいの？

【図6　図解する（終わりの部分）「カレーライス」】

「『おわり』は、カレーの味を認められて悲しくなるのではなくて、成長を認められて嬉しくなるんだよ」

続けて、問い返します。

「『おわり』の部分は、嬉しくなるんだね。『はじめ』は父に対して反発していたけど、『おわり』で父に成長を認められて嬉しくなるということは、『はじめ』と『おわり』の父に対するひろしの気持ちは、どうなったと言えるかな？」

子どもが意味づけてくれます。

「『はじめ』と『おわり』では、ひろしの気持ちが大きく変化した」

「父に対する気持ちが、マイナスからプラスになっている」

「気持ちが反対になっている」

「『はじめ』と『おわり』の気持ちは、対比になっている」

この活動の目的は、中心人物の図をもとにして、「はじめ」と「おわり」の対比的な関係をとらえることです。

方法9 ▼ 配置する

二年生の物語文「ふきのとう」（光村図書二年上）の授業です。

図7のような位置に、**登場人物のカードを黒板に貼っていきます。**

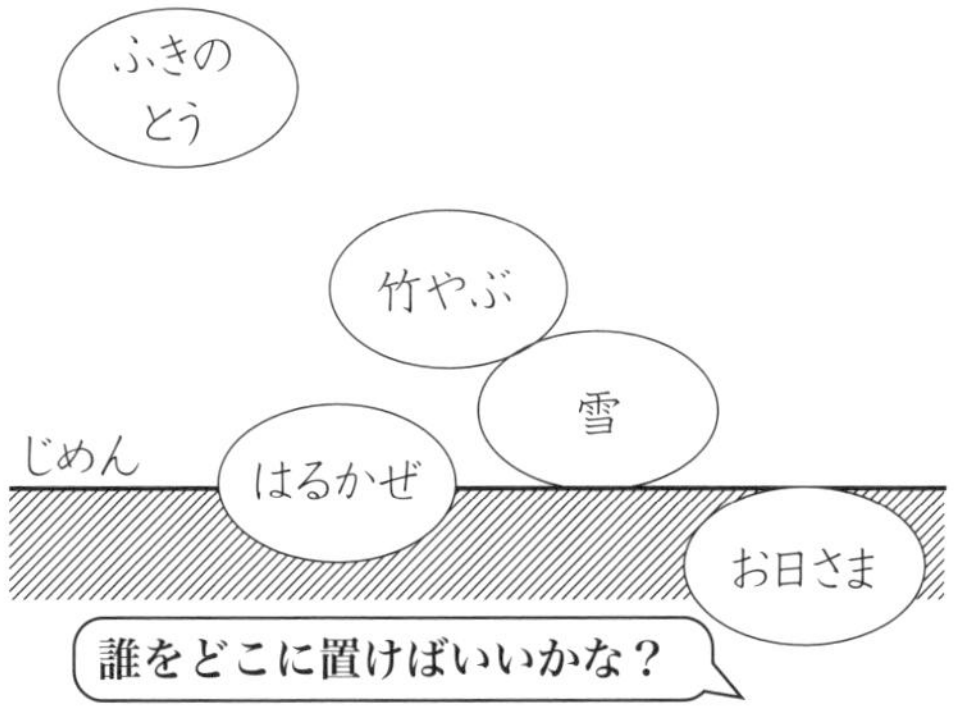

【図7　配置する（登場人物）「ふきのとう」】

そして、

「横線は、地面です」

と言うと、子どもが動き出します。

「えっ、春風やお日さまが土の下なんて、おかしいよ」

「ふきのとうが、空の上に浮かんでるのは変！」

そこで、問い返します。

「だったら、誰を、どこに、置けばいいかな？」

すると、「ふきのとうが雪の下に隠れていて……」と言いながら、登場人物の位置関係を説明してくれます。

この活動の目的は、登場人物の関係（位置関係、影響関係）をとらえることです。

方法10 ▼ 仮定する

一年生の説明文「じどう車くらべ」（光村図書一年下）です。

この文章は、もともと「①バスや乗用車→②トラック→③クレーン車」という事例の順序で説明されています。

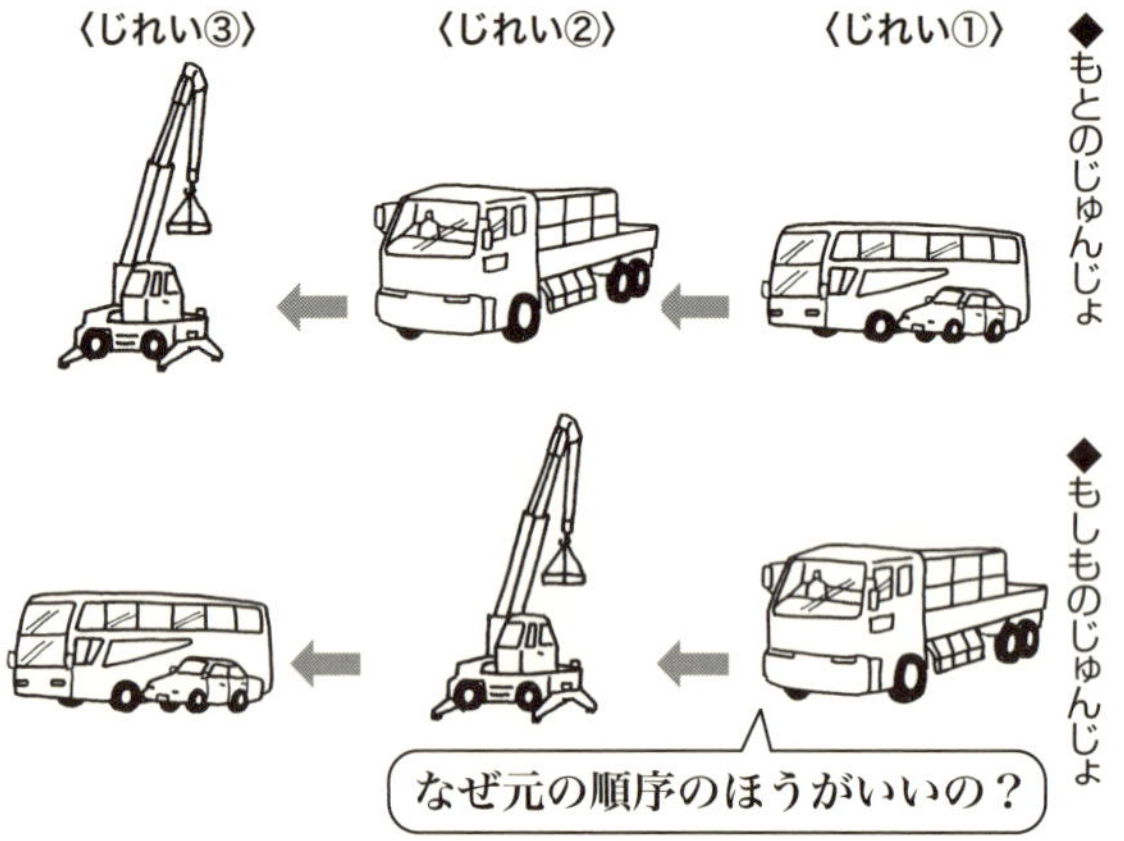

【図８　仮定する（事例）「じどう車くらべ」】

授業では、その順序ではなくて、

「『じどう車くらべ』のお話は、こんな順序だったよね？」

と教師がつぶやきながら、図８の下の部分のように、**「①トラック→②クレーン車→③バスや乗用車」の順序で、自動車の挿絵を置いていきます。**

すると、子どもたちは、

「先生、違うよ。バスや乗用車、トラック、クレーン車の順序だよ」

と、騒ぎ出します。

その言葉を聞きながら、

「そうだったね。確かに、その順序だった。**でも、トラック、クレーン車、バスや乗用車の順序でも、別に**

いいんじゃないの？」

と話します。これは、いわゆる**「ゆさぶり発問」**です。

子どもたちは、何を話してくれるでしょうか。

「そうだね、先生」

と言われてしまうと、目論見《もくろみ》は失敗ですが、自然体で自分の考えを話すクラスなら、

「先生、違うよ！　元の順序のほうがいいよ！」

と言ってくれます。

そうすると、

「なぜ、もしもの順序ではなくて、元の順序のほうがいいの？」

と問い返せばいいのです。

「バスや乗用車、トラック、クレーン車って、『よく見る車↓見たことがない車』の順になってる」

「バスや乗用車はよく見るけど、クレーン車なんて見たことがないよ」

「自動車は、知っている順になってる」

など、事例の順序の意味を話してくれます。

この活動の目的は、事例の順序に込めた筆者の意図を解釈することです。書かれていることだけ（確認読み）ではなく、書かれていないことを解釈する（解釈読み）ことも重要な読解力です。

3　実践事例―四年「ウナギのなぞを追って」の授業―

これまでの説明で、しかけの「10の方法」について、大体のイメージをもってもらえたと思います。

ただし、授業でしかけを使うには、さらにいくつかのポイントがあります。一時間の授業を丸ごと取り上げて、授業のイメージをもってもらった上で、次の項では、その授業づくりのポイントについて確認することにします。

実践事例は「ウナギのなぞを追って」（光村図書四年下）の授業。単元の位置づけでは、第二次の第1時にあたる授業です。この授業の前までの指導（第一次の指導）では、初発の感想を交流したり、すらすら読めるように音読練習をしたり、言葉の意味を確認したりしています。

(1)「中」の部分の「変なところ探し」をする

【しかけⅠ：置き換える（「中」の要点の語句）】

導入では、まず、次のセンテンスカードを出して、音読を指示します。丸つき数字は、形式段落の番号です。

> ④調査は、虫取りあみで、より小さいウナギを追い求めることから始まった。

子どもは

「えっ、虫取りあみ？」

「変だよ」

と口々に言い始めます。

そこで、

「今日の勉強は、変なところ探しだよ」

と伝えます。子どもたちは「面白そう」とやる気満々です。

続けて、次の五枚のセンテンスカードを提示します。

⑤一九六七年、アメリカ近くの海で、五十四ミリメートルのレプトセファルスが最初にとれた。

⑥一九七三年、調査を南へ東へと広げ、四十、三十、五十ミリメートルと、しだいに小さいレプトセファルスがとれた。

⑥一九九一年、北赤道海流で、十ミリメートル前後のレプトセファルスを一ぴきとった。

⑦⑧一九九四年、これまでの調査を整理すると、海山の近くで、満月のころに産んでいるかもしれないという予想ができた。

⑨⑩二〇一五年六月七日、新月の日、海山付近で、五ミリメートルのレプトセファルスが見つかった。

これらのカードは、文章構成の「はじめ・中・おわり」における「中」の部分の要点であることを伝えます。

そして、

「この文章では、○年に、どんな調査の方法によって、どんな結果になったかを確認しておくことが、要点になるね」

と話します。「要点」や「年号」という用語の意味を確認しておくことも大切です。

続けて、六枚のカードを指して、次のように指示します。

「全員起立。六枚のカードには、一つずつ変なところがあります。ペアで、六つの変なところを見つけましょう。全部見つけたら座ります」

ペアの話し合い活動が終わったら、次のように、誤った表現と正しい表現を確認します。

④（誤）虫取りあみ → （正）目の細かい大きなあみ
⑤（誤）アメリカ → （正）台湾
⑥（誤）四十、三十、五十ミリメートル → （正）四十、三十、二十ミリメートル
⑥（誤）一ぴき → （正）千びき
⑦⑧（誤）満月 → （正）新月
⑨⑩（誤）二〇一五年 → （正）二〇〇五年

ほとんどは、文章の概要を理解していれば、表現をいちいち確かめなくても、間違いに気づけるものです。

でも、**言葉だけでは、文章の内容をイメージできていない子もいるかもしれません。**そこで、これらのカードの正誤を確かめる際には、光村国語デジタル教科書に収められている**動画や図も、併せて見せて、全員が内容をイメージできるようにします。**

例えば、④のカードでは、「目の細かい大きなあみ」を使って、海の生き物を集める調査をしている動画を見せます。

⑤のカードでは、教科書の図1（台湾やマリアナの海を示した地図）を見せて、最初にレプトセファルスを捕った台湾の場所を確認します。

⑥のカードでは、図3（海流に沿って小さいレプトセファルスが捕れたことを表している地図）を見せて、捕れたレプトセファルスが、次第に小さくなっていったことを確認します。

⑦⑧のカードでは、図4（大きな三つの海山の位置を示した地図）と、図5（レプトセファルスの誕生日が新月の日前後に集まっていることを表した暦）を見せ、「海山仮説」「新月仮説」によって、産卵の場所や時期を予想したことを確認します。

なお、⑨⑩のカードの答えは、二〇一五年ではなくて、二〇〇五年です。これは年表がなくても、すぐにわかります。過去の調査結果を報告した文章なのに、未来の年号になっているからです。

（2）「はじめ」と「おわり」の部分の「変なところ探し」をする

【しかけⅡ：置き換える（「はじめ-おわり」の要点の語句）】

「中」の部分の「変なところ探し」が終わったら、次の「はじめ」のカードを提示します。

> ①〜③ウナギの産卵場所がつき止められるまでに、八十年以上の年月がかかった。

続けて、次の「おわり」の部分のカードも提示します。

> ⑪ウナギの産卵場所はほぼ明らかになった。しかし、知りたいことはふえるばかりだ。

この「はじめ」と「おわり」の要点のカードを提示した上で、次のように問いかけます。

「この二枚のカードの中で、一つだけ変なところがあります。どの言葉でしょう？」

この正誤は、教科書の叙述の確認が必要です。答えは、③段落に書かれています。「八十年以上」ではなくて、「七十年以上」です。

その答えを確認した上で、

「調査期間が『七十年以上』だと『はじめ』でまとめられているなら、この『中』に書かれている年号をどのように計算したら、七十年以上になるかな？」

と問い返します。

すると、子どもは
「えっ、おかしい」

「計算できないよ」

と言い始めます。

「卵を産む場所が見つかった⑨⑩段落の二〇〇五年から、⑤段落の一九六七年を引いたら、三十九年。七十年以上にはならない」

と言うのです。

実をいうと、この「なぜ、七十年以上というまとめになるのか？」が、本時における本当の学習課題です。

「わかった！　計算できる！」

と気づく子がいます。

「計算できる年号が書いてある」

というのです。

そこで、

「だったら、どこの年号に注目したらいいのかな？」

と問い返して、全員に着目すべき年号を探すように言います。

その年号を見つけたら、その場に立つように指示します。子どもたちは、さらに必死になって探します。

「あった！」
「計算したら、七十年以上になる！」
という声が、教室全体に広がり始めます。全員が起立したところで、一斉に自分が着目した年号を言わせます。

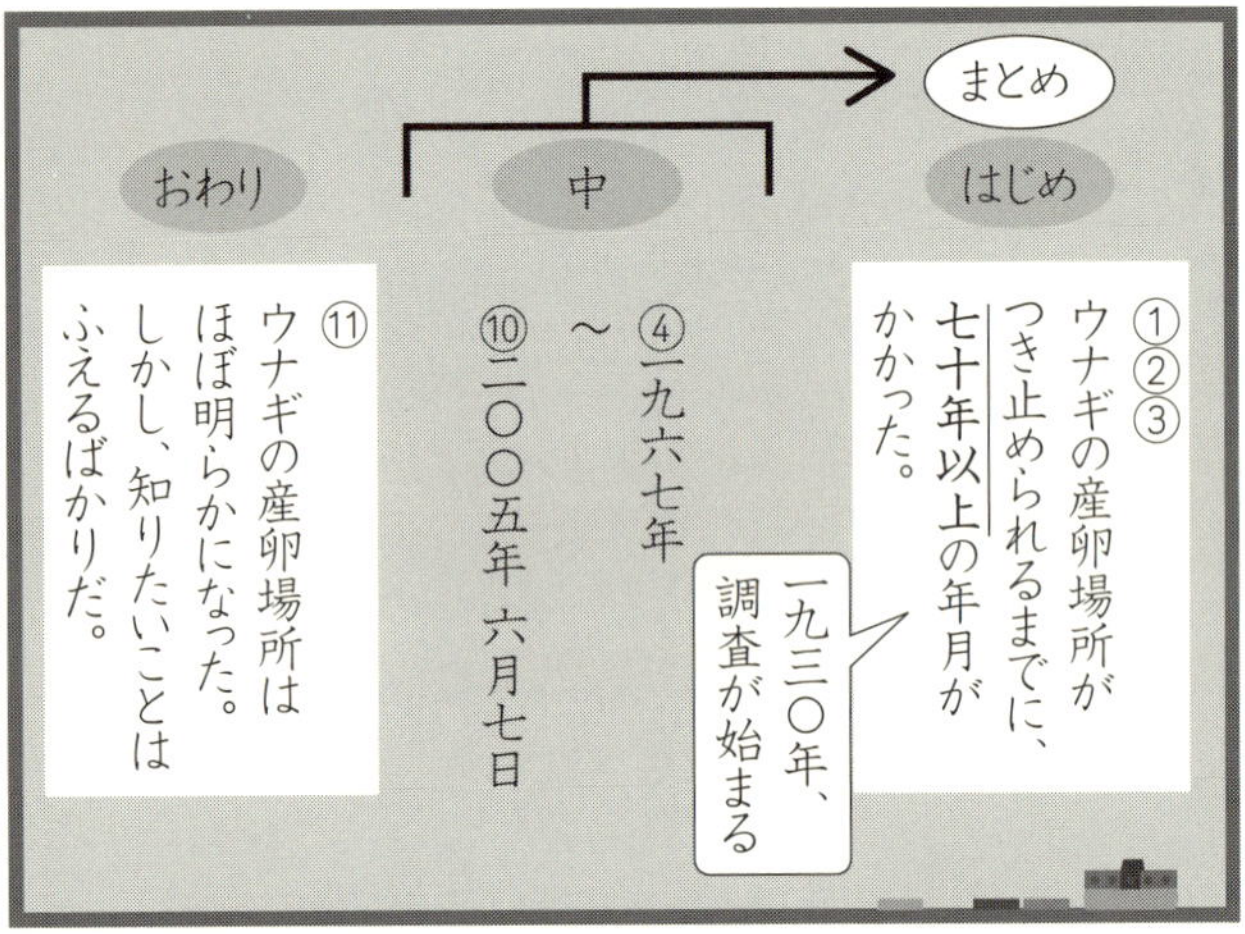
まとめ
はじめ
中
おわり
①②③
ウナギの産卵場所がつき止められるまでに、七十年以上の年月がかかった。
一九三〇年、調査が始まる
④一九六七年
～
⑩二〇〇五年　六月七日
⑪
ウナギの産卵場所はほぼ明らかになった。しかし、知りたいことはふえるばかりだ。
【図9　板書のイメージ「ウナギのなぞを追って」】

その年号とは、③段落に書かれている「一九三〇年」です。

最初にレプトセファルスが捕れたのは、⑤段落の「一九六七年」です。しかし、こうした調査を開始したのは、③段落に書かれている「一九三〇年」。「二〇〇五年」に産卵場所が見つかったので、「2005－1930＝75」という計算ができます。答えが75ですから、「はじめ」の部分では「七十年以上」というまとめになります。この文章は、まとめが「はじめ」に書かれている調査報告文なのです。

以上の話し合い活動を板書にすると、図9のようになります。

（3）課題のまとめをする

本時の学習課題は「なぜ、七十年以上というまとめになるのか？」です。

その答えとして「一九三〇年で調査が始まって、二〇〇五年で卵が生まれる場所が見つかった。二〇〇五年から一九三〇年を引くと、七十五年。だから、七十年以上というまとめになる」というような内容がノートに書かれれば、授業の内容が理解できていると評価できます。

4　授業づくりのポイント

◆指導の目的と方法を一致させる

冒頭でも述べましたが、大事なことなのでくり返して述べます。**教材のしかけづくりで最も重要なことは、指導の目的と方法の一致**です。

教材のしかけづくりは、あくまでも**指導方法**です。

教材のしかけづくりという指導方法を通して、指導内容としての「内容理解」や「論理的な読み方」を学べるようにします。

例えば、しかけⅠ（置き換える：「中」の要点の語句）という指導方法では、「中」の部分の要点の語句を置き換えておいて、正しい語句を発表させたり、調査に関する動画や図を見せたりしました。この指導の目的は、「中」に書かれている調査の内容をイメージすることです。

また、しかけⅡ（置き換える：「はじめ・おわり」の要点の語句）という指導方法では、「はじめ」の部分で文章の「まとめ」に当たる年数の語句を置き換えておいて、「中」の調査に関する年号とのつながりに気づかせるようにしました。この指導の目的は、「まとめ」と「事例」のつながりを発見することです。

こうしたしかけによって、国語の授業は、間違いなく楽しい授業に変わります。でも、楽しいクイズだけのような授業に終わらないように注意してください。

そのためには、**教材のしかけづくりという指導方法を通して、どのように文章の内容を理解させたり、どんな論理的な読み方を指導したりしているのかを、常に明確にして指導することが大切です。**

◆授業のねらいを、ピンポイントにフォーカスする

学習指導要領には、読むことの指導事項が書かれています。

でも、それだけをおさえる指導では、指導の目的を明確にした授業を行うことはできません。なぜなら、学習指導要領の指導事項は、具体的に書かれているわけではないからです。

例えば、一、二年生では、説明的文章の解釈に関する指導事項として「時間的な順序や事柄の順序などを考えながら内容の大体を読むこと」と書いてあります。

でも、一年生の一番重要な指導内容は「問いと答え」です。「何のくちばしでしょう?」という問いを出して、「きつつきのくちばしです」と答える。問題提示をしておいて、それを解き明かしていくという「問い→答え」構造は、説明文の基本的な論理構造です。

「問いと答え」は、学習指導要領の指導事項でいえば、「事柄の順序など」という表現に当たり

ます。でも、具体的に示されていないので、気づいていない教師もいるようです。

一方、教科書でも、「問いと答え」で書かれている文章を、くり返し取り上げています。しかし、学習指導要領の指導事項には載っていないからか、学習の手引きにおいても、「問いの文」「答えの文」などのように、読みの学習用語を明示的に取り上げていません。

つまり、学習指導要領の指導事項や教科書の表記だけにたよって授業をしていると、指導内容があいまいになってしまうこともあるのです。

では、どうすればよいのでしょうか。古くから言い尽くされてきていることですが、**「教材研究」**しかありません。

教材研究によって「教材の特性」「学習指導要領の指導事項」「子どものレディネス（子どもの心身が学習に備えて発達した状態）**」をふまえて「指導内容」を抽出し、その中から授業のねらいを確定します。**

ちなみに、「指導事項」と「指導内容」は、意味が違います。「指導事項」とは、学習指導要領に書かれている内容です。「指導内容」とは、「教材の特性×学習指導要領の指導事項×子どものレディネス」から導き出して、実際の授業で教える内容を指します。

教材「ウナギのなぞを追って」の場合は、以下のような「指導内容」を抽出できます。

- 調査報告文である。
- 「はじめ」でまとめ（調査の結果）、「中」が具体例（調査の過程）、「おわり」で課題を述べている。
・年号を使って、時系列で説明している。
・事実と意見が書き分けられている。
・仮説と検証がくり返されている。
・文学的や表現がある。
・略述と詳述の表現がある。

先に取り上げた実践事例のねらいは、この中のうち「『はじめ』のまとめと『中』の具体例とのつながり」について絞り込んだものです。

七十年以上の調査をした結果を「はじめ」で述べ、その調査の過程を「中」で述べている。最初に「調査の結果」を述べた上で、その後で「調査の過程」を具体的に述べるという表現方法は、調査報告文の特徴的な述べ方です。

例えば、日常生活で、人に何かの出来事を報告する場合を考えてみてください。まず最初に、出来事の結果を報告します。その後に、その出来事の具体的な過程などを述べます。この順序が逆になってしまうと、聞き手は「結局、どうなったの？」と思いながら聞くことになって、イライラしてしまいます。つまり、「報告」という言語活動は、「先に結果を述べて、その後に具体的な過程を述べる」という特徴をもっているのです。

ところで、ここで、もう少し大きな話をしておきます。そもそも「読むことの授業で育てる読む力とは何か？」という話です。読むことの授業における目標や内容について確認しておきましょう。

読むことの授業で育てる読む力は、**説明文の授業の場合は、次の五つの論理的な読み方の習得**です。

③説明文特有の表現技法

①要点・要約　②問いと答え
③三段構成　⑤要旨・意図

この五つの読み方は、学習指導要領の指導事項を具体化したものと考えてもいいでしょう。次頁の表1のように、各学年の読みの学習用語として具体化・系統化をして、六年間を通してスパイラルに指導していきます。

表1の読みの学習用語は、言わば**「階層構造」**になっています。

例えば、四年生のときに「読み手の側から自分の言葉で要約する方法」を理解できるには、その前提として、一年生のときには「文、段落」、二年生のときには「主語、述語、修飾語」、三年生のときには「中心文、要点、書き手の側から要約する方法（縮約）」の理解が必要です。

この階層構造は、算数の指導事項と似ています。

例えば、一年生の「たし算の意味」が理解できていないのに、二年生で「かけ算の意味」が理解できるはずがありません。「たし算↓かけ算」という階層構造になっているのです。

	1年	2年	3年	4年	5年	6年
①要点・要約	○文 ○段落	○主語 ○述語 ○小見出し ○短い言葉の効果	○修飾語 ○中心文　○要点 ○要約（縮約） ○要約文	○要約（自分の言葉）		
②問いと答え	○問い ○答え	○具体的な答え（詳しい答え） ○まとめの答え（大まかな答え）	○大きな問い ○小さな問い ○隠れた問い			
③表現技法	○問いの文 ○答えの文 ○説明の観点 ○同じ説明（類比） ○違いの比較（対比）	○様子の文 ○理由の文（のです、からです） ○接続語（順序、例、まとめ） ○たとえ（比喩） ○図や写真	○大まかな（抽象的な）言葉や文 ○詳しい（具体的な）言葉や文 ○事実の文　○意見の文 ○指示語　○文末表現	○語りかけ ○定義づけ ○長所・短所 ○年号 ○略述と詳述	○具体例の役割 ○表やグラフ ○数値 ○譲歩構文（イエス・バット法）	○描写表現 ○解説と評価
④三段構成	○事例 ○事例の順序	○三段構成（はじめ・中・おわり）	○事例とまとめ ○話題提示 ○実験と証明 ○具体と抽象	○文章構成の型（尾括・双括・頭括） ○文章構成図 ○まとめと主張 ○仮説と検証 ○事例の並列 ○事例の対比	○まとめから事例を読む	○文章構成の変形
⑤要旨・意図	○説明文　○題名 ○筆者 ○問いと答えの意図 ○事例の順序の意図	○三段構成の意図	○事例とまとめの整合性 ○説明の工夫 ○事例の選択	○話題の選択	○論説文 ○要旨 ○題名と要旨の関係	○目的や必要に応じた説明の工夫

【表１　説明文の読みに関する学習用語の系統（試案）】

	1年	2年	3年	4年	5年	6年
①作品の設定	○時　○場所 ○登場人物 ○事件（出来事） ○場面	○あらすじ ○人物像	○起承転結（設定・展開・山場・結末） ○ファンタジー ○読者	○時代背景 ○場面の対比	○登場人物の関係 ○額縁構造	
②視点	○語り手 ○地の文		○立場による見え方の違い	○視点 ○視点の転換	○視点がわかる表現	○一人称視点 ○三人称視点
③表現技法	○会話文（言ったこと） ○地の文 ○行動描写（したこと） ○繰り返し（リフレイン） ○気持ちの言葉 ○音みたいな言葉 ○音の数　○リズム	○人物の言動 ○比喩 ○体言止め　○短文	○心内語 ○情景描写 ○擬態語・擬声語 ○擬人法	○色彩語 ○五感の表現 ○記号（ダッシュ、リーダー）	○心情を表す表現の整理 ○物語的表現・説明的表現 ○呼称表現　○方言・共通語 ○受け身表現	
④中心人物の変化	○中心人物 ○気持ち　○様子 ○気持ちの変化への気づき	○気持ちの変化の理解 ○物事の意味の変化	○はじめ・きっかけ・おわり ○内面だけの変化	○心情 ○行動と心情が相反する変化 ○登場人物の関係の変化 ○きっかけの役割	○登場人物の関係の変化 ○見方・考え方の変化	
⑤主題	○物語　○題名 ○作者 ○好きなところ ○似ているところ ○自分の経験	○感想	○自分の行動や考え方に重ねて読む	○読後感 ○象徴	○中心人物の変化から主題をとらえる	○複数の観点（中心人物の変化、題名、キーセンテンス、結末）から主題をとらえる

【表2　文学の読みに関する学習用語の系統（試案）】

国語でも、指導内容をあいまいにするのではなくて、表1のように、五つの論理的な読み方を各学年で積み重ねていくことが重要です。この積み重ねこそが、読解力の向上につながります。

また、**文学の授業で育てる読みの力は、次の五つの論理的な読み方の習得**です。

①作品の設定　②視点　③文学特有の表現技法
④中心人物の変化　⑤主題

説明文同様、前頁の表2のように、文学の読みの学習用語も階層構造になっています。五つの論理的な読み方を具体化・系統化して、六年間を通してスパイラルに指導していきます。

表1や表2の系統表は、学習指導要領、先行研究、教科書教材（主に光村図書）、そして私の実践経験にもとづいて作成したものです。

しかし、これは絶対的なものではなく、日々更新されていくものです。各学校や各教師が、こうした系統表を仮説的に作成した上で、授業実践を通して確認・更新していくことは重要なことだと思います。

説明文の授業でも、文学の授業でも、こうした読みの学習用語の系統にもとづき、五つの論理的な読み方や各学年における読みの学習用語を想定した上で、ねらいをピンポイントにフォーカスすることが大切です。

◆山場から逆算して、「内容→論理」の順序で、活動を構成する

この授業の山場は「『はじめ』に七十年以上というまとめが先に書かれていて、『はじめ』と『中』に書かれている年号を『2005−1930＝75』のように計算すれば、確かに七十年以上になる！」と発見するところです。つまり、「はじめ」の「まとめ」と、「中」の「年号」とのつながりに気づくことです。

その場面が山場になるなら、その前段階では、まずは「中」の部分だけで、「年号」ごとの調査の様子をイメージできている必要があります。

だから、実際の授業では、山場の前段階として「しかけⅠ（『中』の年号の要点の内容理解）」の活動をした上で、授業の山場として「しかけⅡ（『はじめ』のまとめと『中』の年号とのつながりの理解）」の活動をするという構成にしました。

そもそも、国語授業では、しかけの有無にかかわらず、「内容理解のイメージを揃えた上で、論理的に考える」という順序、つまり「内容→論理」という順序が、望ましい授業構成だと考えています。すべての子どもが楽しく「わかる・できる」国語授業にするには、**「内容→論理」という授業構成が不可欠**なのです。

教材のしかけづくりについても、「①内容理解に関するしかけⅠ（山場の前段階）→②論理に関するしかけⅡ（授業の山場）」という活動構成の順序が大切です。

ただし、この実践事例では、授業で二つのしかけを扱う場合を想定して説明していますが、授業で一つのしかけだけを扱う場合もあります。

例えば、一年生の「たぬきの糸車」の授業で、挿絵の並び替えの活動（しかけ：挿絵の順序を変える）を設定します。

その並び替えの活動の最中に、ある子の誤答を取り上げて、子どもたちにこう尋ねます。

「いま、最後の場面ではなくて、途中の場面で、たぬきが糸車を回す挿絵を入れている子がいました。教科書の順番では間違いだけど、とてもいい考えです。この子の考えのいいところがわかるかな？」

すると、他の子が、誤答の子の考えを解釈して発表します。

「たぬきが糸車を回しているのは、最後の場面だけではなくて、途中の場面でも回してるから」

「おかみさんがいない冬に、峠の猟師小屋で、糸をたくさん紡いでいたから、途中の場面でもいい」

たぬきが糸車を回す挿絵は、教科書では、最後の春の場面しかありませんが、冬の場面にもあってもいいのです。実は、それを想像している子ほど、物語の概要をとらえているといえます。

しかけは、挿絵の順序を変えるという一つだけでしたが、実際の授業では、その活動の中で誤答を取り上げて話し合うことで、たぬきが冬にも糸車を回して糸をつむいでいることや、場面の季節などの「作品の設定（時・場所・人物・事件）」を確認できました。

しかけが一つの場合は、やはり、最初は、挿絵の並び替えのように「内容理解」に関する活動から入りますが、途中の教師の問い返しやゆさぶりによって、「論理的な読み方」に関する活動に発展させます。

つまり、**しかけが一つの場合でも二つの場合でも、「内容→論理」という順序で、活動を構成するということです。**

◆ねらいやレディネスをふまえて、しかけの表現を具体化する

実践事例で取り上げた二つのしかけは、両方とも「置き換える（要点の語句）」です。「置き換える」は、表現に着目させやすいしかけです。実践事例でも、授業のねらいにストレートにつながっていくように、要点の語句を置き換えています。

十分に音読していれば、簡単に間違いに気づけるものばかりです。置き換えるというしかけは、国語が苦手な子どもも、進んで取り組みやすいものです。

しかし、**毎時間、同じ方法のしかけばかりではマンネリ化します。「10の方法」を参考に、授業のねらいや子どものレディネスを踏まえながら、様々な種類のしかけを取り上げる**といいでしょう。

◆教材提示の「順序」「タイミング」「言葉がけ」によって、つぶやきから課題を設定する

実践事例の場合は、一番最初に、④段落のセンテンスカードだけを提示して、一斉音読をさせました。それだけで笑いが起こります。そして「今日の勉強は、変なところ探しだよ」と言いました。

この授業場面を解説しましょう。なぜ、私は、①段落ではなくて、④段落のセンテンスカードを

最初に見せたのか。それは④段落を見せて、「中」の事例の内容理解から授業を始めたいからです。

また、センテンスカードを黒板に貼っただけでは、変なところには気づかない子がいます。そこで、一斉音読を指示しました。すると、全員が変なところに気づいて、笑いが起こりました。それを受けて、「変なところ探し」という学習課題を設定したのです。

理想は、しかけた教材を提示することによって、子どもがつぶやき始めることです。でも、教材提示だけでは難しい場合があります。子どもの思考は、教材提示の「順序」「タイミング」「言葉がけ」に大きく左右されます。**教材をどの順番で見せるのか、どんなタイミングで見せるのか、提示するときにどんな言葉がけをするのかを事前に考えておき、子どもの問いやつぶやきを増幅するようにします。**

◆指導内容の落としどころを「視覚的に」整理する

いくら楽しく活動しても、結果として、論理的な読み方が理解できていないのでは意味がありません。

実践事例の場合では、図9のような板書で、「まとめと事例のつながり」が見えるように工夫しました。

授業のまとめでは、論理的な読み方を「見える化」したり、学習用語を「明示」したり板書に整理することで、先生や友達が話した言葉だけではなく、全員の子どもが、視覚的にも理解できるようにすることが大切です。

5　教材にしかけをつくる国語授業が目指すもの

◆国語授業のユニバーサルデザイン化を図る

平成二十四年十二月には、全国の公立小中学校の通常学級に在籍する児童生徒のうち、人とコミュニケーションがうまく取れないなどの発達障害の可能性のある小中学生が六・五％に上ることが、文部科学省の調査でわかりました。推計で約六十万人に上り、四十人学級で一クラスにつき二、三人がいるという割合です。

こうした**発達障害の可能性がある子どもに対する指導の工夫や個別の配慮が、クラス全員の子どもが楽しく「わかる・できる」ことを目指す国語授業につながる。これを「国語授業のユニバーサルデザイン（以下ＵＤ）」**と呼んでいます。

では、どのように指導を工夫すればいいのでしょうか。結論からいえば、「論理」を授業の目標にした上で、「授業を焦点化する」「授業を視覚化する」「授業で共有化する」ことが大切です。この詳細については、拙著『国語授業のユニバーサルデザイン』（東洋館出版社刊）で説明していますので、ぜひご参照ください。

実は、その**国語授業のＵＤ化を目指す強力な指導方法の一つが、この「教材のしかけづくり」**です。

教材にしかけをつくるには、まず、「論理」を授業の目標にした上で、その授業のねらいをピンポイントに**「焦点化」**しなくてはいけません。また、子どもたちが教材提示によって、自然に考えて話すようになるには、教材の**「視覚化」**を工夫することが大切です。さらには、その子どもの考えを整理して、全員の子どもが理解できるように**「共有化」**します。

つまり、**教材のしかけづくりには、「論理」を授業の目標した上で、授業を「焦点化」「視覚化」「共有化」するための指導の工夫が、全て含まれている**ということです。

国語授業のUD化を図るには、教材にしかけをつくる国語授業を解明していくことが、一番の近道だと言ってもいいでしょう。

◆選択的注意の弱さを補う指導方法である

発達障害の可能性がある子どもは、視覚情報や聴覚情報の選択的注意に苦手さがあることが多いです。教師が見てほしいところや聴いてほしいところではなくて、他のところを見たり聴き取ったりしている可能性が高いのです。

でも、教材にしかけをつくることによって、その選択的注意の弱さを補う**焦点づけ**が可能になります。

例えば、教師が、同じ内容の記事を扱ったA新聞とB新聞を視覚的に提示します。理解力が優れている子は、見出しや本文の違いに目を向けることができます。一方、発達障害の可能性がある子は、重要なところではなくて、自分が関心のある本文の瑣末な違いに目を向ける可能性があります。

しかし、A新聞とB新聞の見出しを空欄にして提示したら、どうなるでしょうか。その見出しを二種類のカードに書いて、取り出して提示します。選択的注意が弱い子も、見出しに注目して考え始めることができるでしょう。このことは、理解力が優れている子にとっても考えやすい指導の工夫です。

聴覚情報についても同様です。教師が、あいまいな発問や指示をすると、理解力が優れている子は、教師の意図を汲んで考えます。一方、発達障害がある子には、それを期待するのは難しいでしょう。

でも、発問や指示が具体的で明確だと、発達障害の子も理解力が優れている子も、考えやすくなります。

教材のしかけづくりとは、教材の問題になる部分を、視覚的に際立たせることです。何を考えればいいのかがわかりやすくなります。教師の発問や指示が明確になることと同じ効果があります。

教材のしかけづくりによって焦点づけをすることで、視覚や聴覚の選択的注意が弱い子どもの苦手さを補うことが期待できます。また、**他の子どもたちにとっても、考えやすくする工夫だと言えます。**

第2章

文学教材の しかけづくり 50のアイデア

①挿絵の順序を変える

Before
くじらぐも
オ
エ
ウ
イ
ア
正しく並べることができるかな？
先生からの挑戦状だよ！
あれ？
順序がバラバラだ！
やってみたい！

【作品の設定】（登場人物と事件）

使うシーン▼第一次後半

一年生の子どもたちが、お話の順序や登場人物の言動を確かめるには、挿絵の並べ替えが有効です。挿絵に描かれた場面の様子を手がかりとしながら、作品のあらすじをつかむことができます。

指導の実際―Before

「正しく並べることができるかな？」と、挿絵を提示します。学習活動のスタートラインで、どの子も「やってみたい！」と意欲的に参加できるように働きかけます。

「はじめ、みんなは体操をしていたよ」「そこに、くじらぐもがあらわれたんだね」。ペアになり、物語の流れを思い起こしながら、挿絵の順序を話し合います。このとき、必要なペアはミニカードを用いてよいことを伝え、手元で操作できるようにしてもよいでしょう。

After
くじらぐも
どんなお話だったかな？
ア
オ
ウ
イ
エ
くじらぐもがあらわれた。
くじらぐもが、みんなをさそった。
みんなは、手をつないでジャンプした。
みんなは、くじらにのって、うたをうたった。
くじらは、空へかえっていった。
◎くじらぐもは、～して、～して、～になるお話です。
だれが何をしたのか、お話リレーをしよう！
くじらぐもは、「ここへおいでよう。」と、みんなをさそって…
一年二組のみんなが体操していると、空にくじらぐもがあらわれて…

教材名「くじらぐも」（光村図書一年下）

指導の実際―After

半数のペアが並べ替えることができたら、まだ終えていないペアに対して、ヒントを出し合います。「ジャングルジムで手を振っているから、エが最後だよ」「手をつないで、ジャンプしたあと、くじらぐもに乗ることができたんだよ」。このとき、場面ごとに「だれが何をした」を意識できるように、子どもの発言を板書していきます。

こうしたやりとりを通して、すべてのペアが正しく並べ替えることができるようにします。答えがわかった子どもに、すぐ発言させるのではなく、答えにたどり着くまでの考え方を全員が共有できることが大切です。

すべての挿絵を正しい順序に並べ替えたら、板書を手がかりに、作品のあらすじをペアで伝え合うお話リレーをします。

このように、人物と事件に着目しながら挿絵を並べ替えることで、視覚的に作品のあらすじをつかむことができます。

②文の順序を変える

Before
くじらぐも
一回目
ア
天までとどけ、一、二、三。
とジャンプしました。
でも、とんだのは、
やっと三十センチぐらいです。
二回目
イ
天までとどけ、一、二、三。
こんどは、
五十センチぐらいとべました。
三回目
ウ
天までとどけ、一、二、三。
そのときです。
いきなり、かぜが、みんなを
空へふきとばしました。
天までとどけ、一、二、三。
天までとどけ、一、二、三。
天までとどけ、一、二、三。
えぇー！なんだかおかしいよ！
元気がなくなっちゃったみたい

【中心人物の変化】（気持ちの変化）

使うシーン▼第二次中盤

本教材では、会話文がくり返し出てきます。センテンスカードを並べ替えることで、同じ会話文でも、気持ちが変化していることに気づくことができます。

指導の実際—Before

文字の大きさを変えたくり返しの会話文「天までとどけ、一、二、三。」を黒板に並べます。「みんなで空に向かってジャンプする場面だね。先生が読んでみるよ」。そう言って、文字の大きさに合わせた声の大きさで読んでいきます。

すると、子どもは「最後が一番小さい声なのはおかしいよ！」「元気よく言ったほうがいい！」と、口々に話し始めるでしょう。

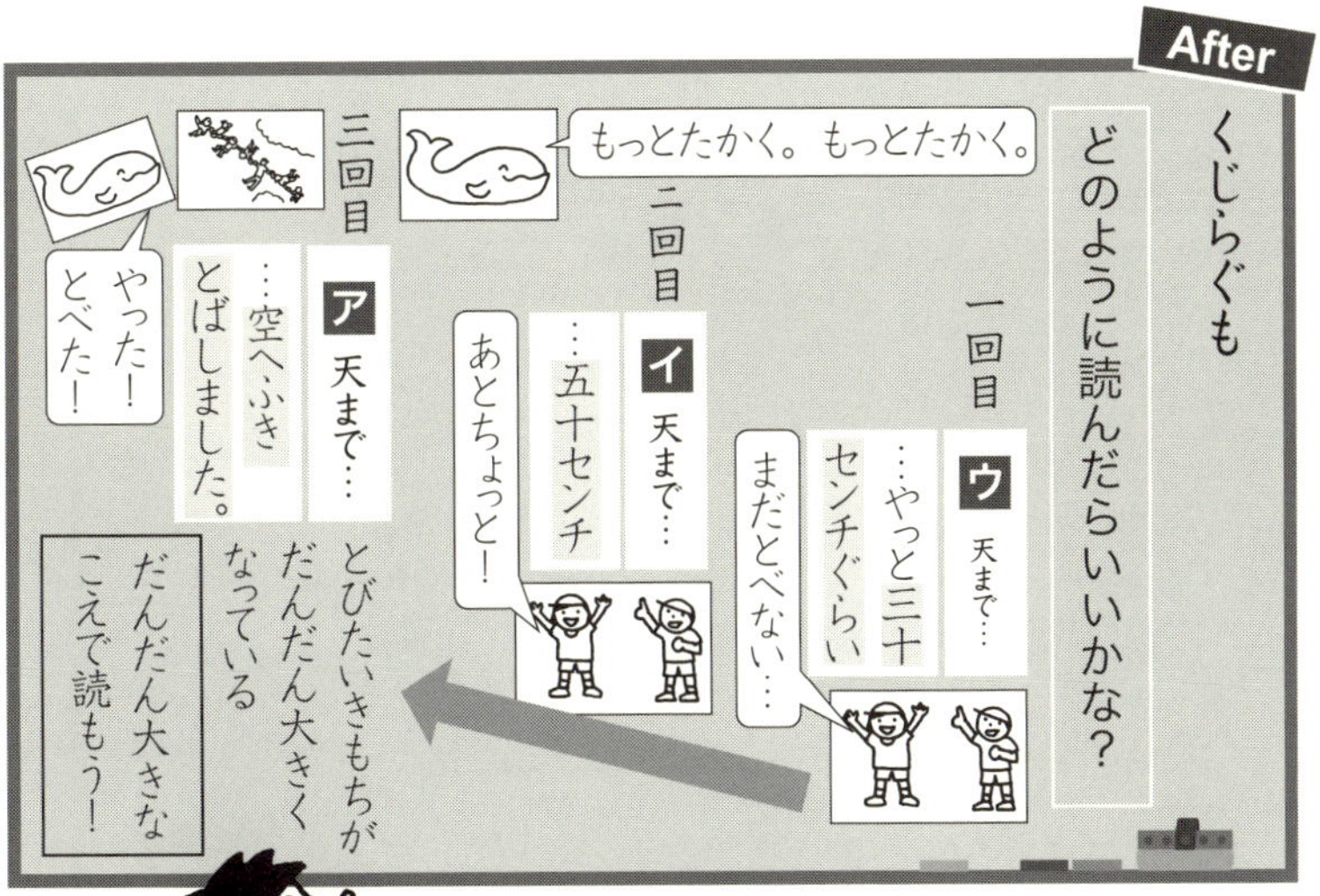
After
くじらぐも
どのように読んだらいいかな？
一回目
ウ 天まで…
…やっと三十センチぐらい
まだとべない…
もっとたかく。もっとたかく。
二回目
イ 天まで…
…五十センチ
あとちょっと！
三回目
ア 天まで…
…空へふきとばしました。
やった！とべた！
とびたいきもちがだんだん大きくなっている
だんだん大きなこえで読もう！

教材名「くじらぐも」（光村図書一年下）

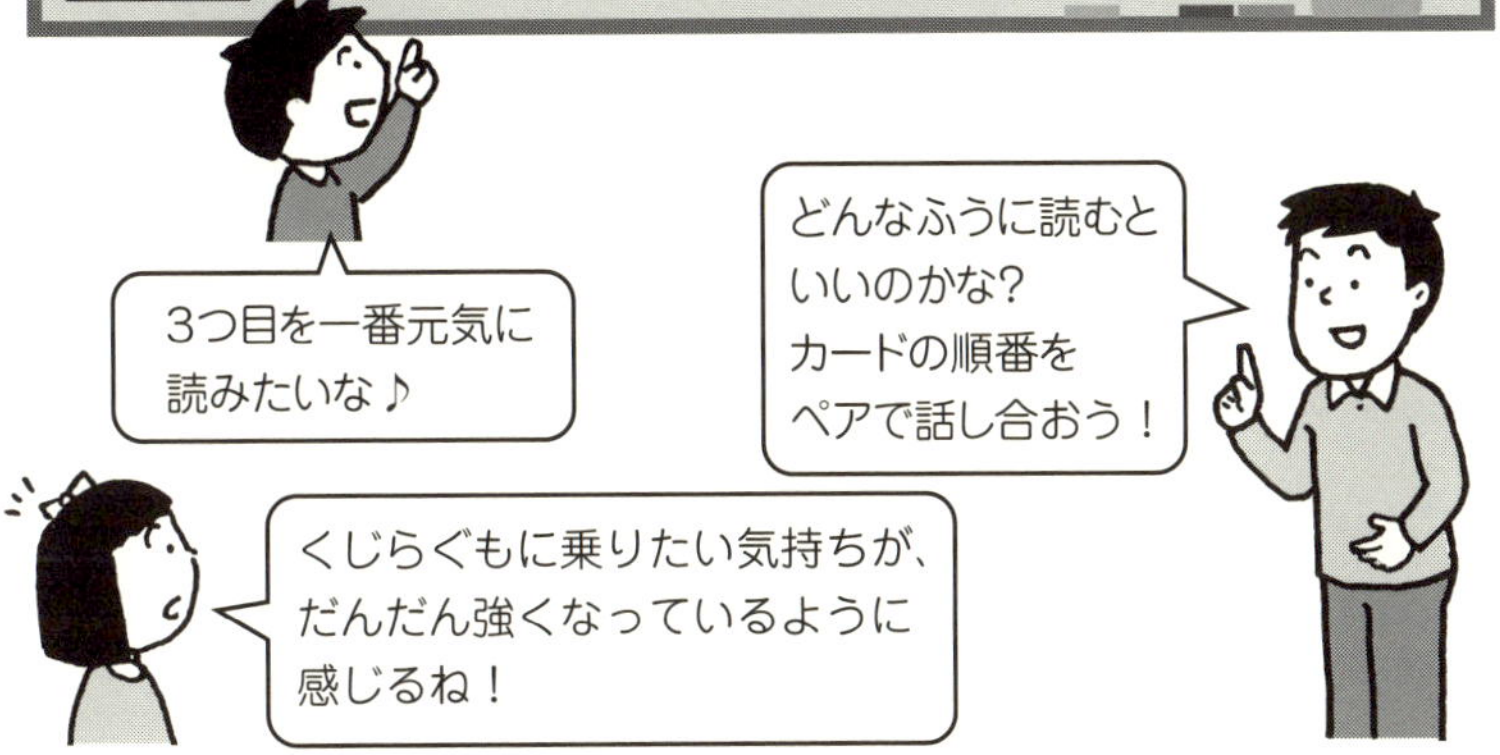
3つ目を一番元気に読みたいな♪
どんなふうに読むといいのかな？カードの順番をペアで話し合おう！
くじらぐもに乗りたい気持ちが、だんだん強くなっているように感じるね！

指導の実際ーAfter

「じゃあ、どのように読むといいのかな？」と問い、ペアでカードの順番とその理由を話し合わせます。このとき、「やっと三十センチ」「こんどは五十センチ」「いきなり、かぜが、みんなを空へふきとばしました」などの叙述に着目した理由が言えるようにします。考えを全体で共有する際は、子どもの発言をもとにセンテンスカードを上下にずらし、飛んだ高さと気持ちの高まりを視覚化することも有効です。

おわりには、「みんなが空へ飛ぶことができた三回目を一番元気に読みたい」という子どもの発言をもとに、学級の全員で手をつなぎ、声に出して楽しく読みます。

「工夫して音読しましょう」「気持ちをこめて読みましょう」と言うだけでは、何をどのように読んだらいいか、多くの子どもは迷ってしまいます。視点を与えることで、叙述に着目しながら気持ちの変化をとらえ、読み取ったことを音読で表現できるようにします。

③挿絵の順序を変える

Before
海をかっとばせ
オ
エ
ウ
イ
ア
こんなお話だったね！
ちがう！
順序がバラバラ！
いきなり
ホームランは
打たないよ！

【作品の設定】（ファンタジー）

使うシーン▼第二次前半

本教材は、中心人物のワタルが、波の子たちに応援されながら、野球の特訓をするファンタジー作品です。挿絵を並べ替え、作品の全体を把握した後、現実からファンタジーの世界へと入り込む場面を見つけることで、ファンタジー作品の構造をつかみます。

指導の実際―Before

「こんなお話だったね」と言って挿絵を提示します。すると、子どもは「順序がバラバラだよ！」と指摘し始めます。

そこで、「正しい順番に並べてみよう！」と子どもたちにペアで挿絵を並べ替えさせます。

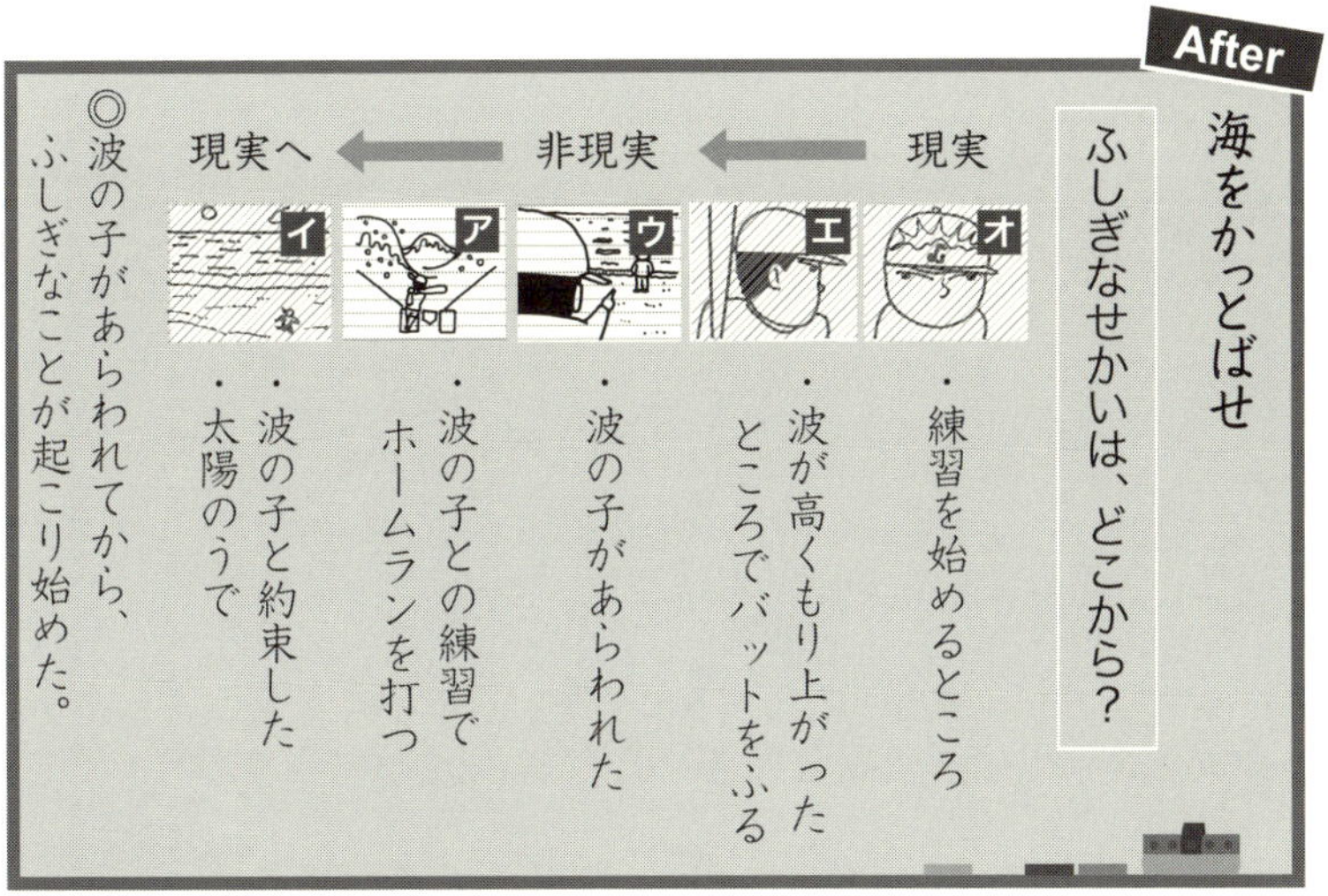
After
海をかっとばせ
ふしぎなせかいは、どこから？
現実
非現実
現実へ
オ
エ
ウ
ア
イ
・練習を始めるところ
・波が高くもり上がったところでバットをふる
・波の子があらわれた
・波の子との練習でホームランを打つ
・波の子と約束した
・太陽のうで
◎波の子があらわれてから、ふしぎなことが起こり始めた。

教材名「海をかっとばせ」（光村図書三年上）

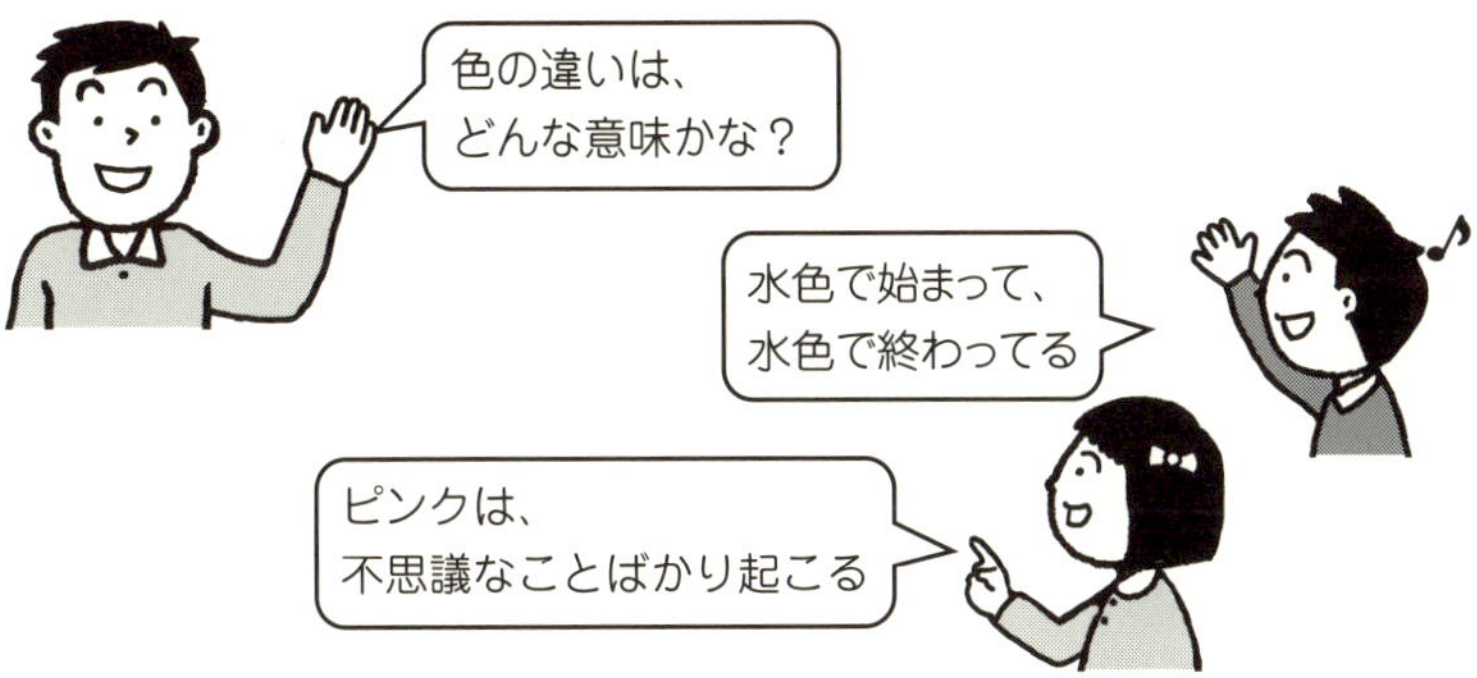
色の違いは、どんな意味かな？
水色で始まって、水色で終わってる
ピンクは、不思議なことばかり起こる

指導の実際ーAfter

話し合いが終わったら、いくつかのペアが黒板に出て正しい順序に並べ直します。子どもは、挿絵を振り返りながら、お話を思い起こすことができます。

並べ替えると、色ごとに分かれていることに気づきます。事前に、挿絵をピンクと水色の色画用紙に貼っておくのです。そこで、「色は、どんな意味かな？」と尋ねます。「ピンクの場面は、不思議なことばかり起こるよ」「はじめとおわりは水色だ」。こうした話し合いの中で、現実→非現実→現実というファンタジーの構造に着目させます。

こうして、中心人物が現実世界から非現実世界に入っていき、また現実世界に戻っていくという作品の構造を視覚的に理解することができます。

④挿絵の順序を変える

Before
三年とうげ
ア
イ
ウ
エ
「桃太郎」は、こんな話の流れだったよね？
最後は鬼退治してみんな幸せになったんだよ !!
えっ!!
何かおかしい！

【作品の設定】（起承転結）

使うシーン▼第二次中盤

本教材は、「起承転結」の形で書かれている民話です。昔から使われている伝わりやすい文の構造をとらえるために、挿絵の並び替えの活動を通して、「起承転結」の構造をとらえます。

指導の実際―Before

「桃太郎ってこんな話だったよね」と、桃太郎の挿絵をバラバラに並べます。すると、子どもが「違うよ、桃太郎はこんな話だよ」と順序立てて話し始めます。

そこで、理由を伝え合いながら黒板の挿絵を並び替えてもらい、全体で確認します。昔話や民話など、昔から親しまれている文の構造が「起承転結」で表されていることを全体で確認し、表に整理していきます。

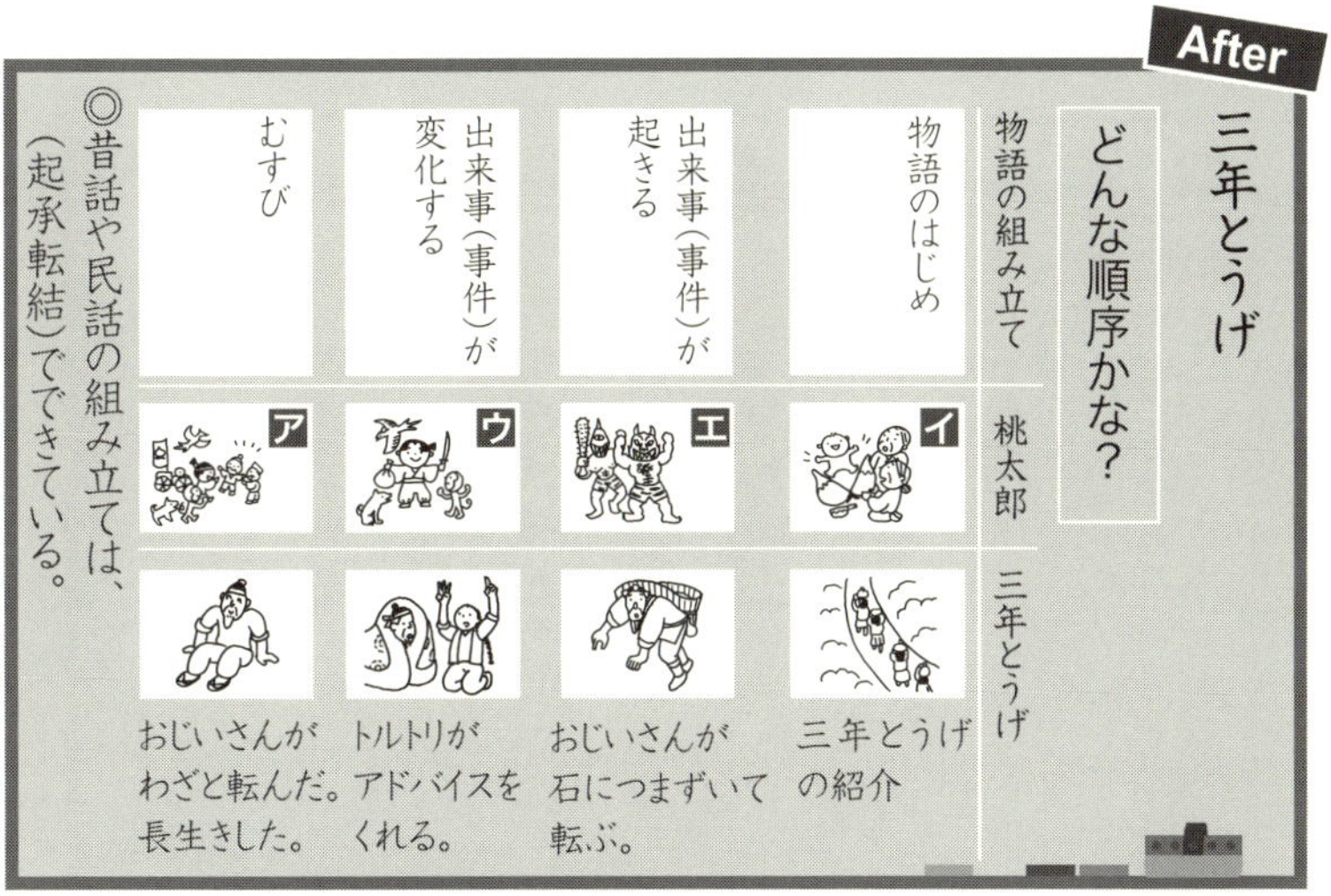
After
三年とうげ
どんな順序かな？
物語の組み立て
桃太郎
三年とうげ
物語のはじめ
出来事（事件）が起きる
出来事（事件）が変化する
むすび
イ
エ
ウ
ア
三年とうげの紹介
おじいさんが石につまずいて転ぶ。
トルトリがアドバイスをくれる。
おじいさんがわざと転んだ。長生きした。
◎昔話や民話の組み立ては、（起承転結）でできている。

教材名「三年とうげ」（光村図書三年下）

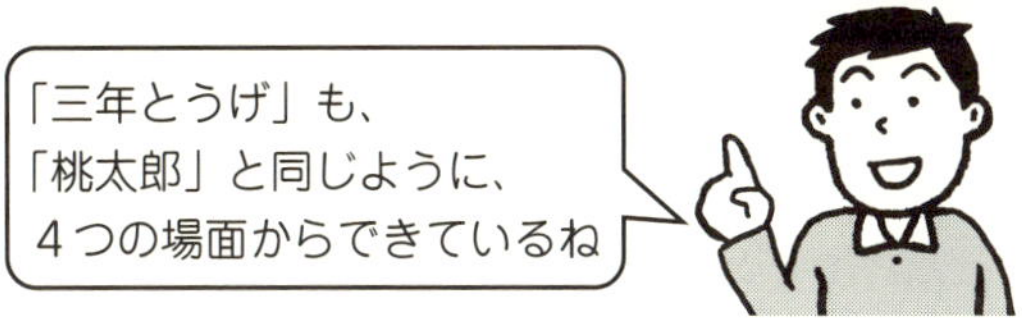
「三年とうげ」も、
「桃太郎」と同じように、
４つの場面からできているね

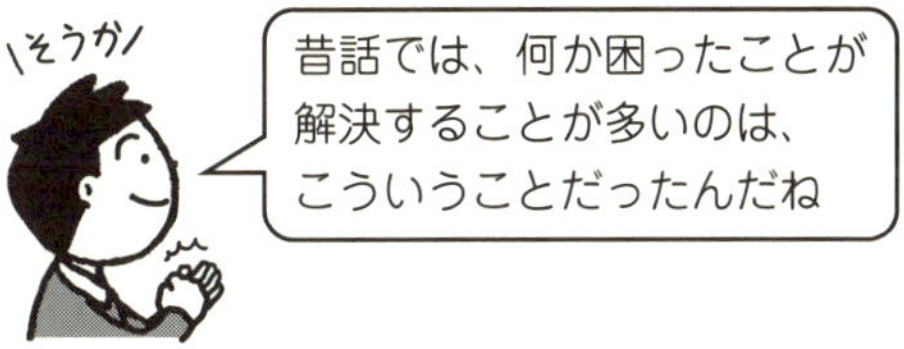
そうか
昔話では、何か困ったことが
解決することが多いのは、
こういうことだったんだね

指導の実際ーAfter

次に、「じゃあ、『三年とうげ』ではどうかな」と言って挿絵を提示します。ここで子どもと「この場面は出来事の始まりかな、解決かな」などとやり取りしながら、挿絵を並び替えていきます。

その後、「三年とうげ」での内容の起承転結を、挿絵をヒントに並べ替えます。挿絵をもとに、その場面ではどんなことがあったのかを確認し、「三年とうげ」も起承転結の文の構造であることを確認します。

最後に、他の昔話や民話を準備して、同様の組み立てになっているかを確認するとともに、「起承転結」のよさについても話し合います。昔から使われている文の構造を理解することにより、書く場面でも応用することができます。

⑤文の順序を変える

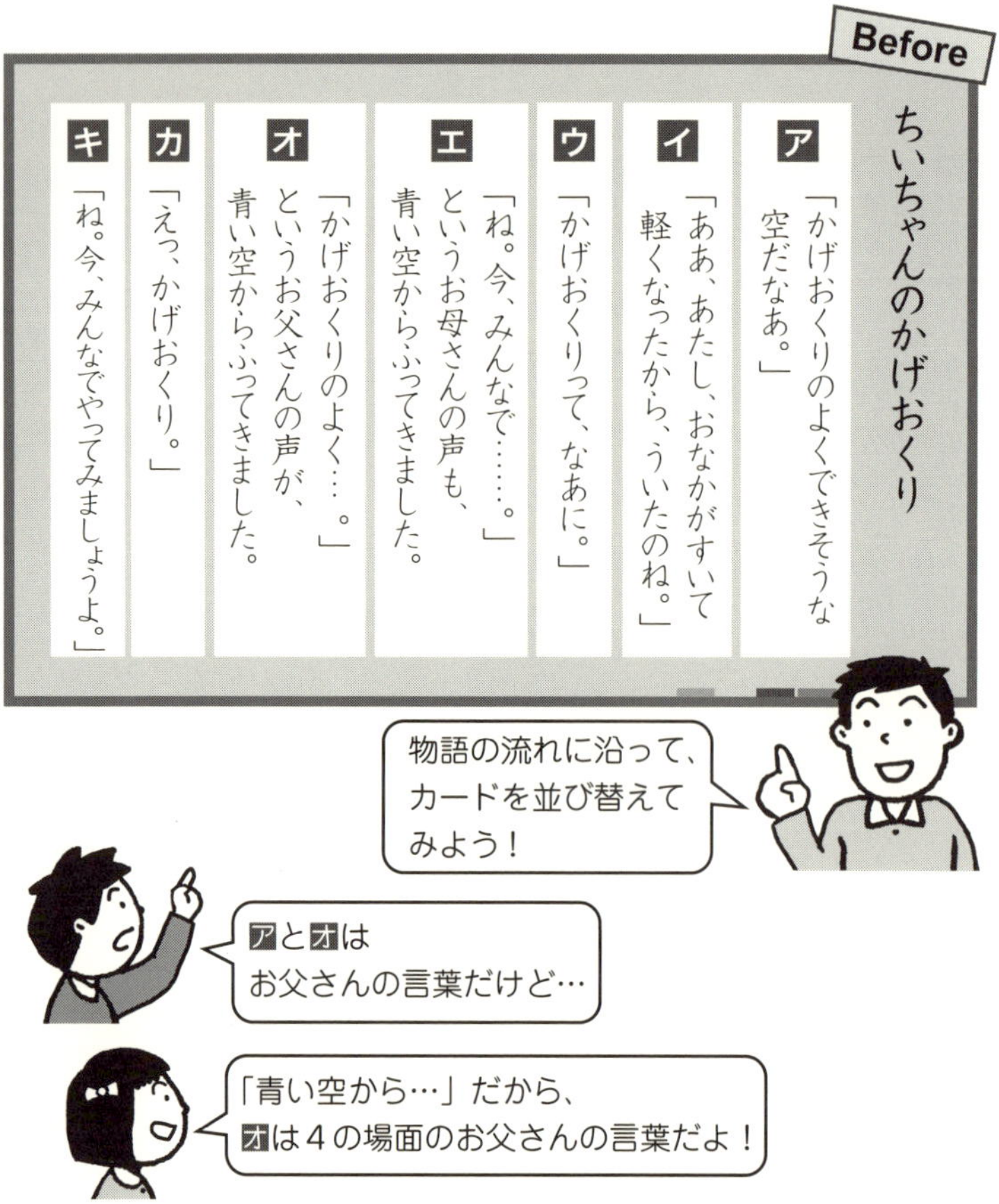
Before
ちいちゃんのかげおくり
ア「かげおくりのよくできそうな空だなあ。」
イ「ああ、あたし、おなかがすいて軽くなったから、ういたのね。」
ウ「かげおくりって、なあに。」
エ「ね。今、みんなで……。」というお母さんの声も、青い空からふってきました。
オ「かげおくりのよく…。」というお父さんの声が、青い空からふってきました。
カ「えっ、かげおくり。」
キ「ね。今、みんなでやってみましょうよ。」
物語の流れに沿って、カードを並び替えてみよう！
アとオはお父さんの言葉だけど…
「青い空から…」だから、オは4の場面のお父さんの言葉だよ！

【中心人物の変化】（気持ちの変化）
使うシーン▼第二次後半

本教材には、場面の移り変わりとともに変わっていく登場人物の状況が述べられています。一の場面と四の場面を比べることで、登場人物の置かれている状況の変化を視覚的に理解します。

指導の実際―Before

まず、「誰の言葉でしょう」クイズをします。センテンスカードを一枚一枚黒板に貼りながら子どもに問いかけます。子どもは物語を思い出しながら、「お父さん」「ちいちゃん」などと答えます。

次に「物語の流れに沿ってセンテンスカードを並び替えましょう」と投げかけます。子どもたちは物語を思い出しながら、誰の会話文なのかをペアで話し合い、順番を決めます。

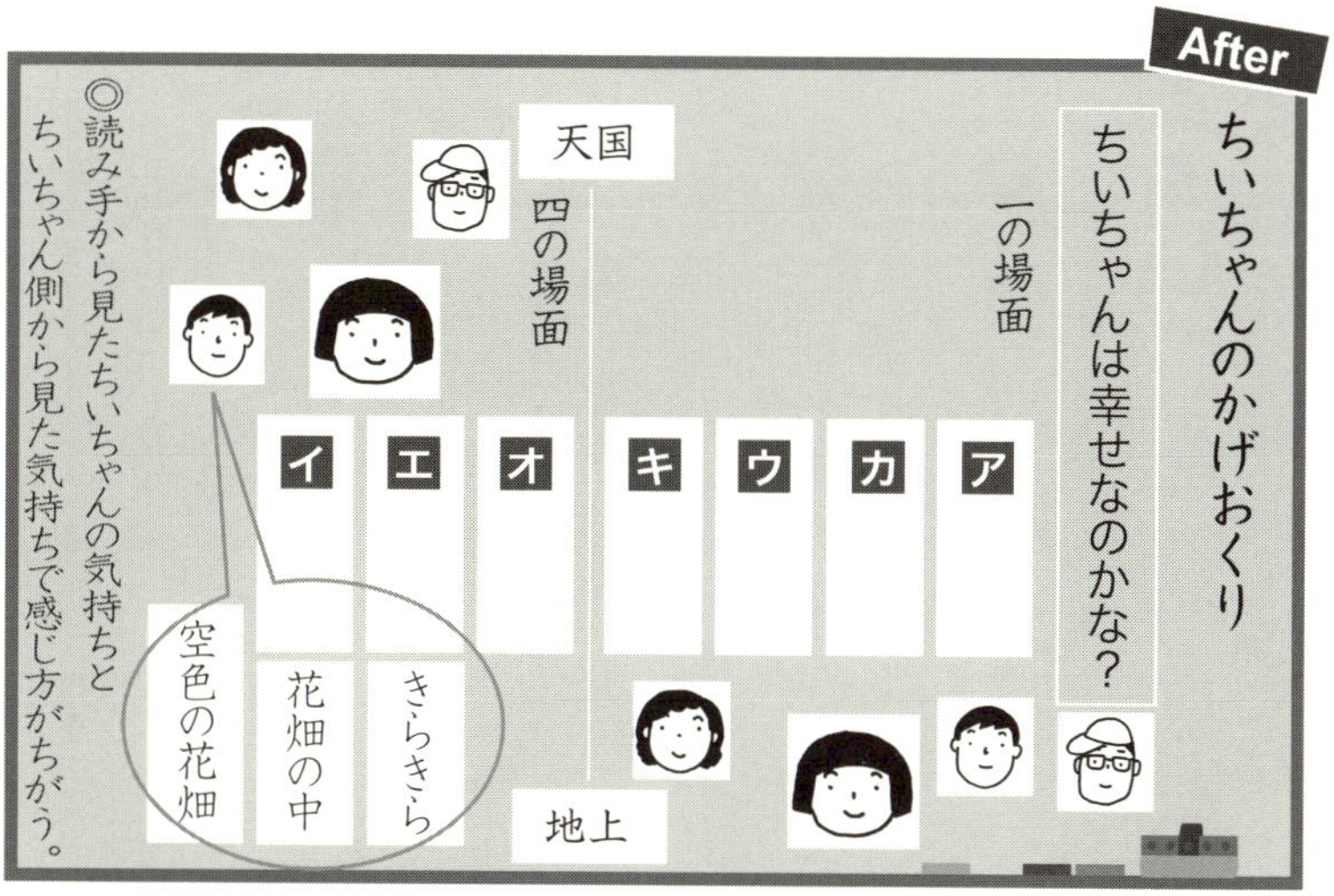
After
ちいちゃんのかげおくり
ちいちゃんは幸せなのかな？
一の場面
天国
四の場面
ア
カ
ウ
キ
オ
エ
イ
きらきら
花畑の中
空色の花畑
地上
◎読み手から見たちいちゃんの気持ちと
ちいちゃん側から見た気持ちで感じ方がちがう。

教材名「ちいちゃんのかげおくり」（光村図書三年下）

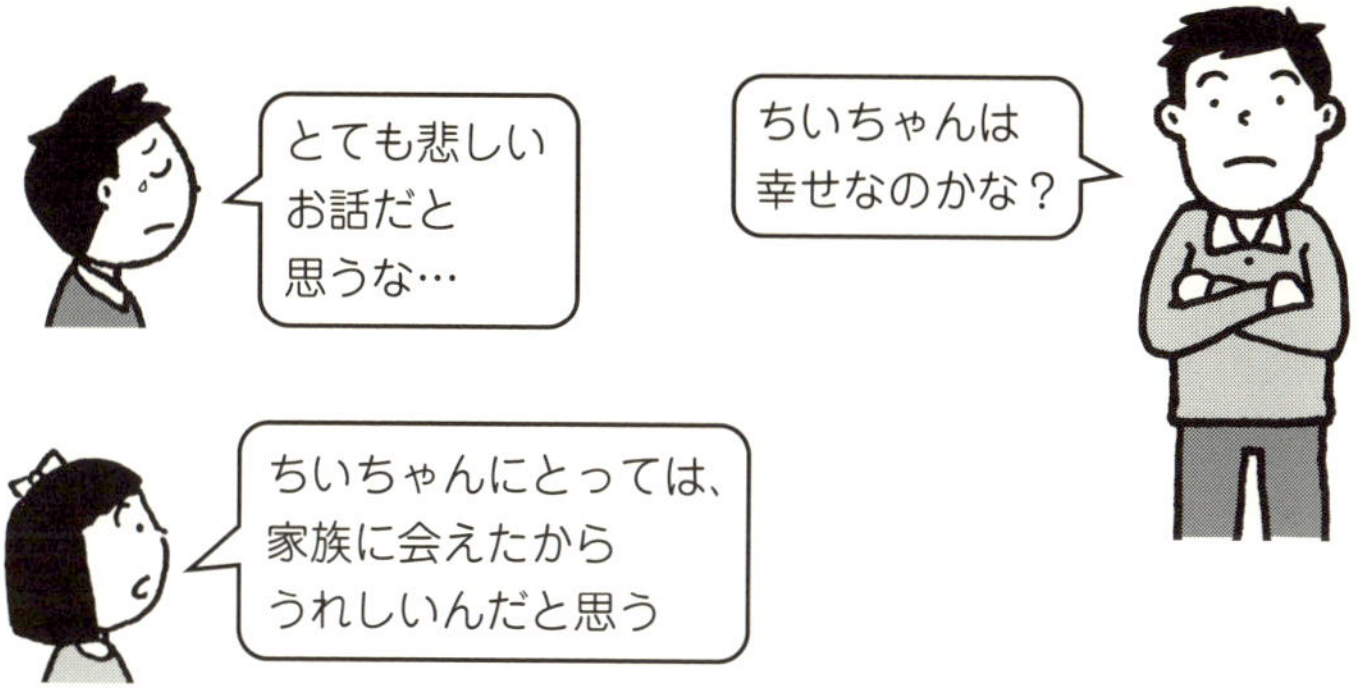
ちいちゃんは幸せなのかな？
とても悲しいお話だと思うな…
ちいちゃんにとっては、家族に会えたからうれしいんだと思う

指導の実際―After

順序を並び替えたあとで、ア～キが一と四の場面の会話文であることを確認します。そこで、「ちいちゃんと家族がどこにいるか絵を貼ってみよう」と、一の場面にちいちゃんの絵を配置します。そのあと、カードを読み上げながら、一の場面ではみんな地上にいることを確認します。

次に、四の場面に絵を置いていきます。子どもは「空からふってきました」の表現に着目し、家族が空にいる（死んでいる）ことに気づきます。次にイのセンテンスカードをもとに、ちいちゃんの絵を空に移動します。ここでちいちゃんが死んでしまったことがわかります。

最後に、ちいちゃんの気持ちがわかるカードを出し、「ちいちゃんの気持ちはどうだったんだろう」と投げかけます。読者の視点とちいちゃんの視点を比べることで、感じ方が違うことに気づき、ちいちゃんの心情についても考えることができます。

⑥文の順序を変える

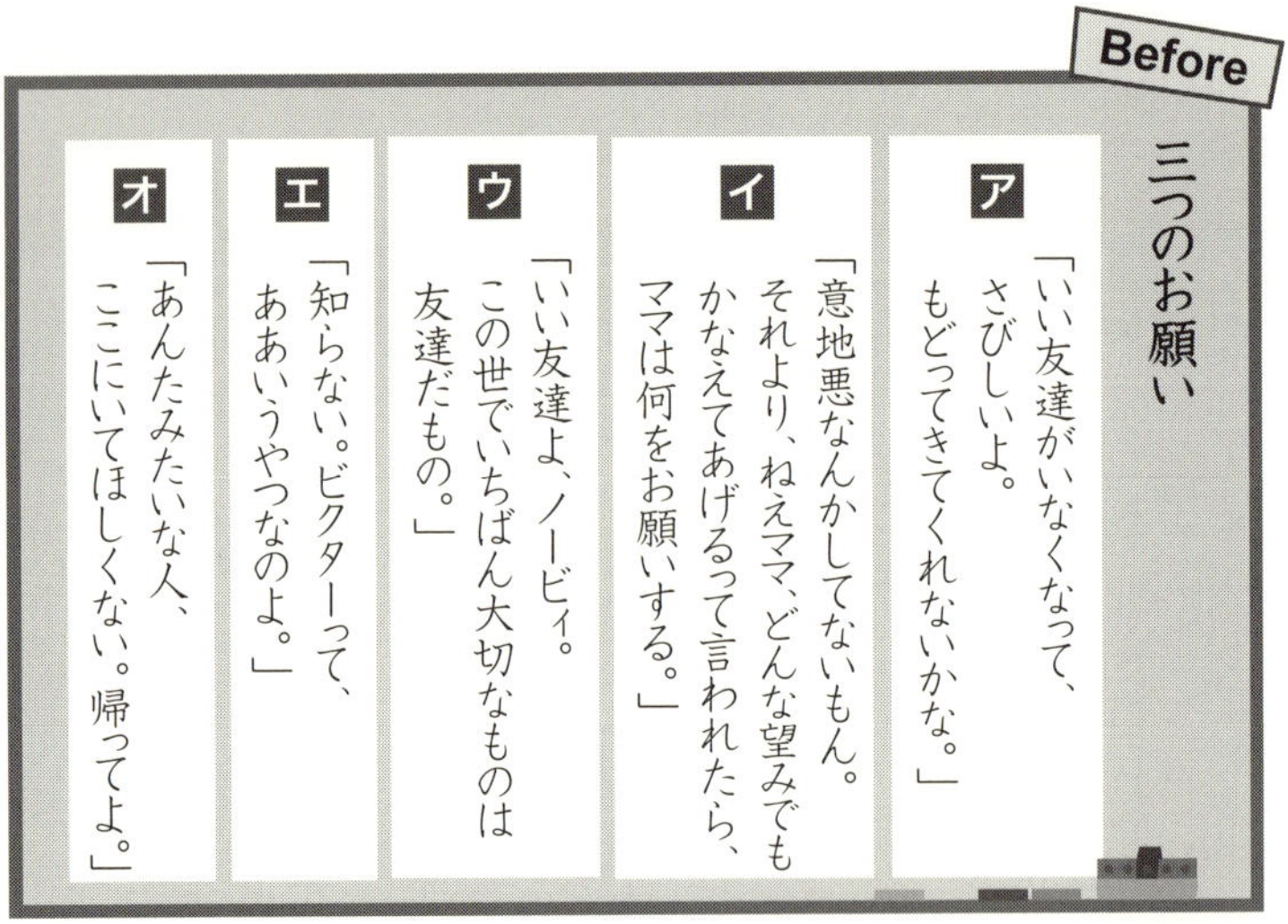
Before
三つのお願い
ア
「いい友達がいなくなって、さびしいよ。もどってきてくれないかな。」
イ
「意地悪なんかしてないもん。それより、ねえママ、どんな望みでもかなえてあげるって言われたら、ママは何をお願いする。」
ウ
「いい友達よ、ノービィ。この世でいちばん大切なものは友達だもの。」
エ
「知らない。ビクターって、ああいうやつなのよ。」
オ
「あんたみたいな人、ここにいてほしくない。帰ってよ。」

あれ、順番がおかしいぞ！正しく並べ替えよう！
はじめ、ビクターとけんかしていたよ
3つ目のお願いをするところだから、アが最後

【中心人物の変化】（きっかけ）

使うシーン▼第二次後半

本教材は、母親の話から友達の大切さに気づく女の子の心情を描いた作品です。センテンスカードの並べ替えをして、中心人物の変化とそのきっかけをつかませます。

指導の実際―Before

「あれ、順序がおかしいね。正しく並べ替えられるかな？」とセンテンスカードを提示します。

子どもはペアになり、カードの順序を並べ替えます。全員が並べ替えることができたら、全体で正しい順序を確認し、はじめ-きっかけ-おわりに図解化します。

After
三つのお願い
レナの気持ちが変わったきっかけは？
（ビクターとけんかして、いやになっていた）
はじめ
オ「あんたみたいな人…」
エ「…ああいうやつなのよ。」
レナが、
イ「意地悪なんか…」
きっかけ
友達が一番大切
ママの話を聞いた
によって、
ウ「いい友達よ、…」ママ
おわり
ア「…もどってきてくれないかな。」
（ビクターの大切さに気づくよう）になる話。
◎中心人物の気持ちは、他の人物の言動によって変わることが多い。

教材名「三つのお願い」（光村図書四年下）

レナの気持ちが
一番大きく変わったのは、
どこかな?

エとイは、
まだ怒ってる
ママの話を聞いて
変わったからウだよ！

指導の実際―After

「きっかけのカードが三つあるけれど、レナの気持ちが最も大きく変わったのは、どの言葉かな？」と問います。「エとイは、まだビクターにおこっている」→☹「ウのママの話で、レナが友達の大切さに気づいた」→☺と、表情カードで視覚的理解を促しながら、全体で確認します。

レナの気持ちが変化したのは、ママとの会話があったからです。人の気持ちは、他者との関わりによって変化することが多いことをおさえ、「誰かの言葉がきっかけで、気持ちが変わったことってある？」と問い、学習を子どもの生活に返していきます。

このように、文を並べる活動を通して、中心人物の変化に気づかせます。そして、心情の変化は他者との関わり合いで起こることを理解し、他の物語文の読み取りに生かすことができるようにします。

⑦語句の選択肢をつくる

Before
スーホの白い馬
なまけもの
十人家族
大金持ち
スーホの性格などをまとめてきたよ

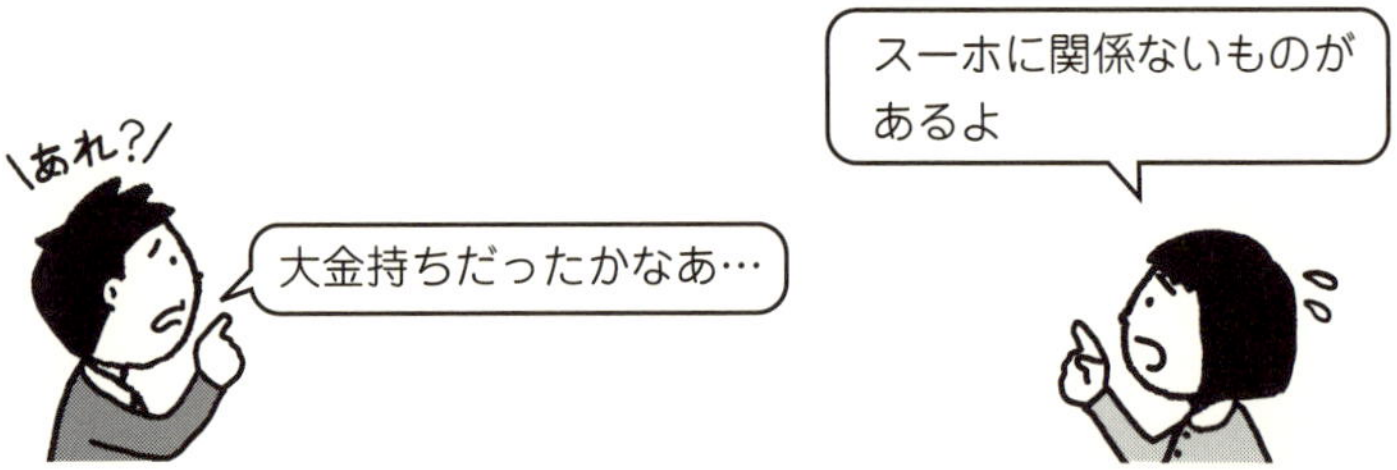
スーホに関係ないものがあるよ
あれ？
大金持ちだったかなあ…

【作品の設定】（人物像）

使うシーン▼第二次前半

本教材では、中心人物の特徴が具体的に述べられており、作品の展開に重要な役割を果たしています。人物像が書かれたカードを選択する活動を通して、本文に書かれている中心人物の人物像を見つけます。

指導の実際―Before

まず、全文を音読した後、「先生が考えたスーホの性格や特徴です」と言いながら、一枚一枚センテンスカードを提示していきます。カードの中には、明らかに間違ったカードも混ぜておくと、子どもが気づきやすくなります。

カードを見た子どもから「違うよ」「そんなこと書かれてないよ」など、疑問に思う声が次々に出てくるでしょう。

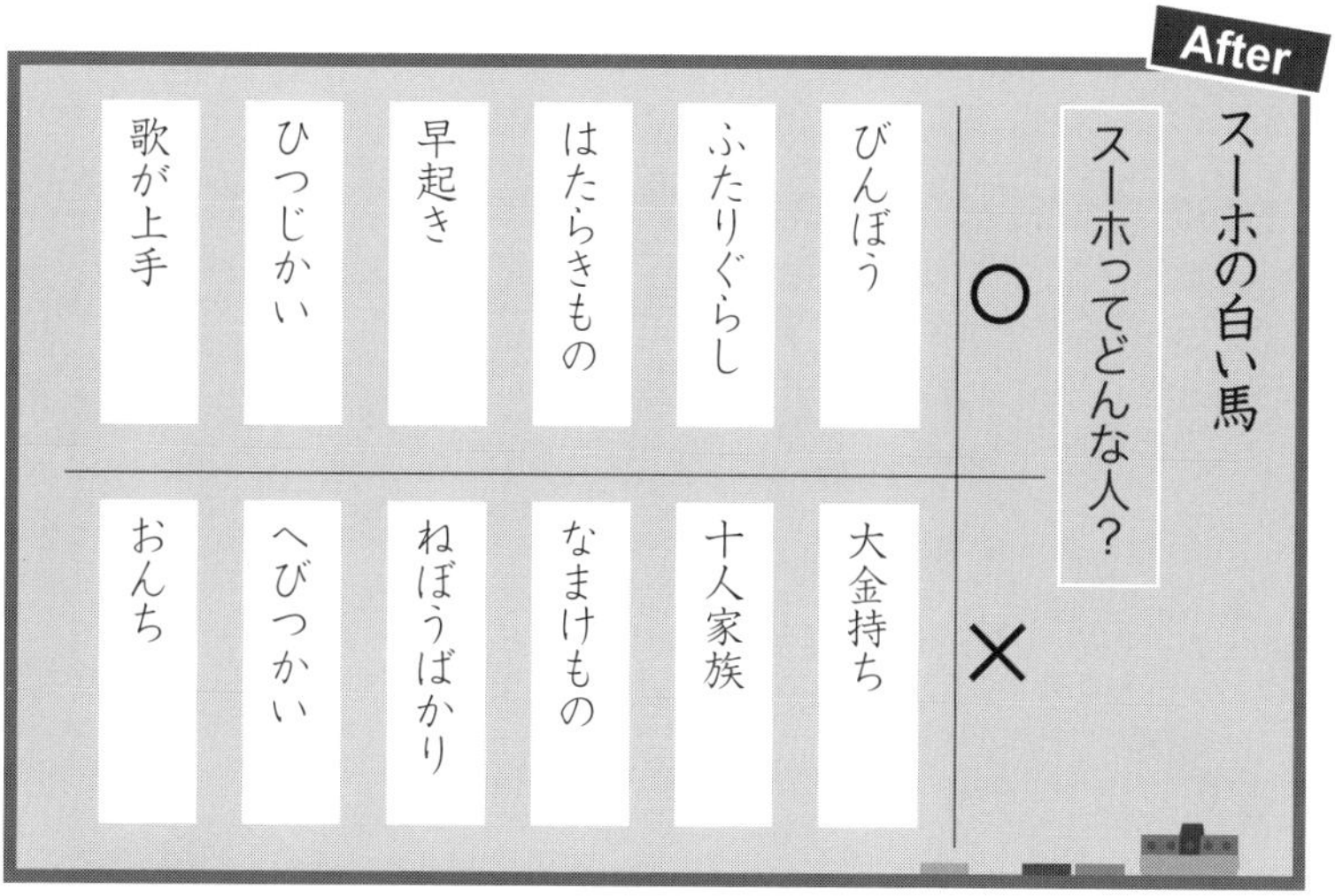
After
スーホの白い馬
スーホってどんな人？
○
びんぼう
ふたりぐらし
はたらきもの
早起き
ひつじかい
歌が上手
×
大金持ち
十人家族
なまけもの
ねぼうばかり
へびつかい
おんち

教材名「スーホの白い馬」（光村図書二年下）

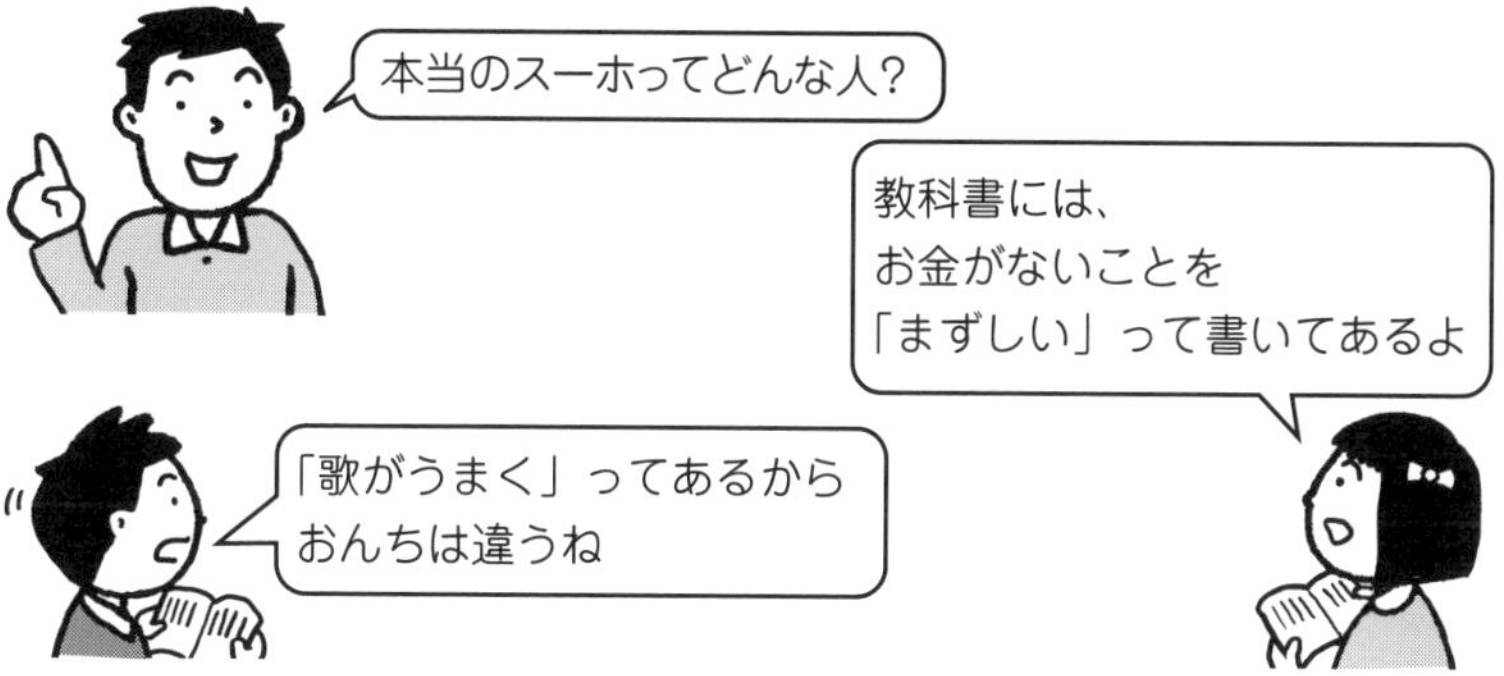
本当のスーホってどんな人？
教科書には、お金がないことを「まずしい」って書いてあるよ
「歌がうまく」ってあるからおんちは違うね

指導の実際－After

「じゃあ、本当のスーホのことが書かれたカードは、どれかな？」と問いかけると、子どもは「びんぼうだよ」「はたらきものだよ」などと言い始めます。そこで、「教科書の文から、スーホのことが書かれているところ（証拠）を探そう」と投げかけます。

子どもは、「教科書には、『まずしい』って書いてあるから、びんぼうだよ」「『歌がうまく』って書いてあるから、おんちじゃないよ」など、手がかりとなる言葉を見つけてきます。

うまく見つけられない子には、「どこを見たらわかるかな？」と全体に問いかけ、ヒントをもらうことで、探す範囲（ページ）が限定され、探しやすくなります。

センテンスカードを文中の言葉と照らし合わせ、互いに理由を言えるようにすることで、中心人物の人物像を見つけることができます。

⑧文の選択肢をつくる

Before
黄色いバケツ
はじめ
じぶんのバケツをもっていなくて、黄色いバケツをほしいと思っていた
きつねの子が、
きっかけ
一週間バケツといっしょにすごすこと
によって、
おわり
ア
バケツがなくなってしまい、かなしい気持ちになる
話。
黄色いバケツは、こんなお話だったね
そうそう、きつねくん、かわいそう
えー、そうかなあ。きつねくん、笑ってたよ？

【中心人物の変化】（気持ちの変化）

使うシーン▼第二次後半

お話の図のおわりの文を選択肢を提示して話し合うことで、中心人物の気持ちがどのように変わったか、考えることができます。

指導の実際―Before

「こういうお話だね」と言って、アを提示します。視覚的に気持ちの変化を理解しやすくするために、センテンスカードを色分けしておきます。（悲しさ→水色、うれしさ→ピンク）

イを提示して、「きつねの子の気持ちに合うのは、どちらかな?」と問います。

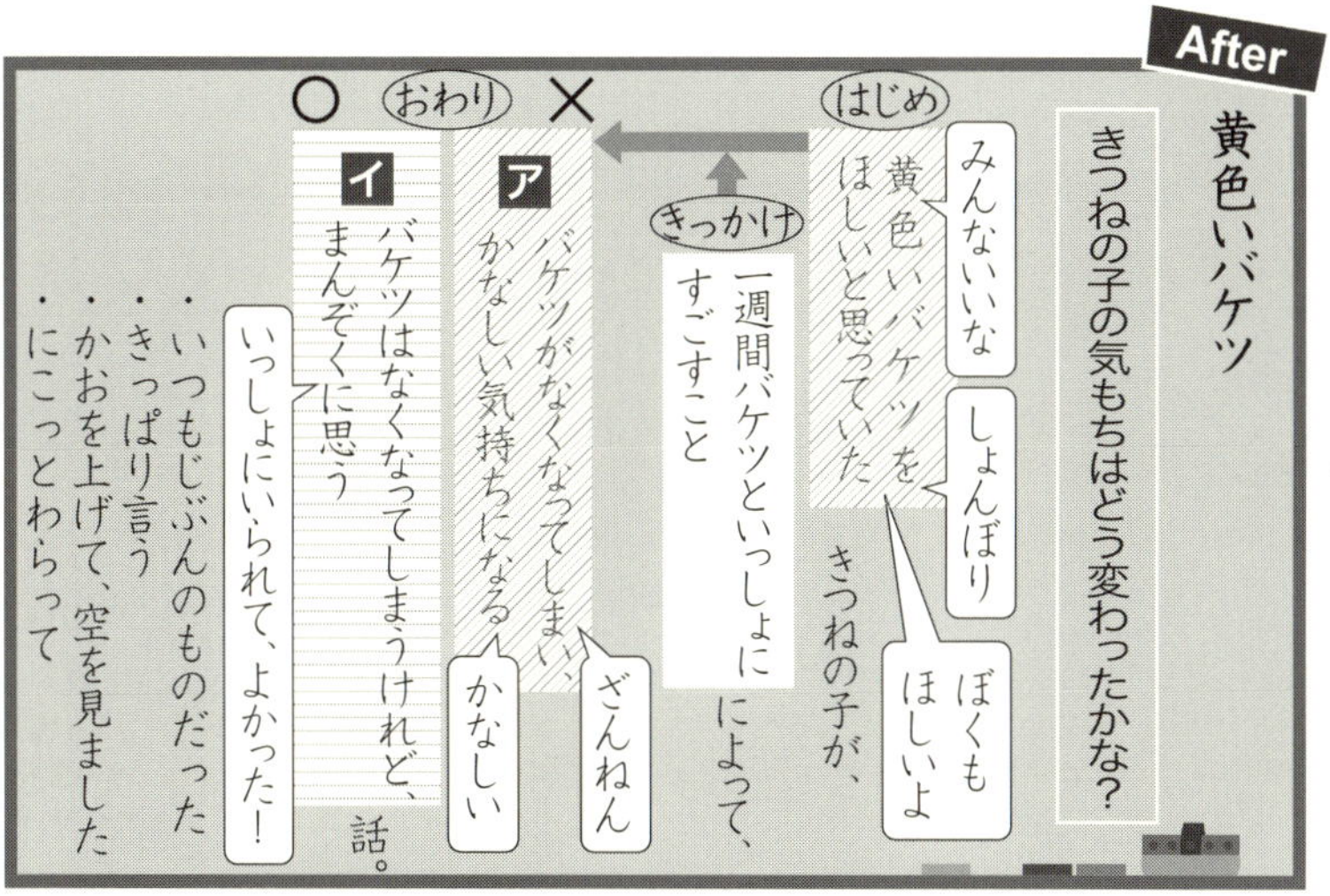
After
黄色いバケツ
きつねの子の気もちはどう変わったかな？
はじめ
黄色いバケツをほしいと思っていた
みんないいな
しょんぼり
ぼくもほしいよ
きつねの子が、
きっかけ
一週間バケツといっしょにすごすこと
によって、
ア
バケツがなくなってしまい、かなしい気持ちになる
ざんねん
かなしい
×
おわり
○
イ
バケツはなくなってしまうけれど、まんぞくに思う
話。
いっしょにいられて、よかった！
・いつもじぶんのものだった
・きっぱり言う
・かおを上げて、空を見ました
・にこっとわらって

教材名「黄色いバケツ」（光村図書二年上）

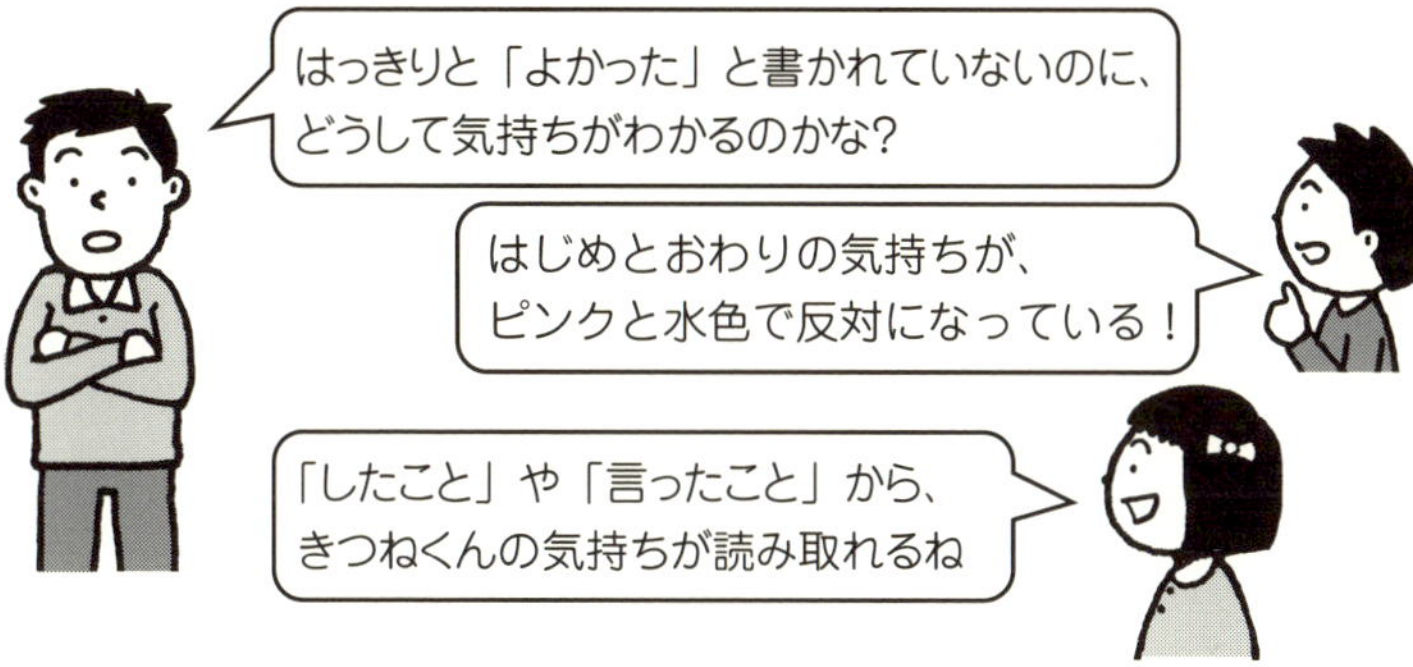
はっきりと「よかった」と書かれていないのに、どうして気持ちがわかるのかな？
はじめとおわりの気持ちが、ピンクと水色で反対になっている！
「したこと」や「言ったこと」から、きつねくんの気持ちが読み取れるね

指導の実際―After

本文に戻り、その理由になる言葉や文を探します。「イだと思う。きつねの子はにこっと笑っているから」「『いいんだよ、ほんとに』という言葉からもわかるよ」と、理由を示しながら、考えを話し合います。

全体で、答えがイになることを共有した後、「はっきり書かれていないのに、なぜ気持ちがわかるの？」と尋ねます。子どもが理由として選んだ文や言葉を示しながら、行動や会話から気持ちがわかることを確認するのです。読み手の主観ではなく、心情表現や行動描写などの叙述に沿って考えることが大切です。

さらに、カードの色から、「はじめとおわりの気持ちが反対だ」「悲しい気持ちがうれしい気持ちに変わっている」と、中心人物の気持ちが変化することに気づくことができます。

このように、選択肢を手がかりに考えることを通して、叙述に即して中心人物の気持ちの変化を読み取ることができます。

⑨文の選択肢をつくる

Before
スーホの白い馬
①「よくやってくれたね、白馬。本当にありがとう。これから先、どんなときでも、ぼくはおまえといっしょだよ。」
スーホと白馬はずっと一緒だったよね
違うよ！死んじゃうんだよ～
でも、心では、一緒にいるよ

【中心人物の変化】

（物事の意味の変化）

使うシーン▼第二次後半

本教材は、中心人物スーホの白馬に対する「一緒にいる」という意味が、話のはじめとおわりで変化します。変化のきっかけとなった出来事をとらえるために、選択肢の中から考えます。

指導の実際―Before

一枚のセンテンスカードを提示し、「スーホと白馬は、ずっと一緒だったよね」と投げかけます。子どもは、「違うよ」「白馬は、死んじゃうんだよ」などと反論するでしょう。

そこで、五枚すべてのセンテンスカードを出して「そうかあ。死んじゃったんだね。それじゃあ、離ればなれだね」と話すと、「でも、馬頭琴になって一緒にいるよ」「心では一緒だよ」と話し始めます。

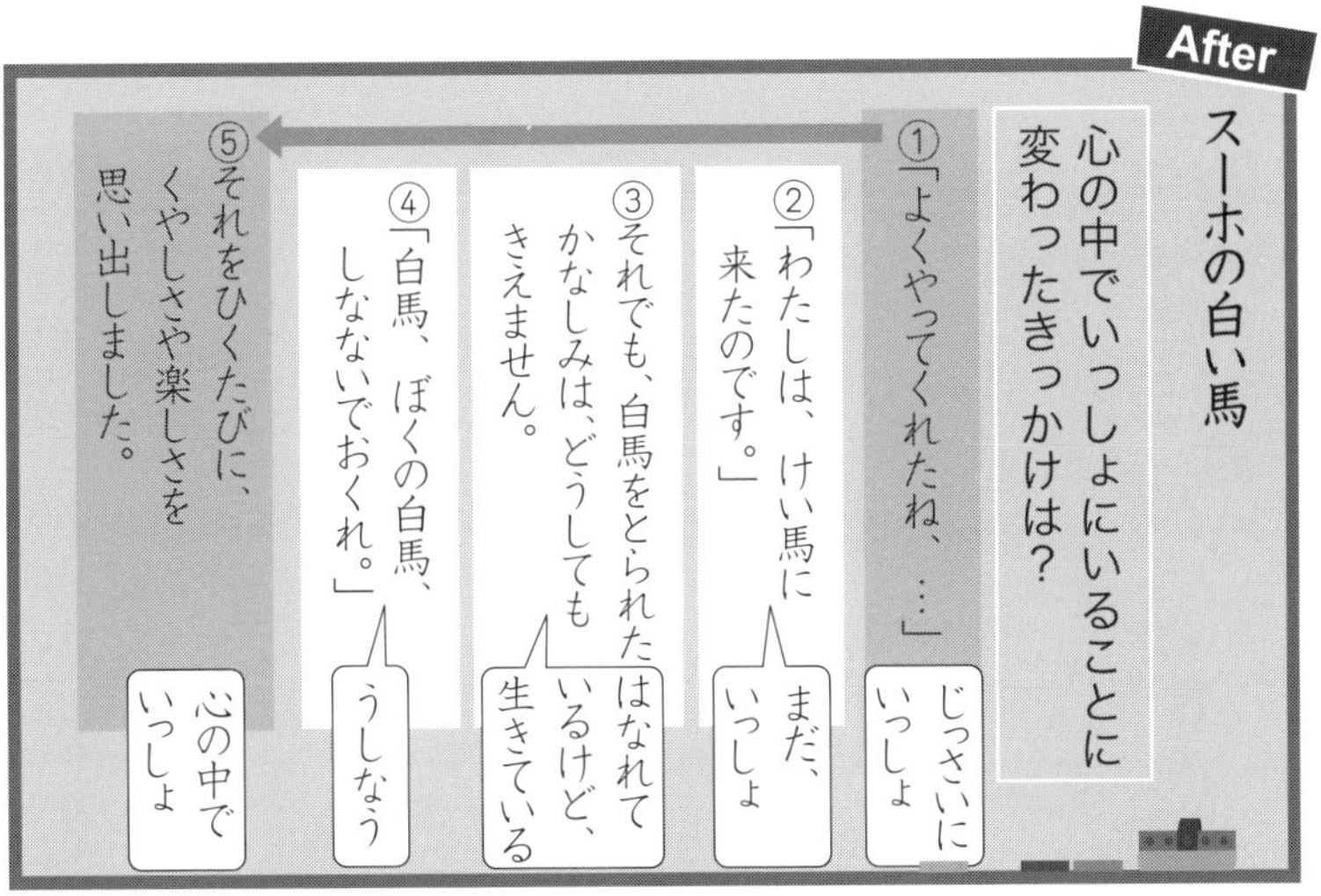
After
スーホの白い馬
心の中でいっしょにいることに変わったきっかけは？
①「よくやってくれたね、…」
②「わたしは、けい馬に来たのです。」
③それでも、白馬をとられたかなしみは、どうしてもきえません。
④「白馬、ぼくの白馬、しなないでおくれ。」
⑤それをひくたびに、くやしさや楽しさを思い出しました。
じっさいにいっしょ
まだ、いっしょ
はなれているけど、生きている
うしなう
心の中でいっしょ

教材名「スーホの白い馬」（光村図書二年下）

じゃあ
心の中で一緒にいることになったのはどこかな？
②はまだ実際に一緒だよ
④は死んでしまって馬頭琴になったんだよ

指導の実際―After

次に「一緒に生活していることを大切にしていたのが、おわりでは、心の中で一緒にいることに変わったんだね。変わったのはどこのカードかな？」と投げかけます。

子どもは、「③は離れているけど、まだ生きているよ」「白馬が死んでしまって、一緒にいられなくなった④が正解だと思う」と、理由を考えながら答えを探します。

それぞれの子どもが、どのカードが正解かを確認します。ここでのポイントは、「一緒にいる」という関係が変わるところなので、センテンスカードを一つひとつ指さしながら、「（ここでは）一緒にいる？」と聞いていきます。すると、④では、白馬が死んでしまうので、「実際に一緒」から「心の中で一緒」に大きく変わることがわかります。

このように、センテンスカードを見ながら、場面の状況を考えることで、中心人物が変化したきっかけをとらえることができます。

⑩文の選択肢をつくる

Before
大造じいさんとガン
◎主題＝作者が読み手に最も伝えたいこと
「人間の生き方で大切なことは、〜だな。」
ア
ガンはハヤブサに勝てないとわかること
作者がみんなに一番伝えたいことは、こういうことだね！
ガンがハヤブサに勝てないなんて、どこにも書いてないよ？
お話と合っていないから、主題とは言えないよ！

【主題】（中心人物の変化からとらえる）

使うシーン▼第二次後半

作者が作品を通して読み手に最も伝えたいことが主題です。しかし、五年生の段階では、「主題を考えよう」と言っても、なかなかとらえきれません。そこで、主題文の選択肢をもとに話し合い、主題のとらえ方を学びます。

指導の実際―Before

主題を考えるときには、「人間の生き方で大切なことは、〜だな」に当てはめると考えやすいことを、手立てとして教えます。まず、アを提示し、「人間の生き方で大切なことは〜」に当てはめて、全員で音読します。「アはおかしい」「お話と合っていないよ」と、子どもの発言を板書に整理していきます。

After

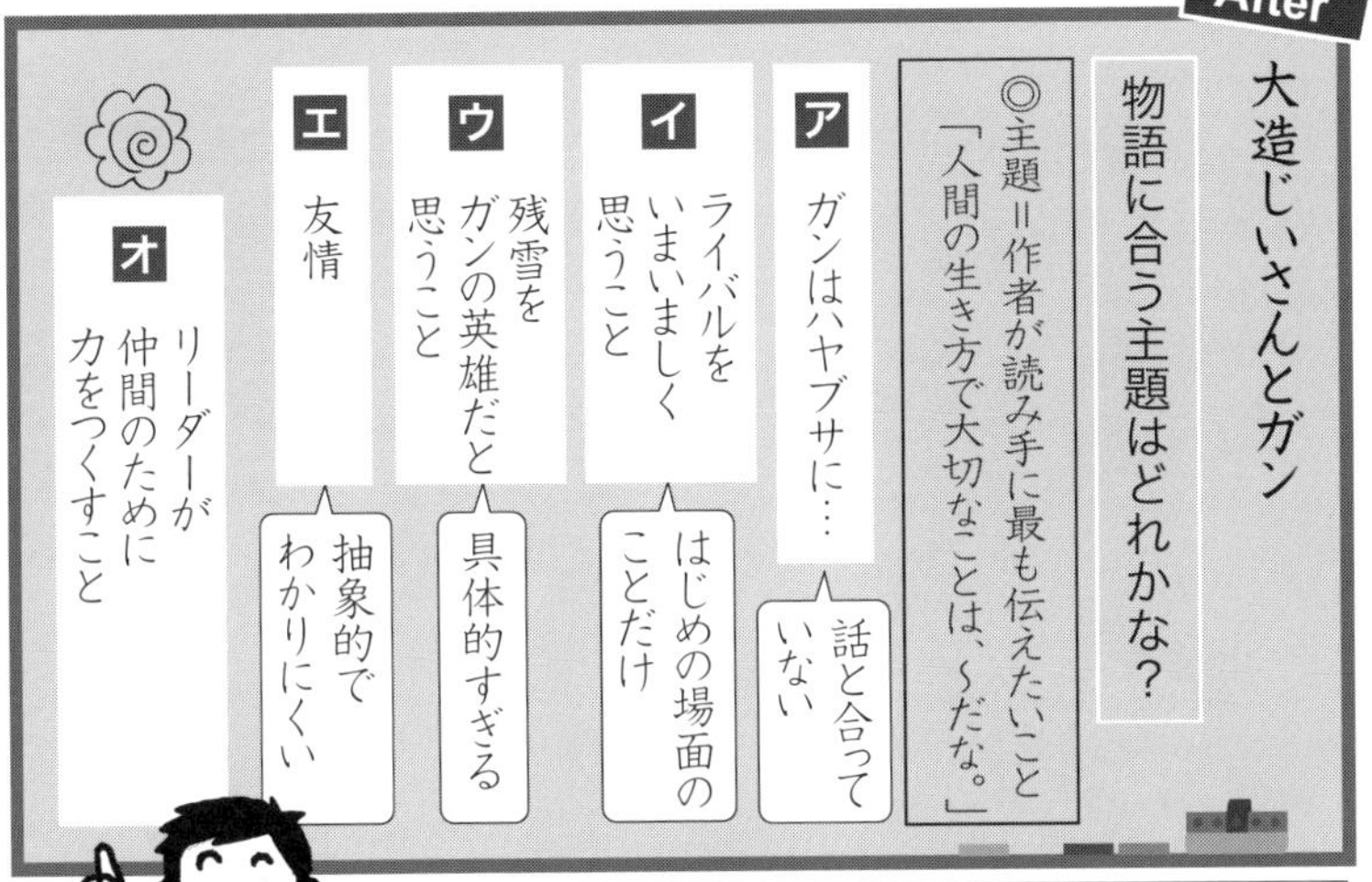

大造じいさんとガン
物語に合う主題はどれかな？
◎主題＝作者が読み手に最も伝えたいこと
「人間の生き方で大切なことは、〜だな。」
ア ガンはハヤブサに…
話と合っていない
イ ライバルをいまいましく思うこと
はじめの場面のことだけ
ウ 残雪をガンの英雄だと思うこと
具体的すぎる
エ 友情
抽象的でわかりにくい
オ リーダーが仲間のために力をつくすこと

教材名「大造じいさんとガン」（光村図書五年）

オは一つの例だよ。
中心人物の変化の図や
板書をヒントに、自分で主題を
書いてみよう！

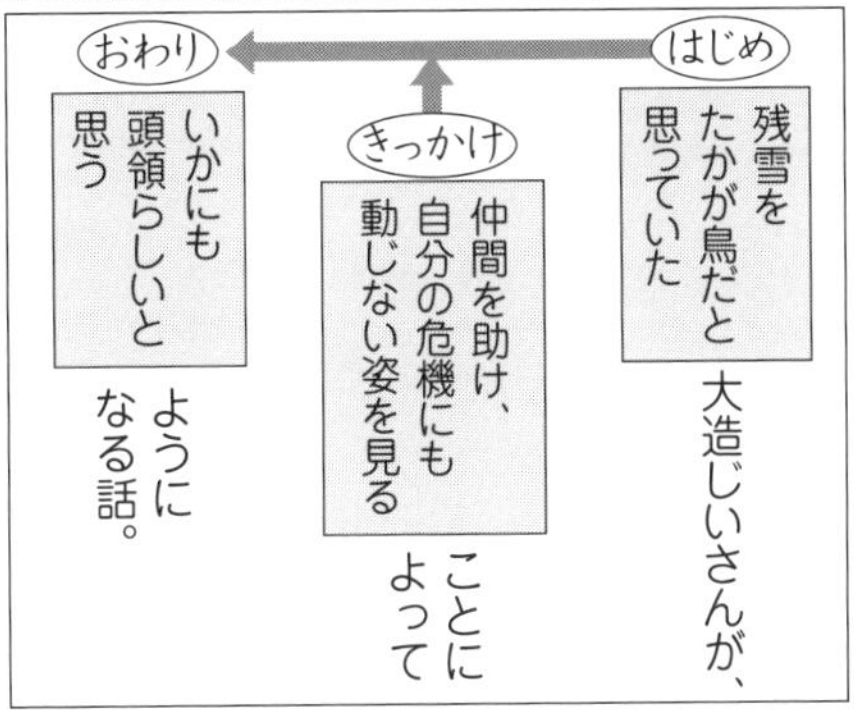

大造じいさんが、
はじめ
残雪をたかが鳥だと思っていた
ことによって
きっかけ
仲間を助け、自分の危機にも動じない姿を見る
おわり
いかにも頭領らしいと思う
ようになる話。

指導の実際―After

「じゃあ、これは？」とイを提示します。「これも変。いまいましく思っていたのは、最初だけだよ」と、子どもは話します。そこで、前時に学習した中心人物の変化の図を提示し、イは、「はじめ」の部分にしか該当しないことを確認します。主題は、「きっかけ―おわり」に通じる内容になっていることが大切だと気づかせます。

ところが、「きっかけ―おわり」に該当すればよいかといえば、そうでもありません。具体的すぎるもの、反対に抽象的すぎるものも主題として適しません。最後に、オを提示し、中心人物の変化が一般化されている文が望ましいという結論にたどり着きます。こうして、主題のとらえ方がわかったら、自分なりに主題文を作ります。

このように、順に選択肢を提示し、中心人物の変化と照らし合わせて検証することで、主題のとらえ方を学ぶことができます。

⑪語句を置き換える

Before
スイミー
ある日、
おそろしい　まぐろが、
おなかを　すかせて、
すごい　はやさで
まぐろみたいに
つっこんで　きた。
さあ、読んでみよう。間違いがあるよ
まぐろなのに、「まぐろみたい」っておかしいよ～
別のものにたとえなきゃだめだよ

【表現技法】（比喩）

使うシーン▼第二次前半

本教材は、場面の様子が比喩表現を使って豊かに表現されています。比喩を別の語句に置き換えておき、表現の効果を考えることで、登場人物の心情に迫ります。

指導の実際―Before

前もって「ミサイルみたいに」を「まぐろみたいに」に置き換えておきます。

「さあ、読んでみよう」と声をかけ、音読します。子どもが「変だよ～」「まぐろなのに、まぐろみたいっておかしいよ」などとつぶやき始めたら、「まぐろじゃだめかな？」と聞き返します。子どもは「別のものじゃないとだめだよ」などと答えるでしょう。

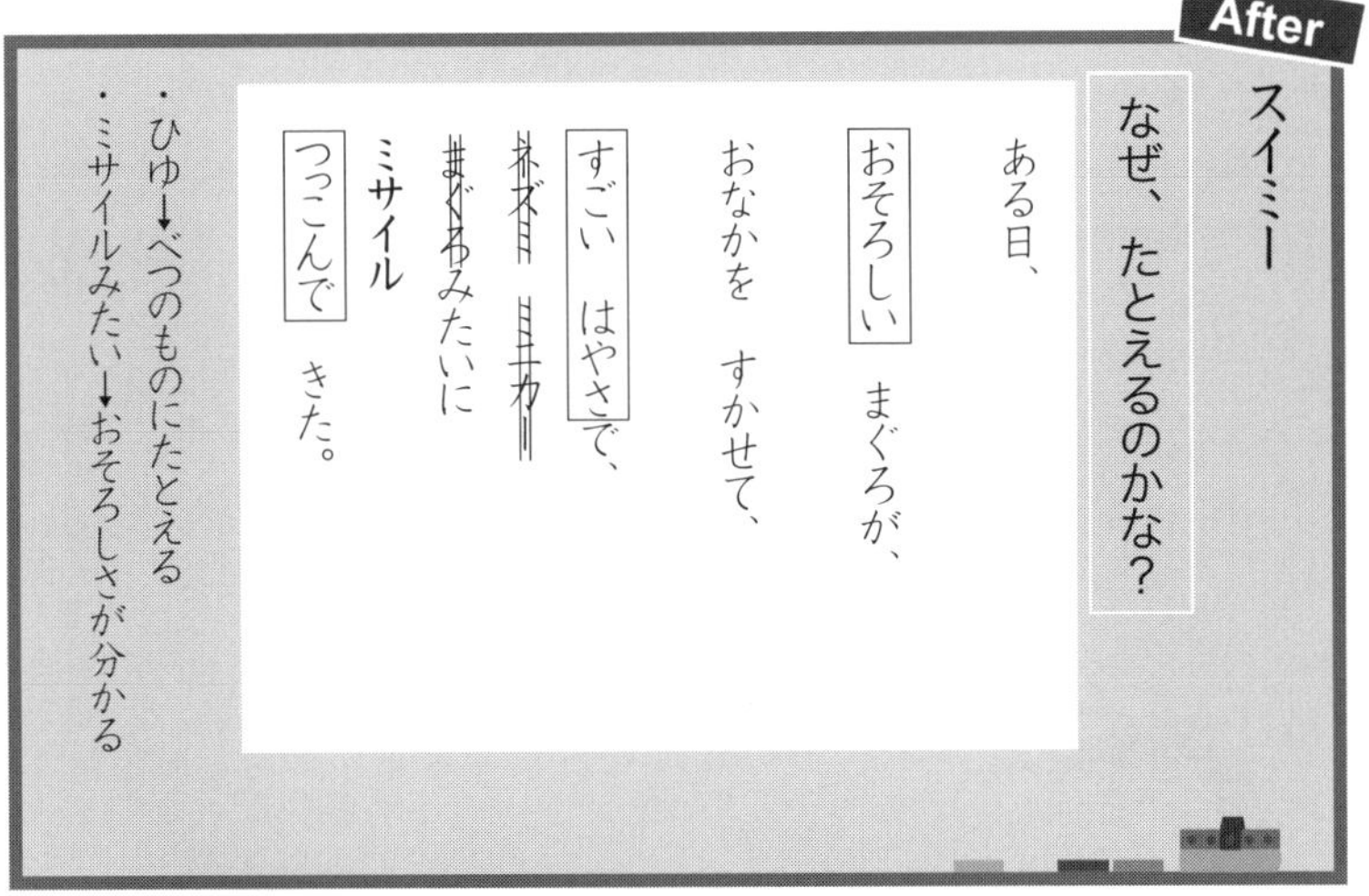
After
スイミー
なぜ、たとえるのかな？
ある日、
おそろしい　まぐろが、
おなかを　すかせて、
すごい　はやさで、
ネズミ　ミニカー
まぐろみたいに
ミサイル
つっこんで　きた。
・ひゆ→べつのものにたとえる
・ミサイルみたい→おそろしさが分かる

教材名「スイミー」（光村図書二年上）

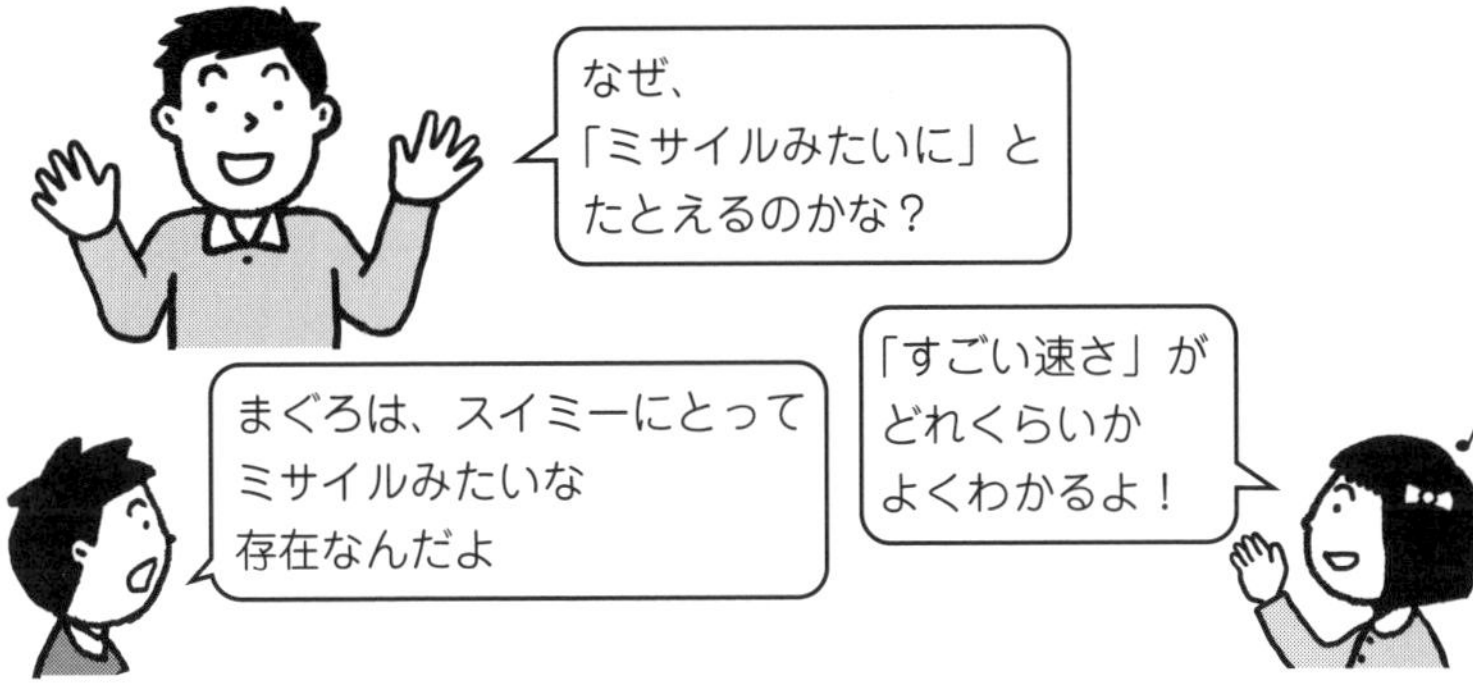
なぜ、
「ミサイルみたいに」と
たとえるのかな？
「すごい速さ」が
どれくらいか
よくわかるよ！
まぐろは、スイミーにとって
ミサイルみたいな
存在なんだよ

指導の実際―After

　そこで「ネズミ」「ミニカー」など、いくつか別のものに例えてみます。子どもが、「それでも変だよ」と答えたら、『すごいはやさ』に着目させながら、理由をつけて発表してもらいます。「ネズミだと迫力がないよ」「ミニカーは速くないから変だよ」などの考えが出るでしょう。

　そこで、本文の語句を提示し、「どうして『ミサイルみたいに』なんだろう？」と発問します。子どもは、本文から、ミサイルみたいに見える部分「おそろしい」「すごいはやさ」「つっこんで」などを見つけてきます。

　他の言葉に置き換えることで、よりその様子が伝わりやすいことを確認します。最後に作品の他の場面で使われている比喩表現も同様に確認していきます。

　比喩の効果を味わうことで、スイミーの心情にも迫ることができます。

⑫語句を置き換える

Before
きつつきの商売
ぶなの葉っぱの、
ザーザーザー
地面からの、
ザーザーザー
葉っぱのかさの、
ザーザーザー
そして、ぶなの森の、
ずうっとおくふかくから、
ザーザーザー
ザーザーザー
とくべつメニューの音を読んでみよう！
全部同じ音だったかなあ？
いろいろな音があったはずだよ！

【表現技法】（擬声語）

使うシーン▼第二次中盤

本教材は、擬声語が効果的に使われており、作品を深く味わうためにも重要な役割を果たしています。擬声語を別の表現に置き換え、擬声語のよさに気づく活動を取り入れます。

指導の実際―Before

まず、「先生が特別メニューを書いてきたよ」と言いながら、センテンスカードを提示します。そして「みんなで、とくべつメニューを読んでみよう」と投げかけます。

すると子どもから「何かおかしいよ」「全部同じ音だったかな」などの声が上がるでしょう。

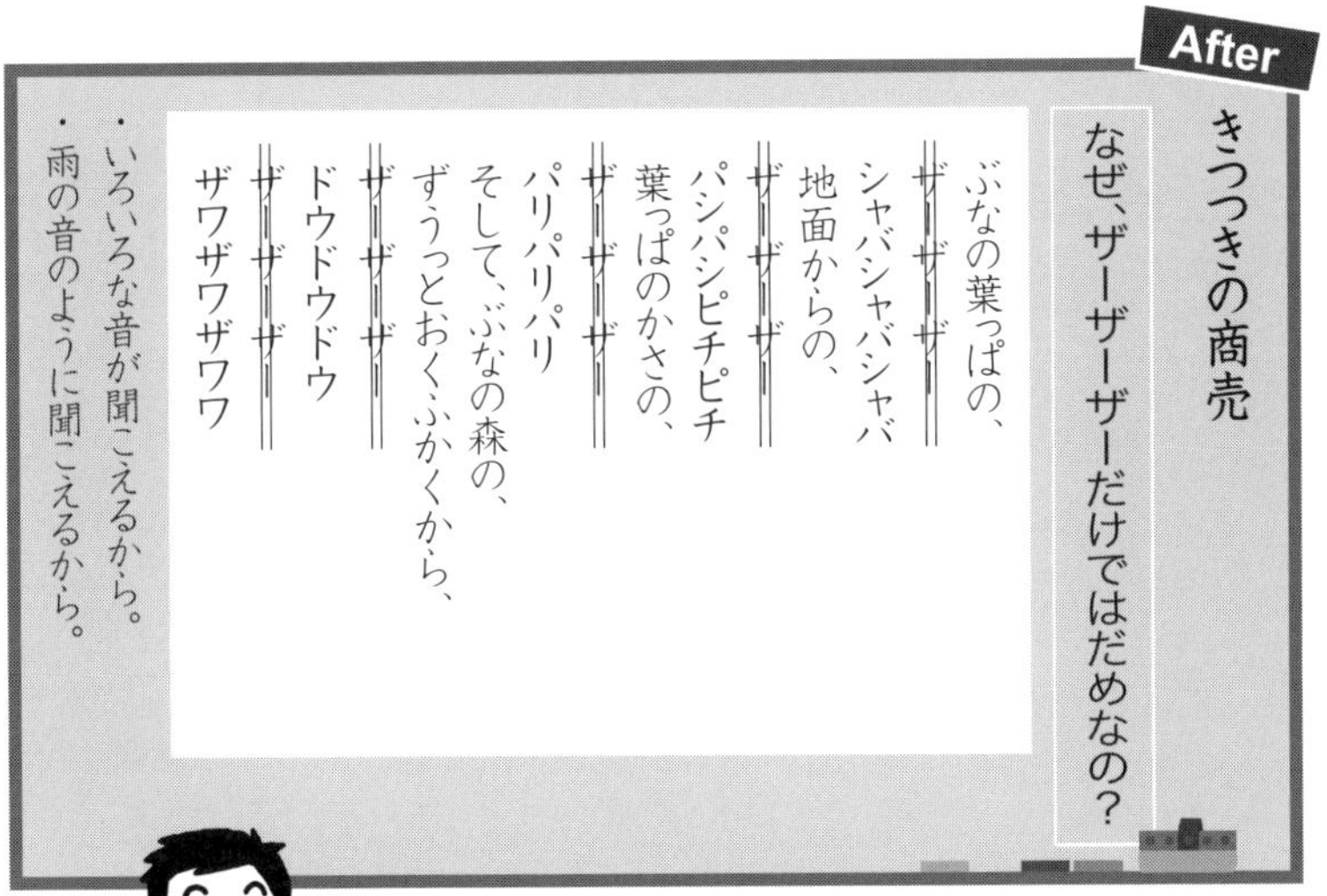
After
きつつきの商売
なぜ、ザーザーザーだけではだめなの？
ぶなの葉っぱの、
ザーザーザー
シャバシャバシャバ
地面からの、
ザーザーザー
パシパシピチピチ
葉っぱのかさの、
ザーザーザー
パリパリパリ
そして、ぶなの森の、
ずうっとおくふかくから、
ザーザーザー
ドウドウドウ
ザーザーザー
ザワザワザワ
・いろいろな音が聞こえるから。
・雨の音のように聞こえるから。

教材名「きつつきの商売」（光村図書三年上）

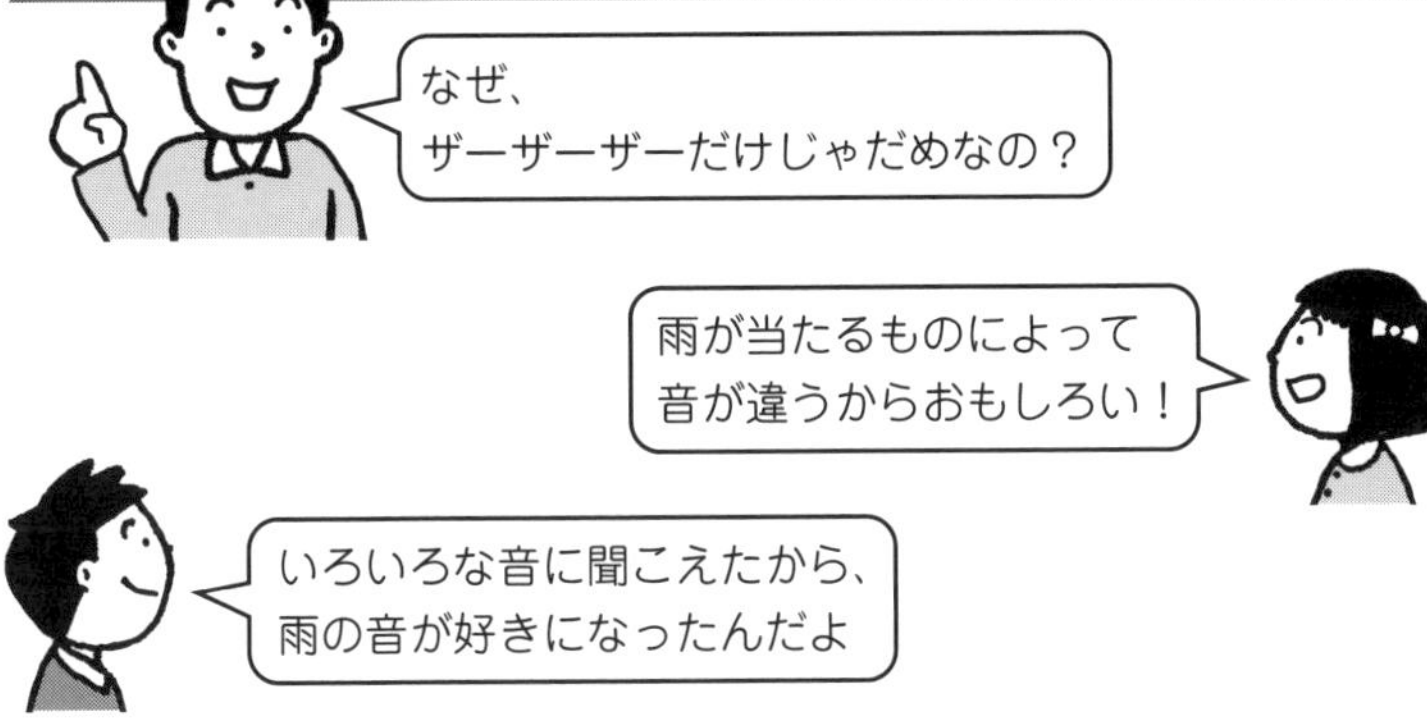
なぜ、
ザーザーザーだけじゃだめなの？
雨が当たるものによって
音が違うからおもしろい！
いろいろな音に聞こえたから、
雨の音が好きになったんだよ

指導の実際―After

次に、「じゃあ、どんな音だったの？」と問いかけます。すると子どもは「シャバシャバシャバだったよ」「パシパシピチピチ」「パリパリパリだったよ」などと言うでしょう。

そこで、「なぜザーザーザーだけじゃだめなのかな？」と投げかけ、「雨が当たるものによって音が違うからおもしろいよ」「いろいろな音があったほうがおもしろいし、森の中の雨みたいな感じがするから」などの言葉を子どもたちから引き出します。

ここで、実際に周りのものをたたいたり、ぶつけたりして、そこから出る音をみんなで聞いて音の違いを体験します。森の中に雨が降っている映像などがあると、イメージするのに効果的です。

最後に、それぞれの擬声語をグループごとに読んだり一斉にみんなで読んだりすることで、擬声語の響きを体感します。

⑬語句を置き換える

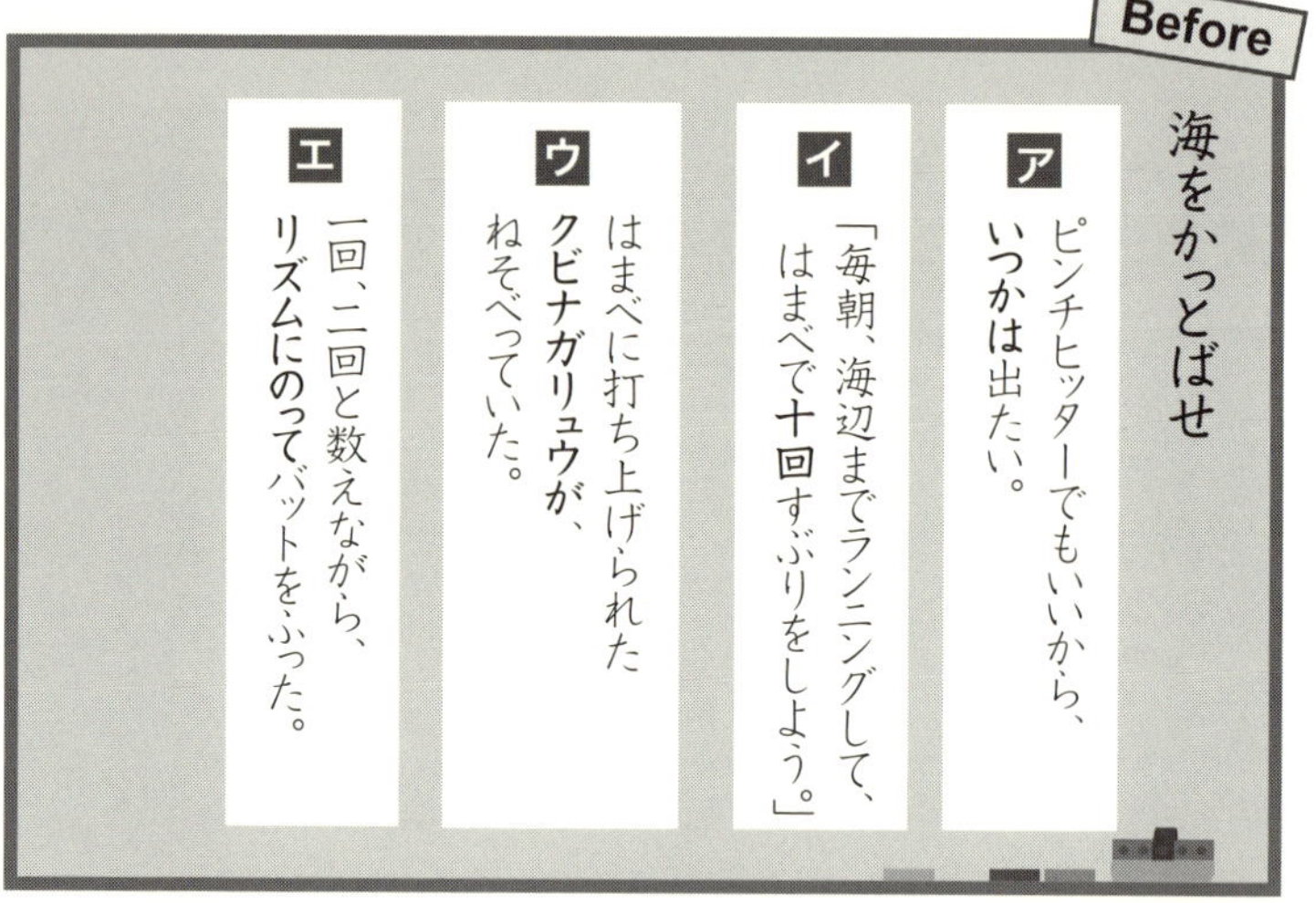
Before
海をかっとばせ
ア
ピンチヒッターでもいいから、
いつかは出たい。
イ
「毎朝、海辺までランニングして、
はまべで十回すぶりをしよう。」
ウ
はまべに打ち上げられた
クビナガリュウが、
ねそべっていた。
エ
一回、二回と数えながら、
リズムにのってバットをふった。

読んでみよう！
間違いみっけ！
「十回」じゃなくて、
「百回」だね

【作品の設定】（人物像）

使うシーン▼第二次前半

人物像をしっかりととらえることが、作品を読み深めていく上で重要です。そこで、ワタルの人物像がわかる語句を置き換えて意識させることによって、その人物像に迫ります。

指導の実際―Before

「読んでみよう！」と言って、センテンスカードを提示します。「あれ、なんだかおかしいぞ」「先生、ここ間違ってるよ！」と、子どもは間違いの語句に気づき始めます。

そこで、「今日は間違い探しだよ。それぞれのカードの間違いを見つけてね」と課題を投げかけます。

子どもはペアで間違いを見つけ、正しい言葉を一緒に考えます。

After

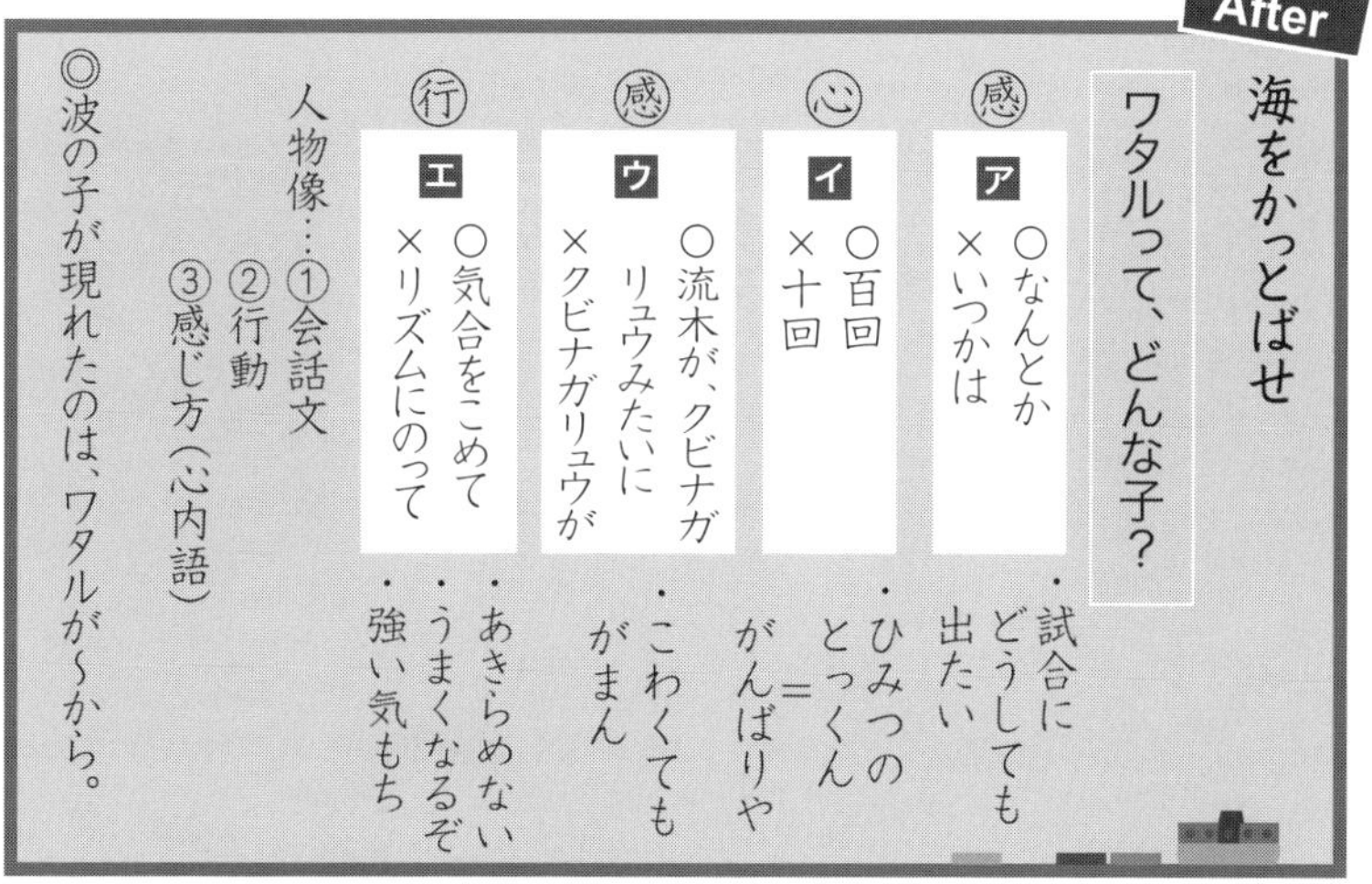
海をかっとばせ
ワタルって、どんな子？
感 ア ○なんとか ×いつかは
・試合にどうしても出たい
心 イ ○百回 ×十回
・ひみつのとっくん＝がんばりや
感 ウ ○流木が、クビナガリュウみたいに ×クビナガリュウが
・こわくてもがまん
行 エ ○気合をこめて ×リズムにのって
・あきらめない
・うまくなるぞ
・強い気もち
人物像…①会話文 ②行動 ③感じ方（心内語）
◎波の子が現れたのは、ワタルが〜から。

教材名「海をかっとばせ」（光村図書三年上）

ワタルって、どんな子かな？
頑張りやだと思う
心の中で、「百回もすぶりをするぞ」って言っているもんね

指導の実際－After

すべてのカードを正しい言葉に直したら、「ワタルって、どんな子？」と尋ねます。「イにあるように、試合に出るために秘密の特訓をする努力家だよ」「流木がクビナガリュウに見えているから、怖がりなのかな」と、ワタルの人物像を話し合います。ここで、人物像は①会話文　②行動　③感じ方（心内語）からわかることを確認します。

ワタルの人物像を話し合ったら、ワタルのがんばりを全員で動作化して体感します。波をビニールシートや動画を用いて演出すると、視覚的なイメージが膨らみます。

波の子が登場したところで「波の子は、誰の前にも現れるの？」と問いかけます。「波の子が現れたのは、ワタルが一生懸命練習をしていたからだと思う」などと、波の子の登場とワタルの人物像を関連づけて考え、物語のおもしろさを確認します。ワタルと自分とを重ね合わせるような発問も、作品を味わう上では効果的です。

⑭語句を置き換える

Before
一つの花
「みんなちょうだい。」
間違い探しだよ！
「みんなちょうだい。」なんて、おかしいよ！
ゆみ子の口ぐせは、「一つだけちょうだい。」だよ

【作品の設定】（時代背景）

使うシーン▼第二次前半

本教材は、戦争のために満足に食べることのできない幼いゆみ子と、その子を不憫に思う家族の姿が描かれています。戦争を知らない子どもたちが、作品の設定をつかみ、女の子の置かれた状況を理解できるように、言葉を置き換えます。

指導の実際―Before

「間違いがわかるかな?」と言って、センテンスカードを提示します。子どもは、「おかしい！」「一つだけだよ！」と、間違いを探し、正しい言葉を考えます。

「正解！『一つだけ』だよね」と言って、答えを確認し、残りのカードを提示します。子どもは、ペアになり、残りのカードの間違いを探し始めます。

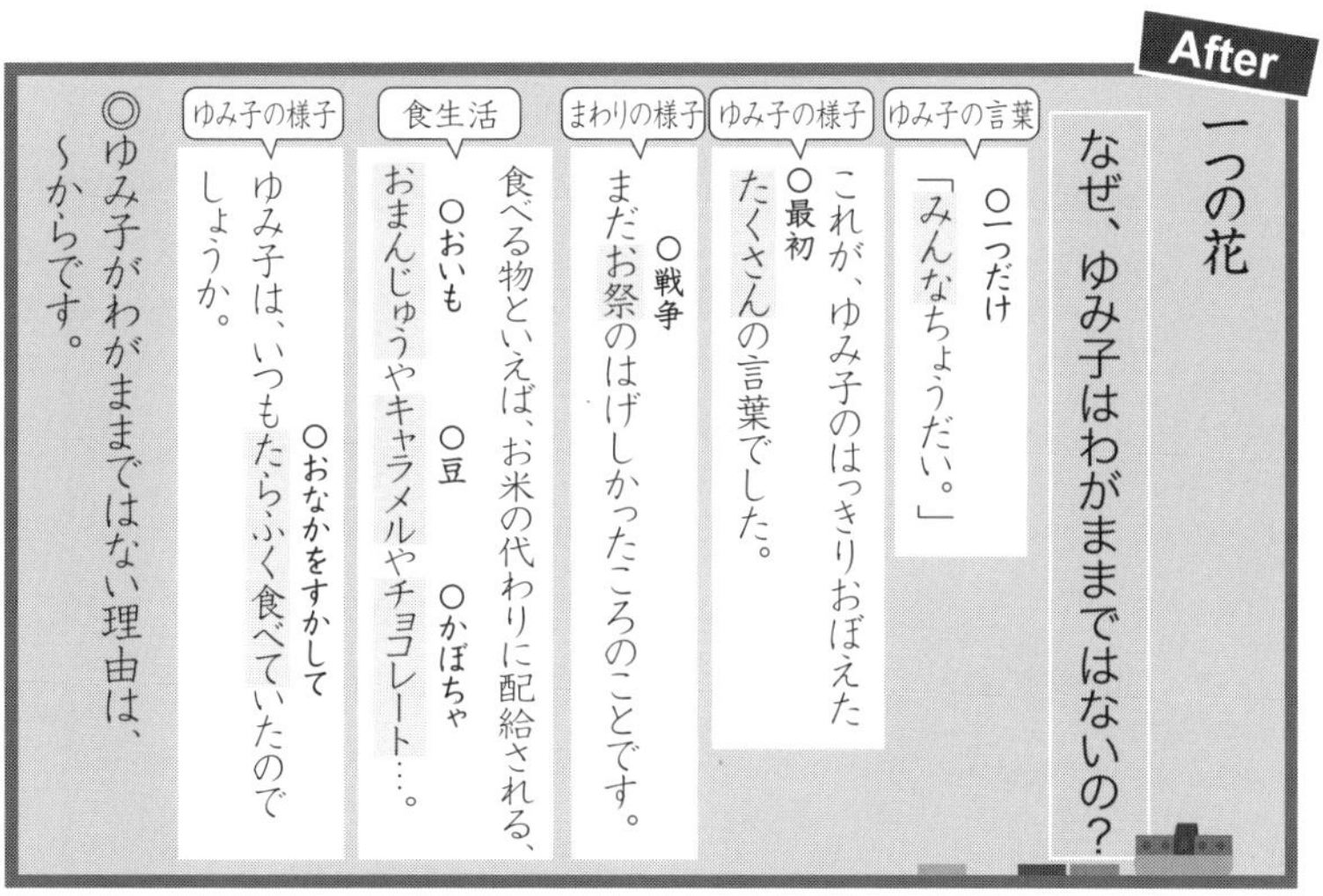
After
一つの花
なぜ、ゆみ子はわがままではないの？
ゆみ子の言葉
〇一つだけ
「みんなちょうだい。」
ゆみ子の様子
〇最初
これが、ゆみ子のはっきりおぼえた
たくさんの言葉でした。
まわりの様子
〇戦争
まだお祭のはげしかったころのことです。
食生活
〇おいも　〇豆　〇かぼちゃ
食べる物といえば、お米の代わりに配給される、
おまんじゅうやキャラメルやチョコレート…。
ゆみ子の様子
〇おなかをすかして
ゆみ子は、いつもたらふく食べていたので
しょうか。
◎ゆみ子がわがままではない理由は、
〜からです。

教材名「一つの花」（光村図書四年上）

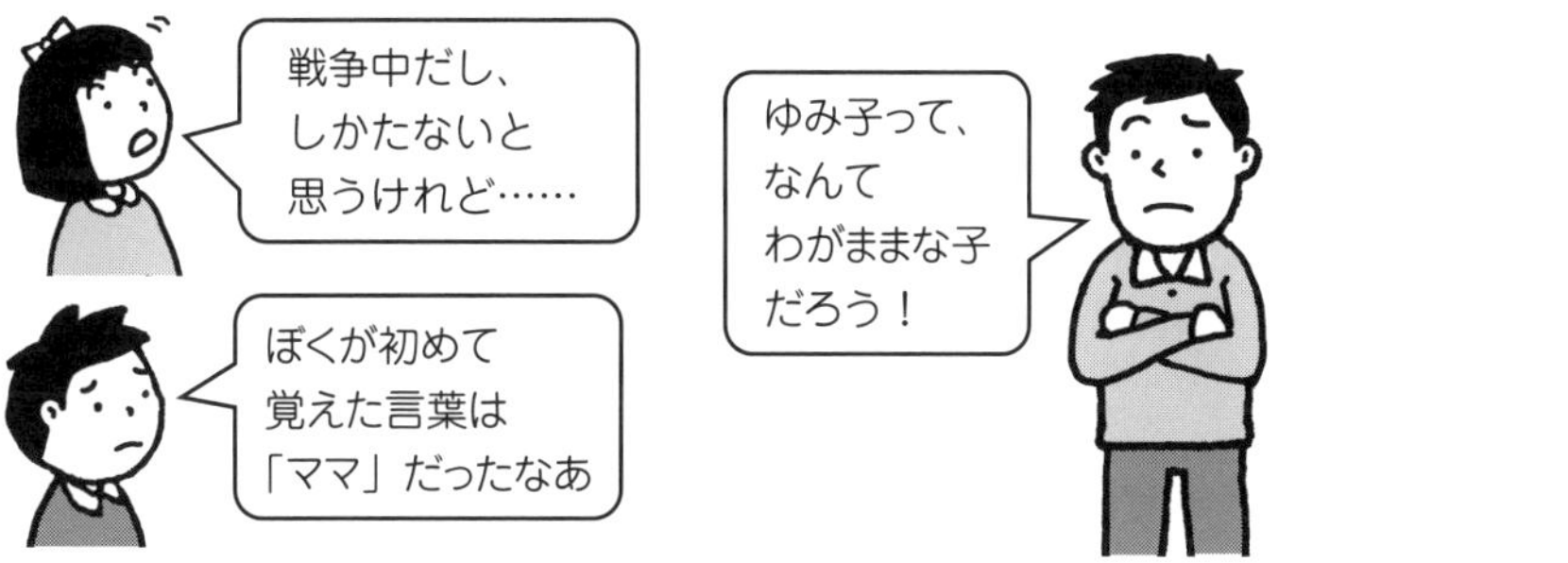
ゆみ子って、なんてわがままな子だろう！
戦争中だし、しかたないと思うけれど……
ぼくが初めて覚えた言葉は「ママ」だったなあ

指導の実際－After

全員が話し合えた後、子どもが黒板の前で、間違いと正しい言葉を発表します。

「それにしても、ゆみ子はなんてわがままな子だろう。一つだけちょうだい、と言って図々しいよね」と揺さぶります。すると、子どもは当時の状況やゆみ子の様子から、わがままではないと話し始めるでしょう。

「最初に覚えた言葉が、『一つだけちょうだい』というところが、食べ物がない状況だとわかるね」「戦争がはげしいから、いつもおなかをすかせていたんだよ」。

そこで、事前に家族に聞いておいた、自分が初めて覚えた言葉を紹介し合います。「ママ」や「ブーブー」などに対して、「一つだけ」があまりにもかわいそうであると比べることで、ゆみ子の状況をより深く感じられます。

このように、言葉が置き換えられた文の間違い探しをすることを通して、時代背景など作品の設定をつかむことができます。

⑮語句を置き換える

Before
海の命
太一は村一番の漁師であり続けた。
二ひきに一ぴきもとるのだから、
海の命はどんどん減っていった。
巨大なクエを岩の穴で見かけたのに
もりを打たなかったことは、
もちろん太一はすぐにみんなに
話してまわった。
最後の場面だよ。変なところはないかな？

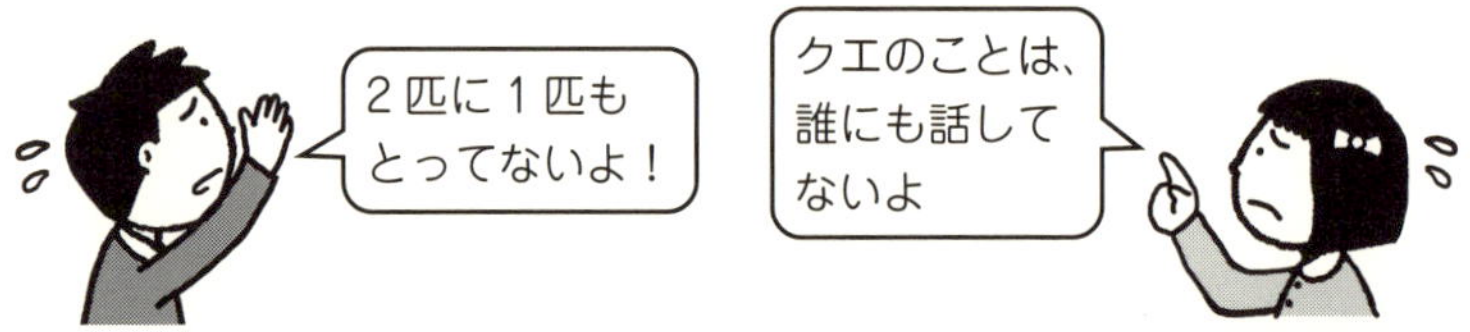
クエのことは、誰にも話してないよ
２匹に１匹もとってないよ！

【主題】（結末からとらえる）

使うシーン▼第二次後半

本教材は、中心人物の生き方が物語の題名や結末に表れており、そこから主題を考えることができます。結末の語句を置き換えることで、キーワードから主題を考えさせていきます。

指導の実際―Before

「最後の場面だよ」と言って、結末部分の文章を提示します。

子どもは「なんか違うよ。太一は、二匹に一匹じゃなくて千匹に一匹とるんだよ」「クエのことは、死ぬまで誰にも話さなかったんだよ」とつぶやき始めます。

そこで、「本当は、どんな言葉かな？」と投げかけ、本文と違う場所を確認して正しく直していきます。

After

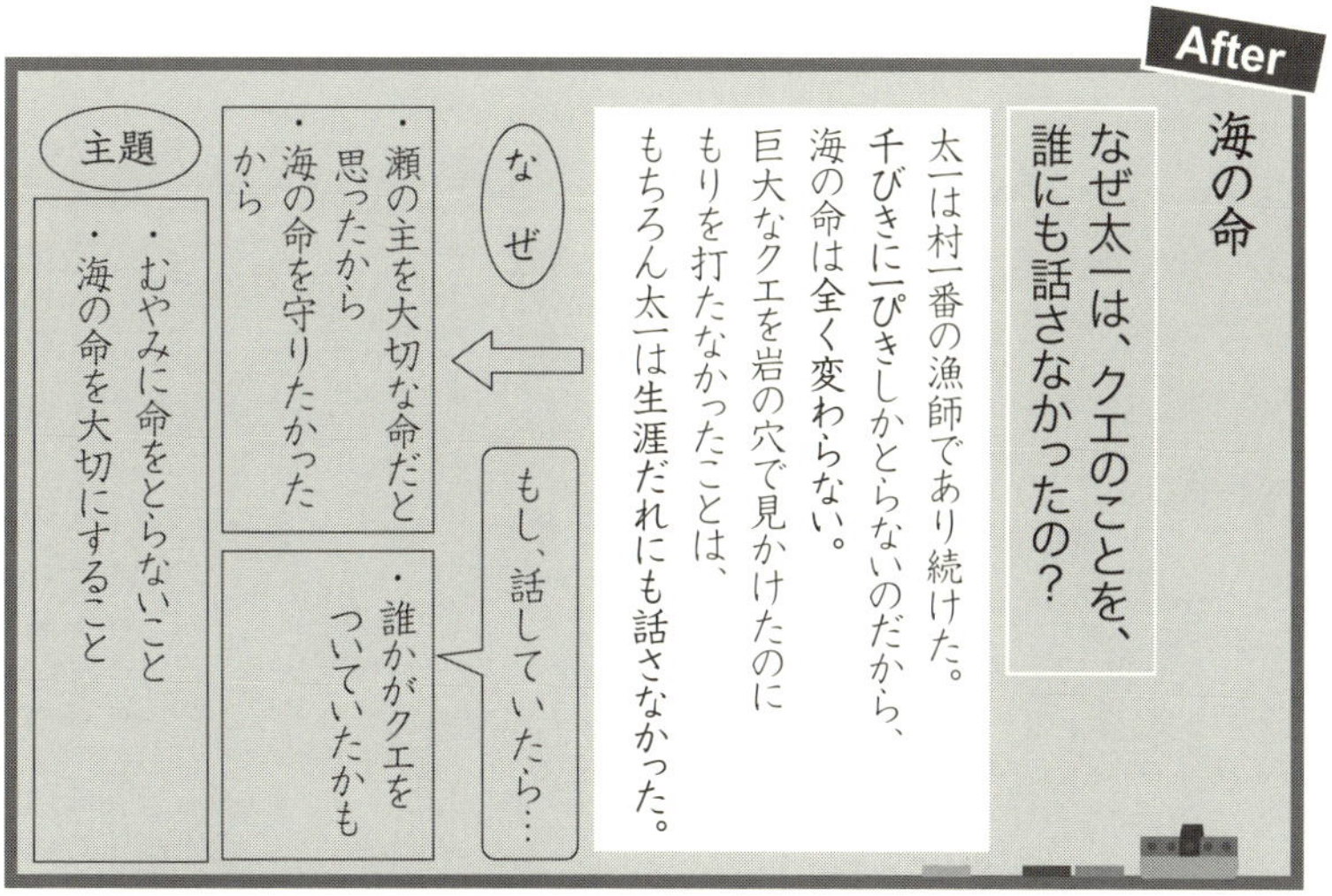

海の命
なぜ太一は、クエのことを、誰にも話さなかったの？
太一は村一番の漁師であり続けた。千びきに一ぴきしかとらないのだから、海の命は全く変わらない。巨大なクエを岩の穴で見かけたのにもりを打たなかったことは、もちろん太一は生涯だれにも話さなかった。
なぜ
・瀬の主を大切な命だと思ったから
・海の命を守りたかったから
もし、話していたら…
・誰かがクエをついていたかも
主題
・むやみに命をとらないこと
・海の命を大切にすること

教材名「海の命」（光村図書六年）

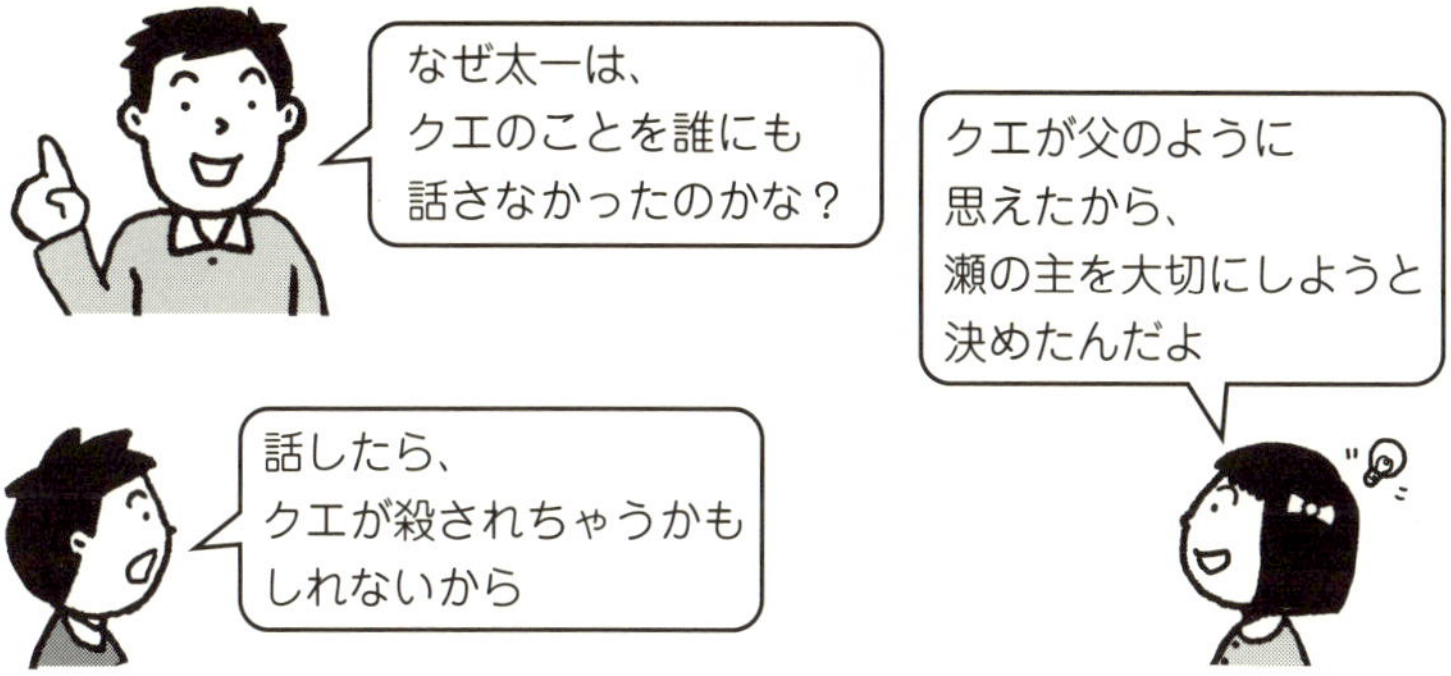

なぜ太一は、クエのことを誰にも話さなかったのかな？
クエが父のように思えたから、瀬の主を大切にしようと決めたんだよ
話したら、クエが殺されちゃうかもしれないから

指導の実際―After

「なぜ太一は、クエのことを誰にも話さなかったのかな？」と尋ねます。

子どもは、「クエが、海に帰った父親に思えてきたから、瀬の主を大切にしようと決めたんだと思う」「クエとの出会いを通して、命の大切さに気づいたんだと思う」「与吉じいさの『千びきに一ぴき』を守り通すことが使命だと思ったんだよ」など、考えを出し合います。

さらに、「そんな太一の行動から、作者は何を伝えているのかな」と問いかけます。「むやみに命をとらないこと」「海の命を大切にすること」など、物語を通して作者が読み手に伝えたいことを考え、共有し合います。

このように、人物の生き方を吟味することで、作品の主題を考えることができます。

⑯挿絵を隠す

Before
ゆうだち
4
3
2
1
エ
ウ
イ
ア
「ゆうだち」の挿絵だよ

あれ？
なんだかおかしい！

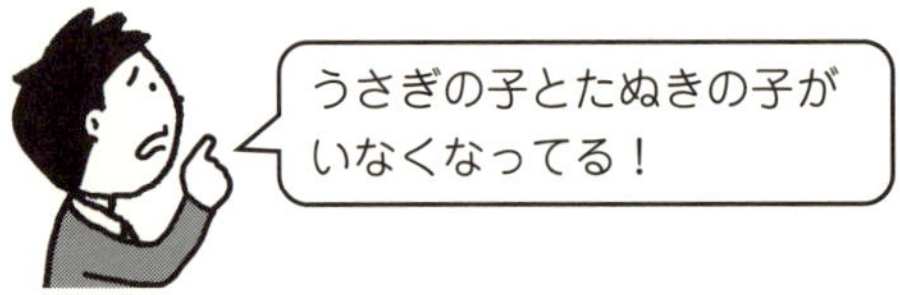
うさぎの子とたぬきの子がいなくなってる！

【作品の設定】

（時・場所・登場人物・事件）

使うシーン▼第二次前半

本教材は、けんかした二人が、夕立に見舞われて雨宿りすることで、仲直りするという友情を描いた作品です。挿絵の人物を隠し、本文と照らし合わせながら組み合わせを考えることで、作品の全体構造をつかむことができます。

指導の実際―Before

本文中にある挿絵の中から、うさぎの子とたぬきの子を隠した挿絵を提示します。子どもたちは、それらを見て、「あれ、二人がいないよ！」と、言い始めるでしょう。

そこで、それぞれの挿絵で欠けた二人の絵を提示します。

After
ゆうだち
二人がどうなるおはなしかな？
1
「やあ。」といいかけて、うさぎの子は、あわてて口をおさえました。
2
にひきは、あいてのかおをみないようにして、すこしはなれてたちました。
3
きがつくと、にひきは、ぴったりよりそっていました。
4
にひきは、木のしたからとびだすと、てをつないではしりだしました。
◎けんかしていた　うさぎの子とたぬきの子が、なかなおりをするおはなし。
それぞれ、どの絵に当てはまるかな？
4のおわりの絵は、イだね
仲直りして手をつないでいるもんね！

教材名「ゆうだち」（光村図書一年上）

指導の実際―After

「それぞれ、どの絵に当てはまるかな？」と言って、場面の絵に文を置きます。「口をおさえましたとあるから、1にはウが当てはまるね」。ペアになり、該当するイラストを置いていきます。

　すべての挿絵が完成したら、どんなお話だったか振り返り、「けんかしていた二匹が仲直りをする話」であることをまとめます。

　挿絵は、読み手が作品を読む際の視覚的な助けとなります。この作品は、登場人物の気持ちを動作で表すことが多いため、細かな動きを本文と照らし合わせて読み取ることが大切です。挿絵の一部を隠して話し合うことで、本文に着目しながら視覚的に作品の設定をつかむことができます。

⑰記号を隠す

Before
はなのみち
くまさんが、ふくろをみつけました。
おや、なにかな。いっぱいはいっている。
くまさんが、ともだちのりすさんに、
ききにいきました。
声に出して読んでみよう！

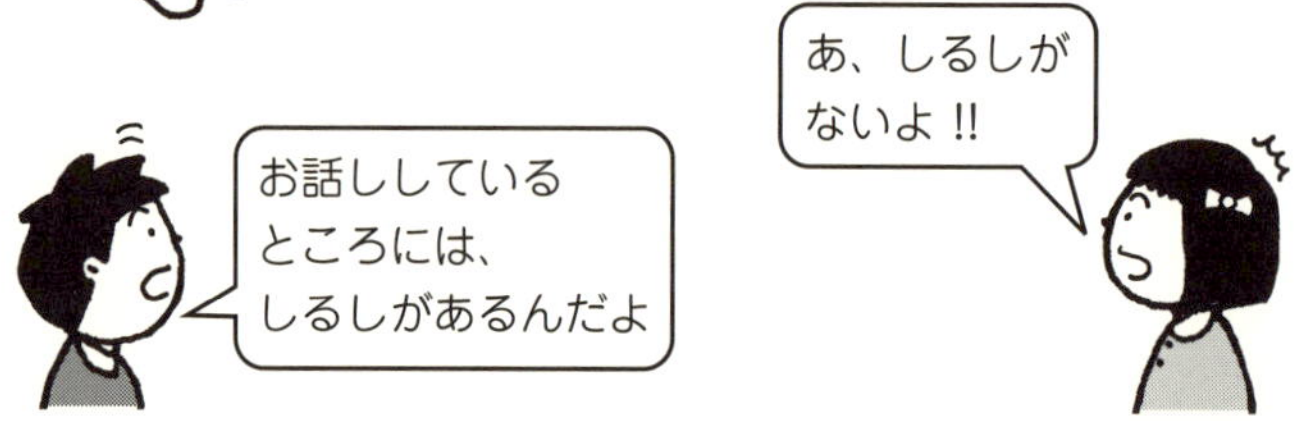
あ、しるしがないよ!!
お話ししているところには、しるしがあるんだよ

【表現技法】（会話文「　」かぎ）

使うシーン▼第二次前半

本教材は、一年生が初めて学習する物語文です。会話文（「　」）をおさえるために、かぎを削除した文を提示し、間違い探しをさせ、かぎの意味に気づかせます。

指導の実際―Before

「間違いがわかるかな？」としかけ文を提示します。子どもは、ペアで話し合う中で、「お話ししている文のマークがないよ」と気づきます。

そこで、「先生が読むから、みんなは、くまさんがお話ししているところだけを立って読んでね」と言って、音読します。ただ読み上げるだけでなく、立つ‐座るの動作から、会話文を意識づけます。

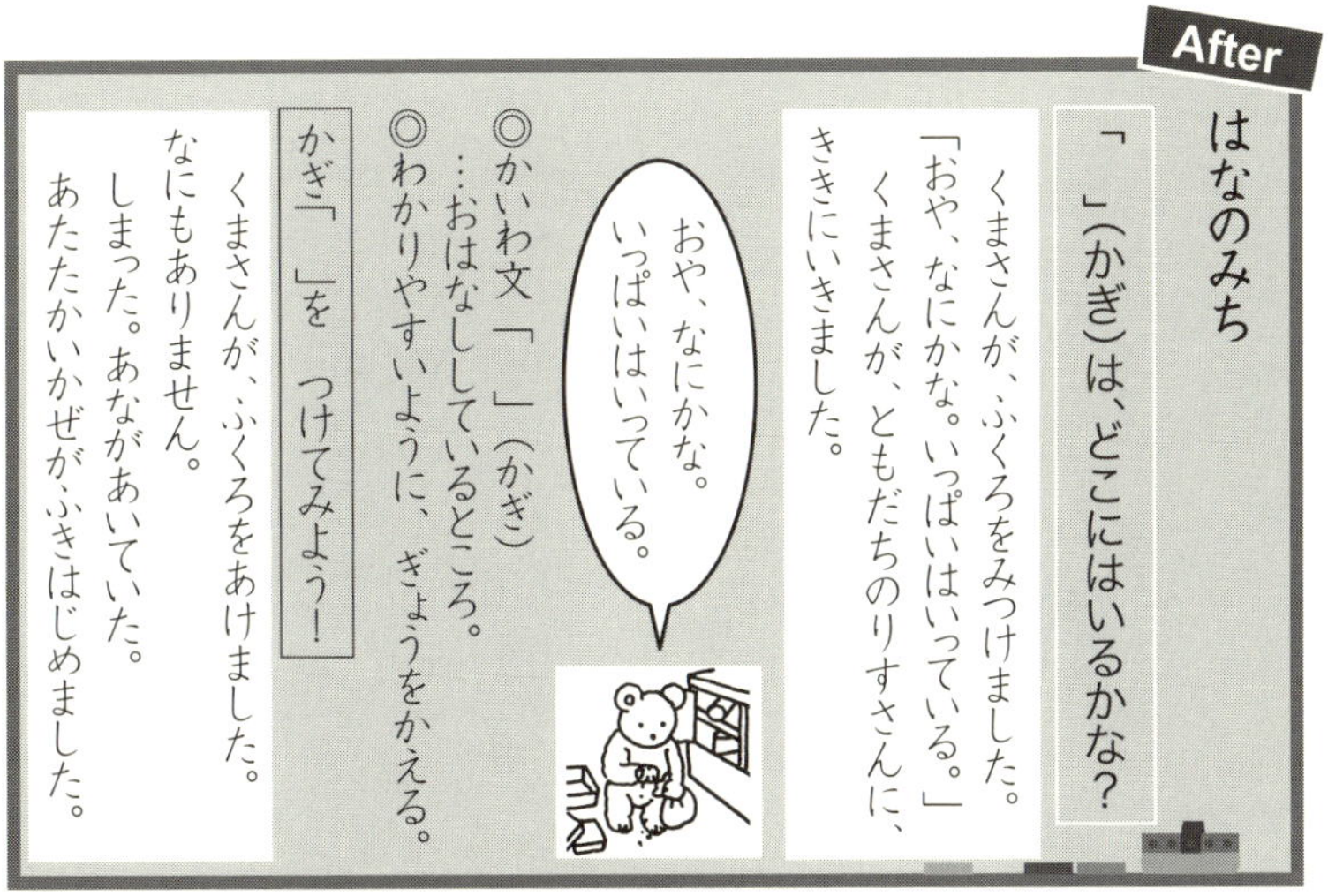
After
はなのみち
「 」(かぎ)は、どこにはいるかな?
くまさんが、ふくろをみつけました。
「おや、なにかな。いっぱいはいっている。」
くまさんが、ともだちのりすさんに、
ききにいきました。
おや、なにかな。いっぱいはいっている。
◎かいわ文「 」(かぎ)
…おはなししているところ。
◎わかりやすいように、ぎょうをかえる。
かぎ「 」を つけてみよう!
くまさんが、ふくろをあけました。
なにもありません。
しまった。あながあいていた。
あたたかいかぜが、ふきはじめました。

教材名「はなのみち」(光村図書一年上)

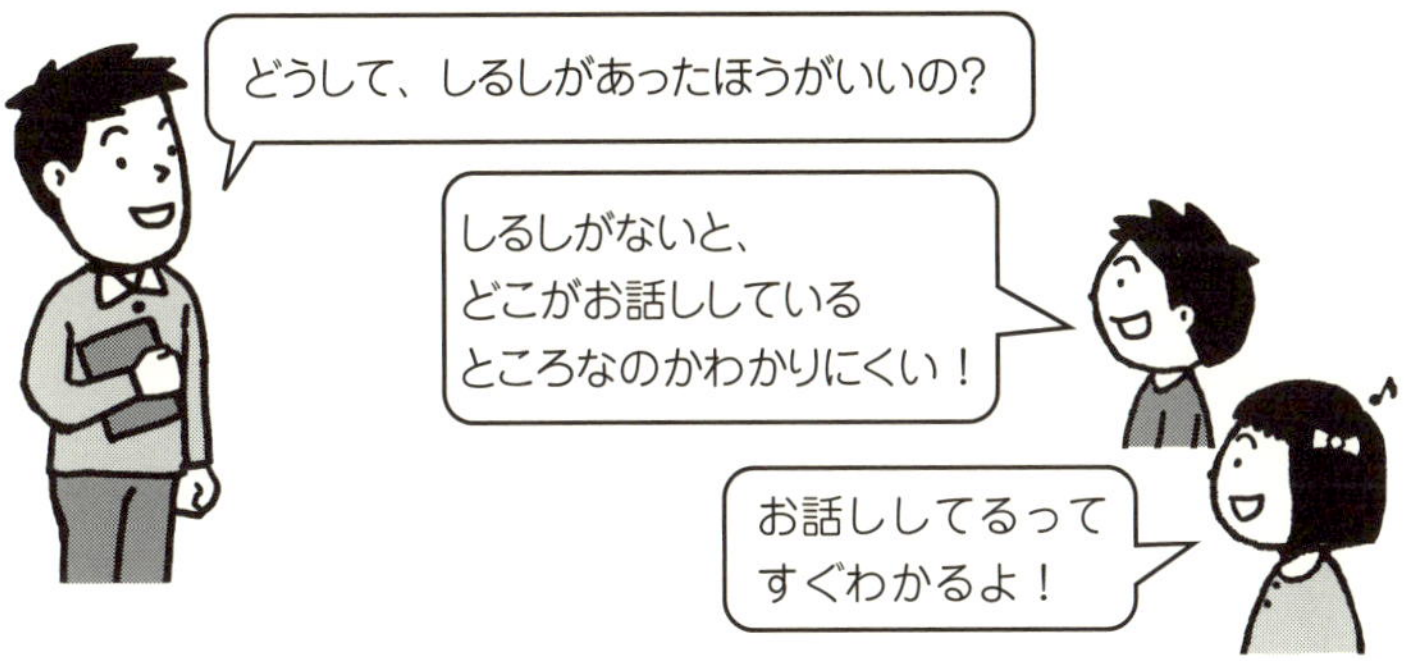
どうして、しるしがあったほうがいいの?
しるしがないと、どこがお話ししているところなのかわかりにくい!
お話ししてるってすぐわかるよ!

指導の実際－After

子どもが読み上げた会話文をくまのイラストの吹き出しに書き込み、「くまさんが言ったこと」を視覚的にも理解できるようにします。

ここで、「しるしって、やっぱりあったほうがいいかな?」と尋ねます。かぎの必要性をより実感させるためです。子どもは、「あったほうがいい。お話ししているって、すぐにわかるから」などと話し始めるでしょう。

そこで、人物が話している文を会話文といい、会話文の始まりから終わりを示す記号をかぎ(「 」)ということを教えます。

最後に、「 」のないセンテンスカードをもう一枚提示し、「かぎはどこに入るかな?」と、かぎをつける練習をします。

このように、記号を隠し、子どもがその必要性を実感できるように指導することがポイントです。

⑱題名を隠す

Before
世界でいちばん
音
おもしろい　大きな
きれいな　元気な
やさしい　小さな
どんな音でしょう!?
大きな音かな？
きれいな音！

【内容理解】（読みの意欲）

使うシーン▼第一次前半

題名は、物語文を最も象徴しています。物語と初めて出会う場面で、題名の一部を穴埋めにすることで、興味をもって学習に入ることができます。

指導の実際―Before

「今日から学習するお話だよ」。そう言って、黒板に一部を隠した題名を提示します。

すると、子どもは、「きれいな音かな？」「美しい音！」「大きな音だと思う！」など、□の中にどんな言葉が入るか予想し始めます。このように、間違ってもいいクイズ形式だと、国語に苦手意識をもっている子や、学習になかなか集中できない子も、楽しく活動に参加することができます。

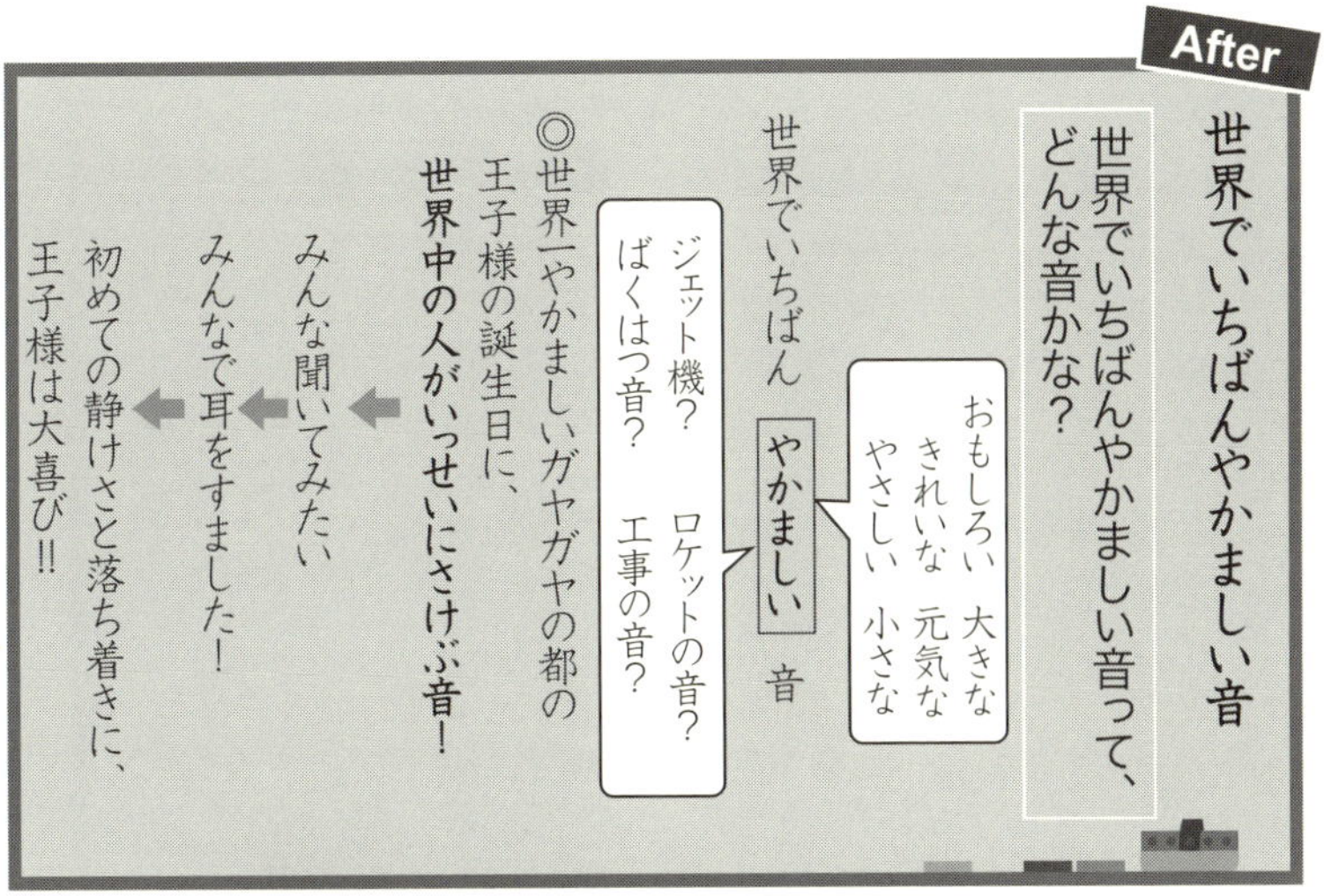
After
世界でいちばんやかましい音
世界でいちばんやかましい音って、どんな音かな？
おもしろい　大きな
きれいな　元気な
やさしい　小さな
世界でいちばん　やかましい　音
ジェット機？　ロケットの音？
ばくはつ音？　工事の音？
◎世界一やかましいガヤガヤの都の王子様の誕生日に、
世界中の人がいっせいにさけぶ音！
みんな聞いてみたい
みんなで耳をすました！
初めての静けさと落ち着きに、王子様は大喜び!!

教材名「世界でいちばんやかましい音」（東京書籍五年上）

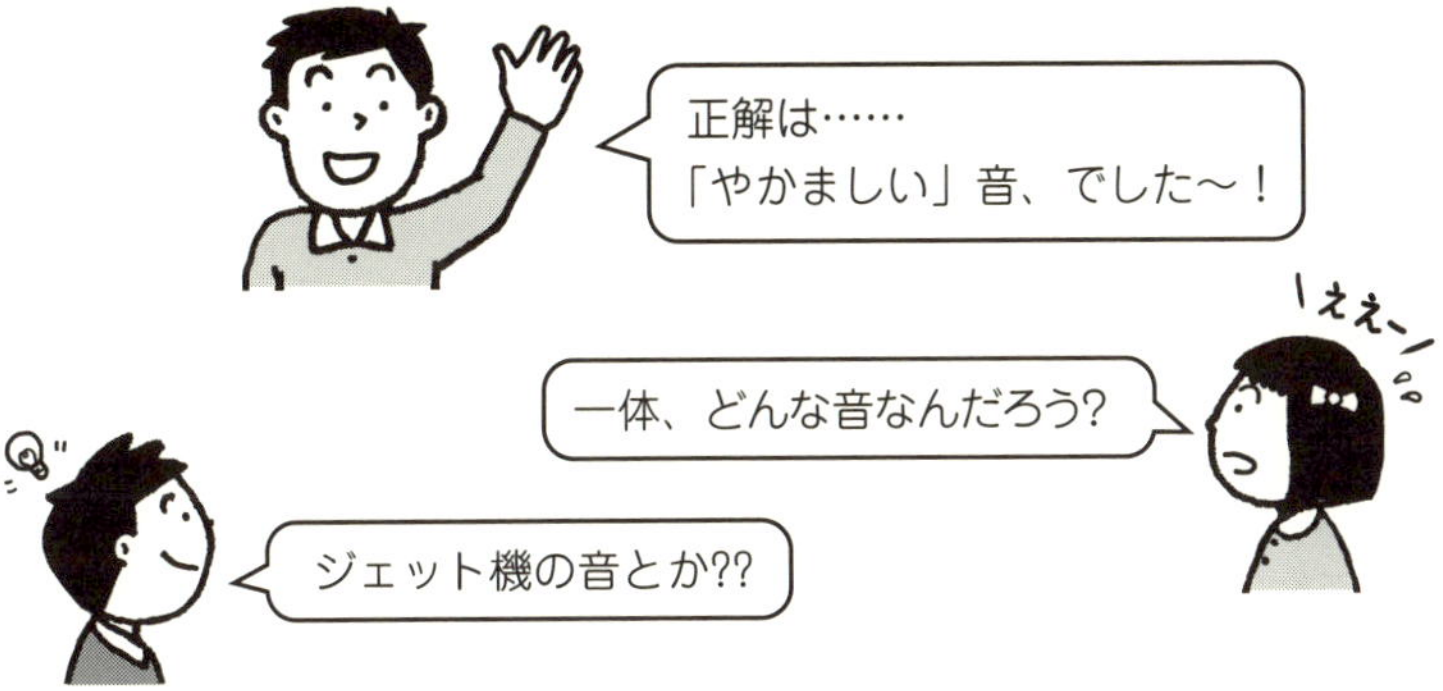
正解は……
「やかましい」音、でした～！
ええー
一体、どんな音なんだろう？
ジェット機の音とか??

指導の実際—After

そして、正解を提示します。「世界でいちばんやかましい音って、どんな音だと思う？」と問い、題名からどんなお話か予想を膨らませます。「飛行機のエンジン音かな？」「工場の音？」と、子どもは「やかましい音」について想像します。

このお話には、世界一やかましい音を求めた王子様が、結果的に静けさと初めて出会い、感動するというおもしろさがあります。題名から予想したイメージとギャップがあるほど、子どもは作品に引き込まれるものです。

こうして、「これから始まるのは、一体どんなお話だろう？」「どんなお話かな？」という問いを子どもがもち、「早く読んでみたい！」と、読みの意欲を高めることをねらいとしています。そして、全文を読み終えた後は、お話の流れを板書に整理し、読み取りへとつなげていきます。

⑲ 記号を隠す

Before

百年後のふるさとを守る

ア これは、ただごとでない。
とつぶやきながら、
五兵衛は家から出てきた。

イ …儀兵衛のちえと決断力が、
「稲むらの火」の主人公五兵衛の
モデルとなったのである。

ウ 五十年後、いや、百年後に
大津波が来ても、
村を守れる大堤防をつくろう。

エ 百年後にも役立つ堤防を
つくったことは、まさに、
おどろくべきことであり、
偉大な功績である。

この文章には、何かが隠されているよ

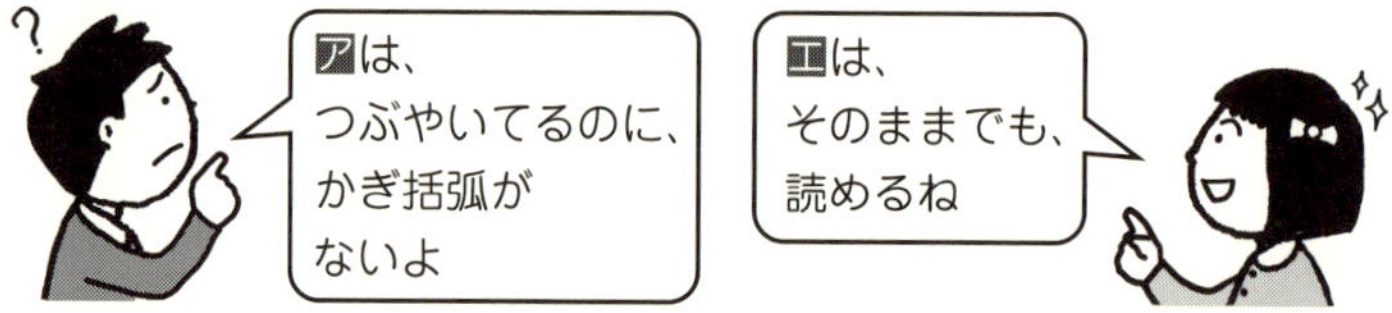
アは、つぶやいているのに、かぎ括弧がないよ
エは、そのままでも、読めるね

【表現技法】（物語的表現・説明的表現）
使うシーン▼第一次前半

本教材は、物語的要素（会話文や心情の説明）と説明的要素（五兵衛の行動や筆者の評価など）を組み合わせて書かれています。会話文に着目して読んでみることで、伝記の表現の仕方について考えます。

指導の実際―Before

全文を音読後、「この文章には、何かが隠されているよ」と言います。

子どもは「アは、つぶやいているのに、かぎ括弧がないよ」「エは、そのまま読んでも変じゃないよ」などと考えることが予想されます。

ここでは、アとウに会話文が含まれていることに気づかせます。

After

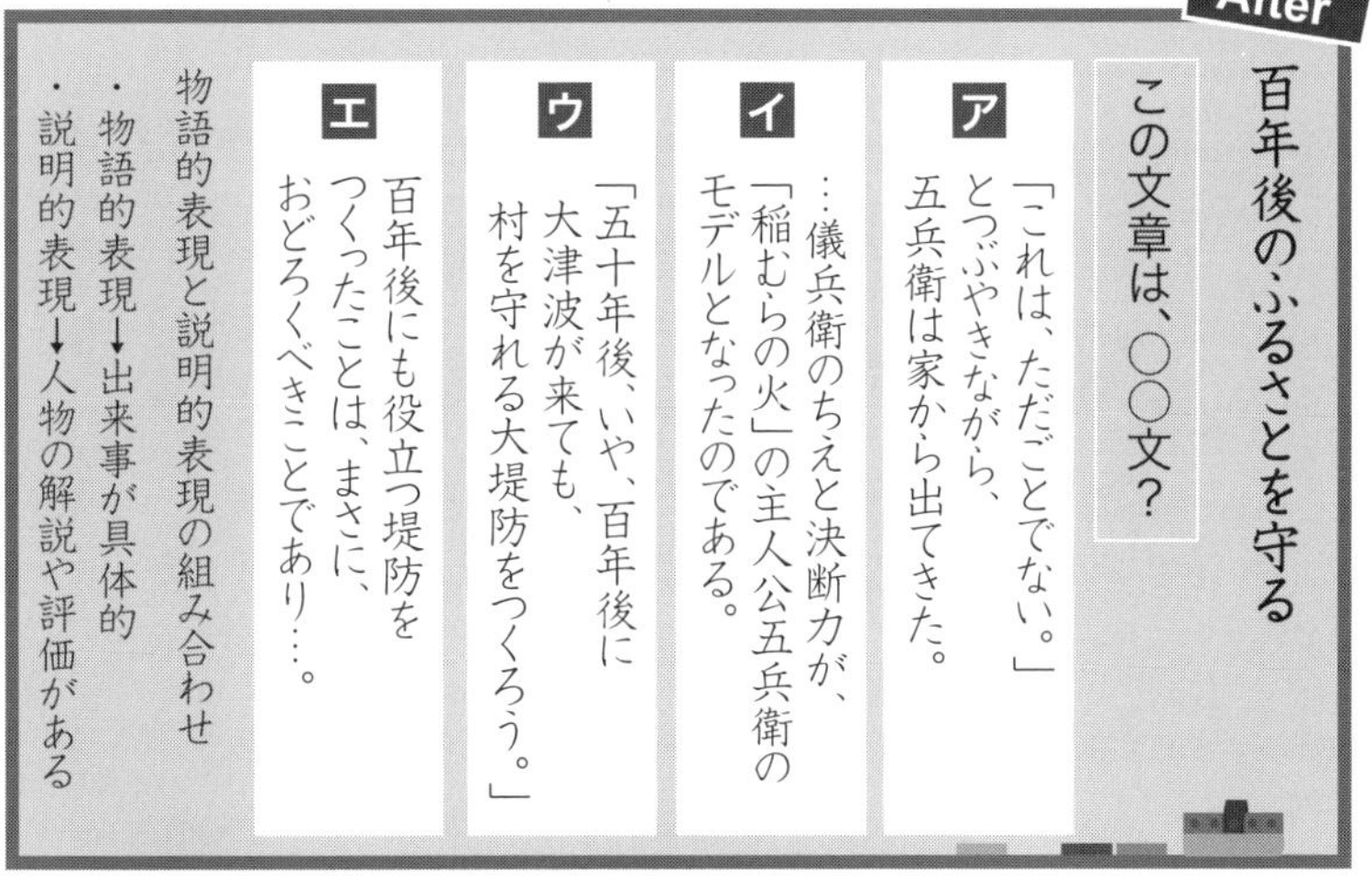

百年後のふるさとを守る
この文章は、〇〇文？
ア
「これは、ただごとでない。」とつぶやきながら、五兵衛は家から出てきた。
イ
…儀兵衛のちえと決断力が、「稲むらの火」の主人公五兵衛のモデルとなったのである。
ウ
「五十年後、いや、百年後に大津波が来ても、村を守れる大堤防をつくろう。」
エ
百年後にも役立つ堤防をつくったことは、まさに、おどろくべきことであり…。
物語的表現と説明的表現の組み合わせ
・物語的表現→出来事が具体的
・説明的表現→人物の解説や評価がある

教材名「百年後のふるさとを守る」（光村図書五年）

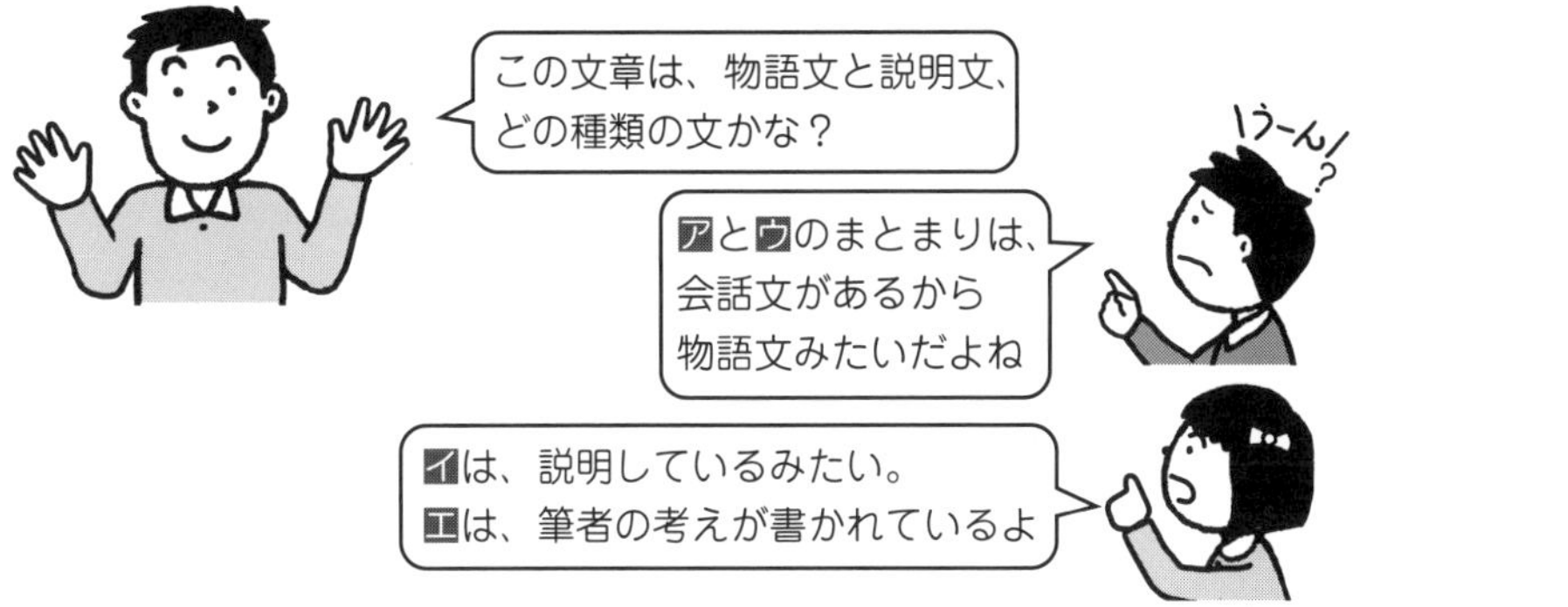

この文章は、物語文と説明文、どの種類の文かな？
うーん!?
アとウのまとまりは、会話文があるから物語文みたいだよね
イは、説明しているみたい。エは、筆者の考えが書かれているよ

指導の実際―After

次に、「それじゃあ、これは物語文だね」と尋ねます。「違う気がする」とつぶやく子どもが出てきたら、「この文章は、どの種類の文（物語文・説明文）か考えよう」とめあてを設定します。

それぞれが何の種類の文章かを話し合います。「アは、会話文が入っていて物語ふうだね」「イは、アに出てきた五兵衛のことを誰かが説明しているよ」「アとウは、会話文があるから物語文に見えるけど、イとエは、文末が『である』で、考えを表現しているから、説明文だと思うよ」などの意見が出てきます。

ここでは、「人物のしたことを、会話文を使って物語のように表現するとわかりやすい」ということをおさえます。そして、「事実を筆者が出てきて説明したり、考えを表したりしているんだね」と、物語的な表現と説明的な表現が合わさって一つの伝記になっていることを確認します。

⑳人物を加える

Before
おおきな　かぶ
みんなでかぶを
引っぱったんだね！
大男なんて
いないよー！
そうそう
大男なんかいたら、
一人で引っこ抜けちゃうよ!!

【作品の設定】（登場人物）

使うシーン▼第二次前半

本教材は、大きなかぶを引き抜くために、次々と登場人物が現れます。登場人物の挿絵の中に作品に登場しない人物のものも挿入し、誰が出てくるかを視覚的に理解させます。

指導の実際―Before

「かぶを引っぱったのは、このみんなだね」と言って、一枚ずつイラストを提示します。イラストの中には、お話に登場しない大男も挿入しておきます。子どもたちは、「おじいさんが、まずかぶを引っぱっていたよ」「大男なんかいたら、一発で引っこ抜けちゃいそうだよ」と、正しい登場人物を選んでいきます。

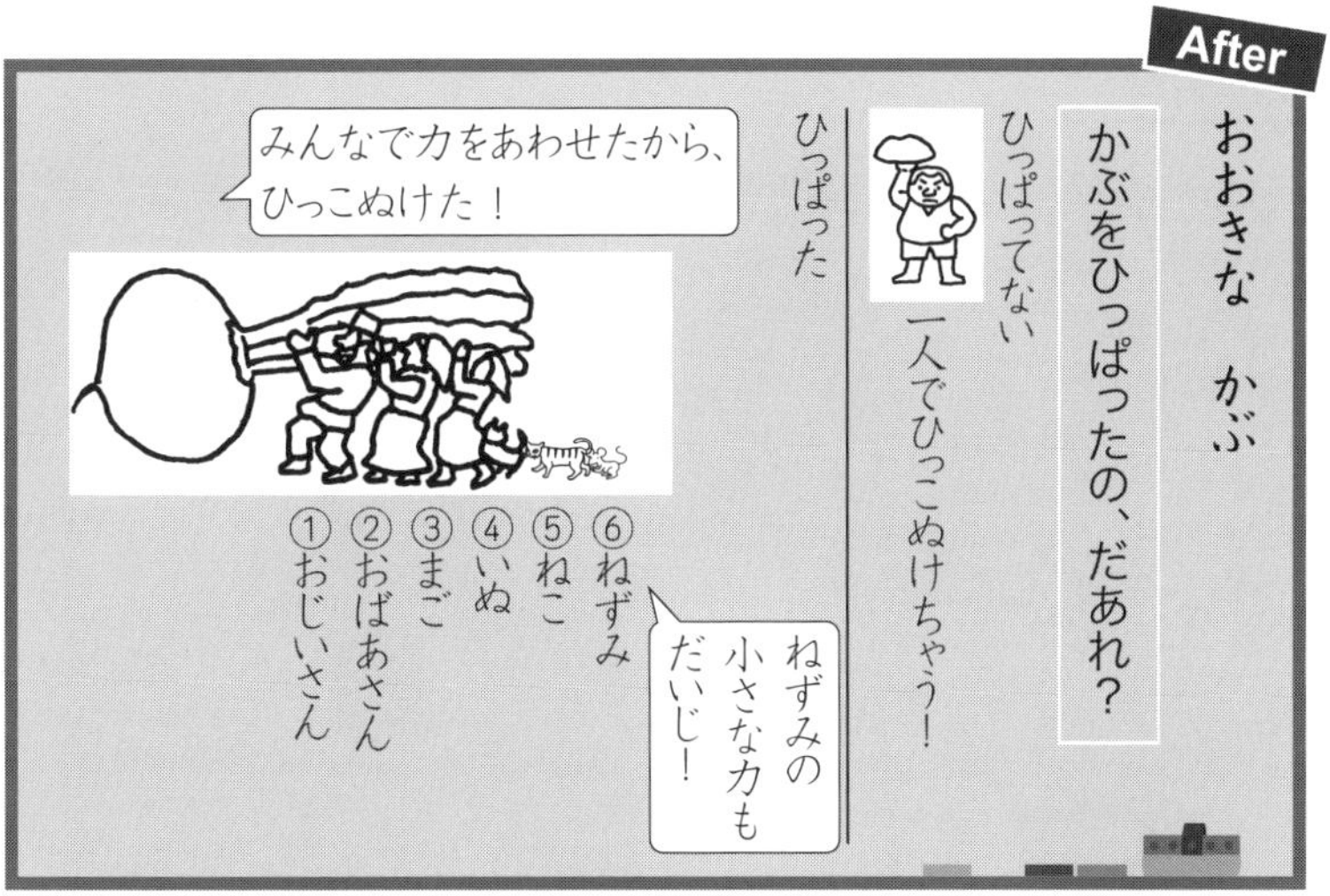
After
おおきな　かぶ
かぶをひっぱったの、だあれ？
ひっぱってない
一人でひっこぬけちゃう！
ひっぱった
ねずみの小さな力もだいじ！
⑥ねずみ
⑤ねこ
④いぬ
③まご
②おばあさん
①おじいさん
みんなで力をあわせたから、ひっこぬけた！

教材名「おおきなかぶ」（光村図書一年上）

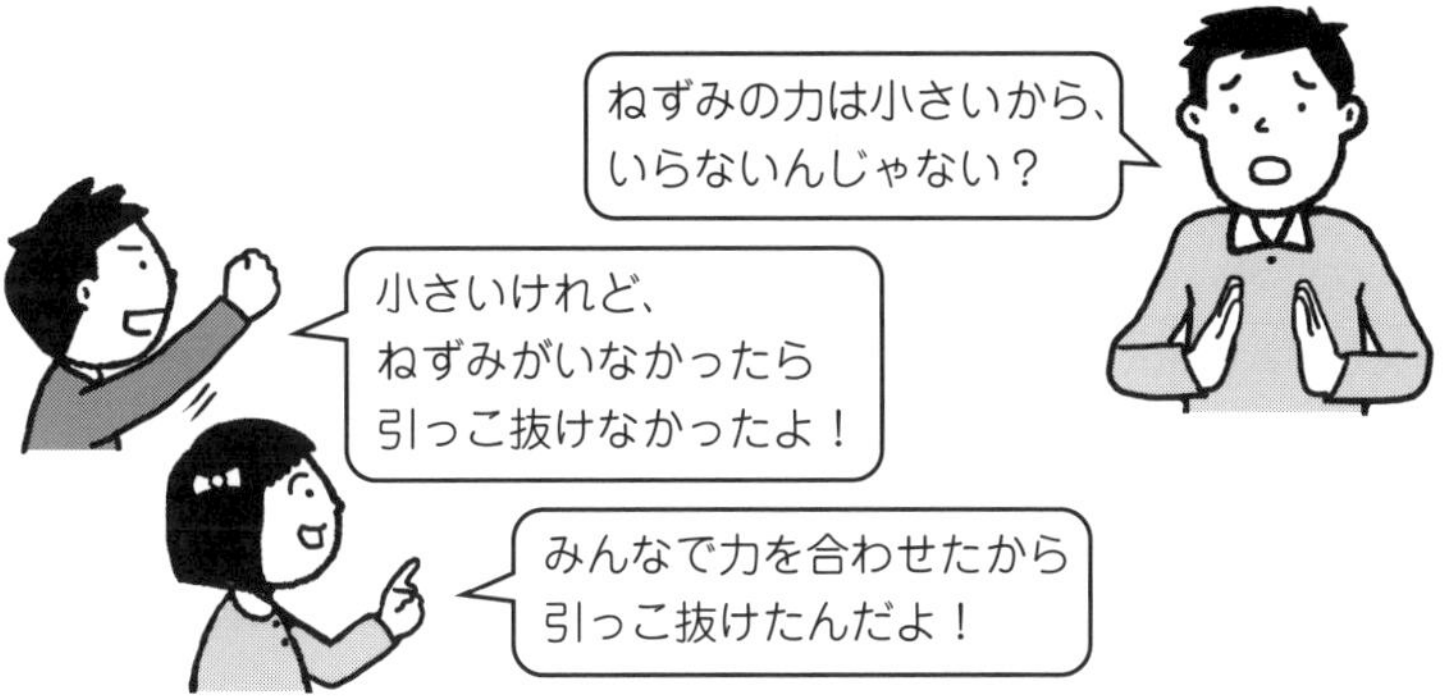
ねずみの力は小さいから、いらないんじゃない？
小さいけれど、ねずみがいなかったら引っこ抜けなかったよ！
みんなで力を合わせたから引っこ抜けたんだよ！

指導の実際―After

登場人物がそろったら、「じゃあ、どんな順番で引っぱったのかな？」と問い、ペアで並べ替えます。そして、音読しながら全体で正しい順番を確認していきます。

「ねずみの力は小さいから、いなくてもよかったんじゃない？」と尋ねます。子どもたちは、「小さいけれどねずみの力も大事だよ」「みんなで力を合わせたから、引っこ抜けたんだよ！」と、ねずみの役割についても考えていきます。

このように、場面ごとの読み取りに入る前に、イラストを使って登場人物を視覚的に確認することで、作品の全体像をとらえることができます。さらに、ねずみの役割を考えることで、作品のテーマでもある「協力」に目を向けていくことができます。

㉑挿絵を加える

Before
スイミー
スイミーが
元気を取り戻したものを
全部集めてみたよ
えぇっ！
白黒の変なくらげが…！
いそぎんちゃくは、
ぐったりしてないよ～

【表現技法】（比喩）
使うシーン▼第二次前半

本教材は、比喩を効果的に使い、登場人物の気持ちを表現しています。正しいカードを選択することで、比喩の効果に気づいていきます。

指導の実際ーBefore

「スイミーは、ずっと落ち込んだままだったかな？」と子どもに問いかけると、「だんだん元気になっていくよ」「いろいろ見て元気になっていったよ」という答えが返ってきます。

　そこで「スイミーが見て、元気になったものをすべて準備しました」と言って、イラストを提示します。子どもは、「白黒の変なくらげがいるよ」「いそぎんちゃくは倒れていないよ」などとつぶやき始めます。

After

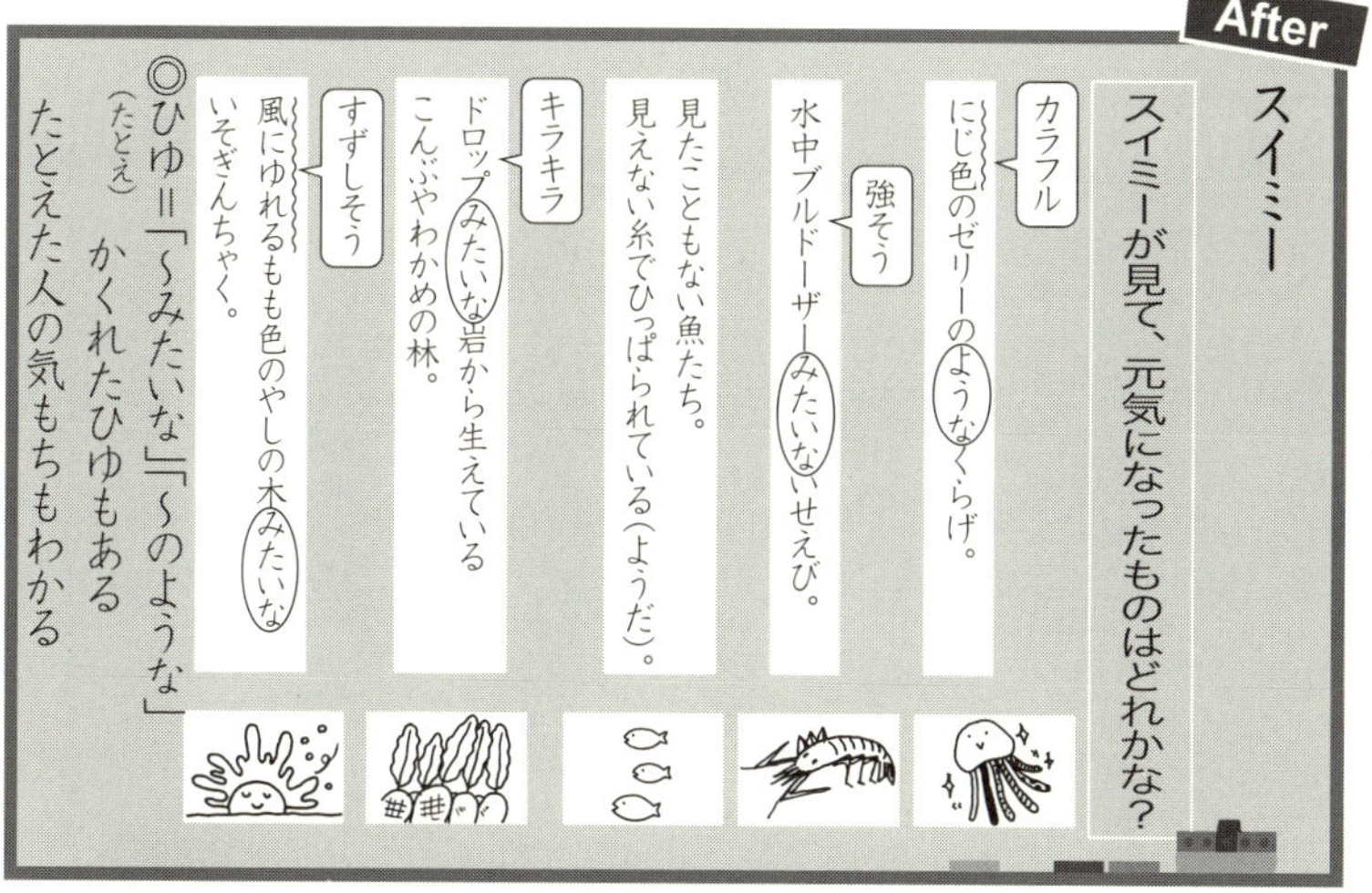
スイミー
スイミーが見て、元気になったものはどれかな？
カラフル
にじ色のゼリーのようなくらげ。
強そう
水中ブルドーザーみたいないせえび。
見たこともない魚たち。
見えない糸でひっぱられている（ようだ）。
キラキラ
ドロップみたいな岩から生えている
こんぶやわかめの林。
すずしそう
風にゆれるもも色のやしの木みたいな
いそぎんちゃく。
◎ひゆ＝「〜みたいな」「〜のような」
（たとえ）
かくれたひゆもある
たとえた人の気もちもわかる

教材名「スイミー」（光村図書二年上）

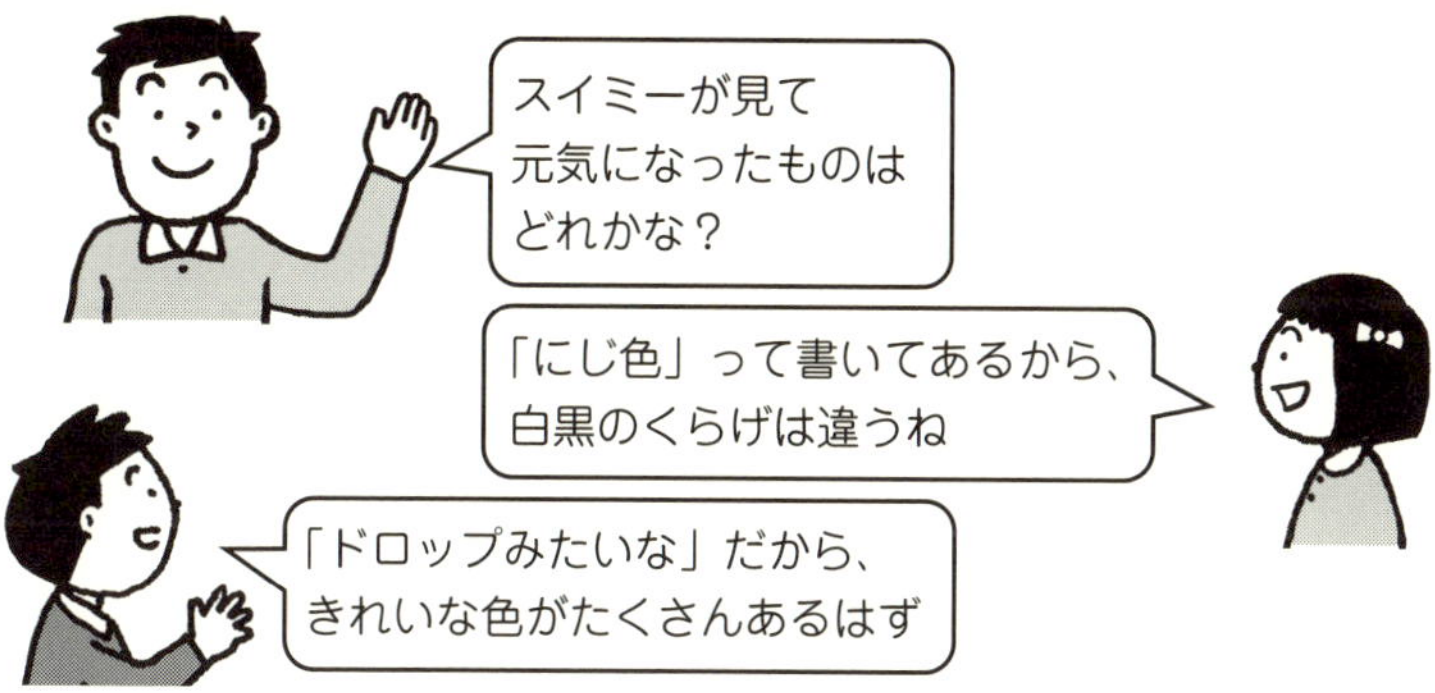
スイミーが見て
元気になったものは
どれかな？
「にじ色」って書いてあるから、
白黒のくらげは違うね
「ドロップみたいな」だから、
きれいな色がたくさんあるはず

指導の実際－After

「スイミーが見て元気になったものはどれかな？」と投げかけます。子どもは、「『にじ色のゼリーのような』って書いてあるから、白黒のくらげは違うよ」「『水中ブルドーザーみたいな』ってあるから、強そうなほうだよ」と、本文を手がかりに絵と合うものを選びます。その絵を選ぶ理由や着目する言葉を発表させることで、迷っている子にもヒントを与えます。

「○○みたいな」（比喩）と表すことで、様子が具体的でわかりやすいことを確認します。

最後に、「今、『○○みたいな』や『○○のような』で絵を選べたけど、これはどうかな？」と言って、「見たこともない魚たち。見えない糸でひっぱられている」の文を出します。「見えない糸が本当にあるのではなくて、ひっぱられているように見える」という、隠れた比喩を用いて、いろいろな表現があることを紹介すると、比喩表現のよさを深めることができます。

㉒挿絵を加える

Before
海をかっとばせ
ワタルがホームランを打つ場面だね
変なのがまぎれている！
流木はここには出てこないよ～

【表現技法】（情景描写）

使うシーン▼第二次前半

中心人物であるワタルが、波の子と夢中になって練習する様子が生き生きと表現されている文章です。情景描写からワタルの心情が読み取れる場面を、イラストを加えるしかけを通して理解します。

指導の実際―Before

「ワタルがホームランを打つ場面だね」と言って挿絵を提示します。このとき、第二場面に登場した〈クビナガリュウのような流木〉のイラストを加えておきます。

「おかしいのがある」「流木はこの場面に出てこないよ！」と子どもが話し始めます。

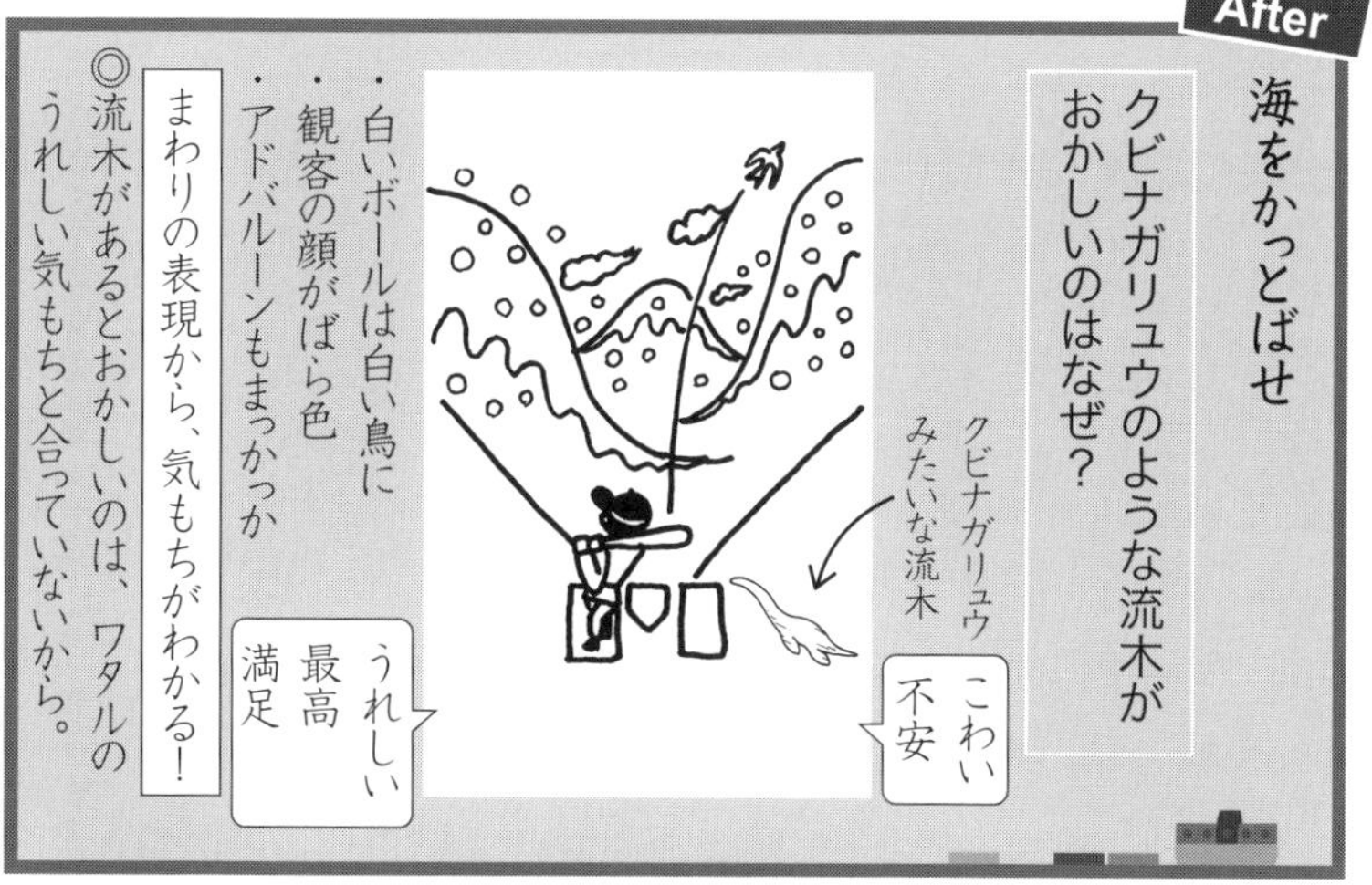
After
海をかっとばせ
クビナガリュウのような流木がおかしいのはなぜ？
クビナガリュウみたいな流木
こわい
不安
うれしい
最高
満足
・白いボールは白い鳥に
・観客の顔がばら色
・アドバルーンもまっかっか
まわりの表現から、気もちがわかる！
◎流木があるとおかしいのは、ワタルのうれしい気もちと合っていないから。

教材名「海をかっとばせ」（光村図書三年上）

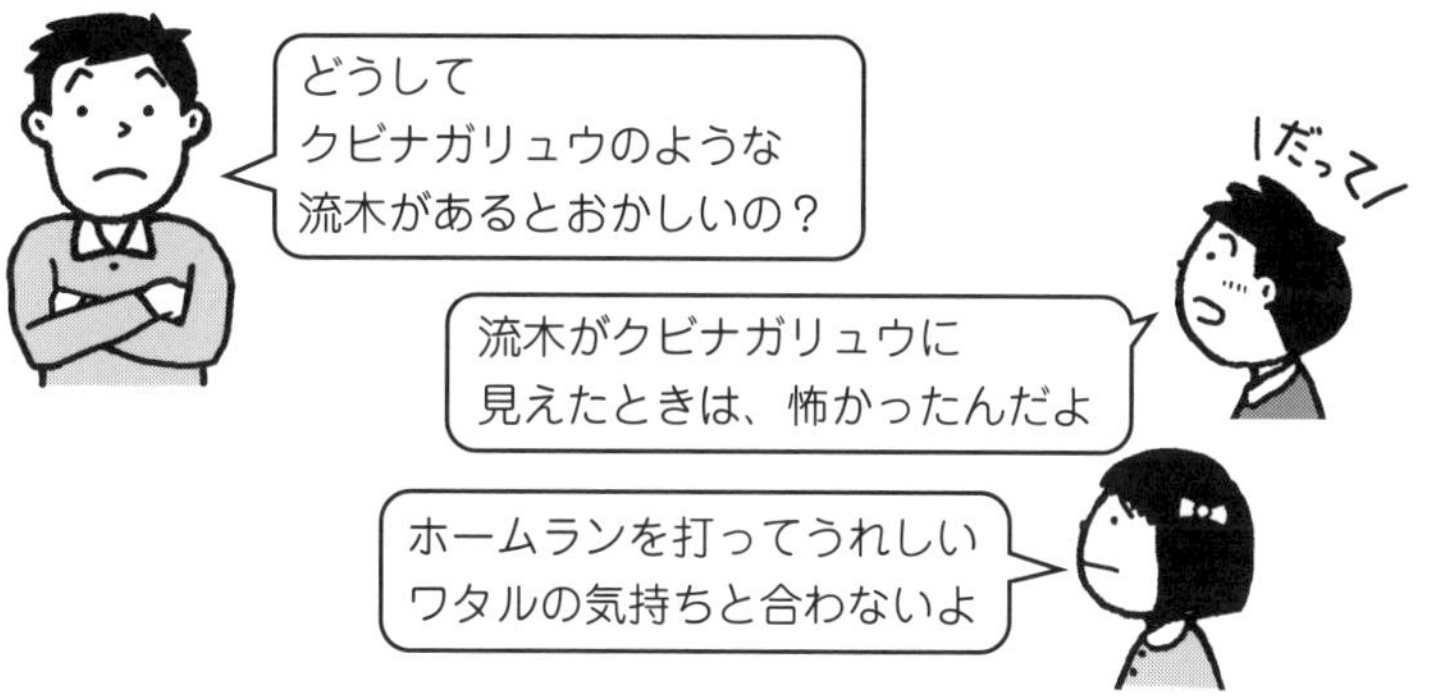
どうして
クビナガリュウのような
流木があるとおかしいの？
だって！
流木がクビナガリュウに
見えたときは、怖かったんだよ
ホームランを打ってうれしい
ワタルの気持ちと合わないよ

指導の実際―After

そこで、「クビナガリュウのような流木があるとおかしいのは、なぜ？」と問います。そして、流木のイメージと、〈白い鳥〉や〈観客〉、〈アドバルーン〉のイメージについて話し合います。

「クビナガリュウは、なんだか気持ち悪い」「きっとワタルは怖かったはずだ」「それに比べて、〈白い鳥〉や〈観客〉、〈アドバルーン〉は、明るい感じがする」「ワタルは楽しそう」と、情景描写からわかるワタルの心情の違いを確かめます。

最後に、「絵の中に、クビナガリュウのような流木があるとおかしいのは……」と考えをまとめ、交流します。

このように、もとの挿絵にしかけをつくることで、情景描写から中心人物の心情を理解することができます。

㉓人物を加える

Before
三つのお願い
ビクター
ママ
ノービィ
ゼノビア
レナ
登場人物は、この５人だね！
違うよー！
えー!
ノービィとレナとゼノビアは、同じ人のことだよ！

【作品の設定】（登場人物の関係）
使うシーン▼第二次前半

本教材は、中心人物にいろいろな呼び名があります。呼称表現には場面の状況や登場人物の気持ちが表れます。呼称表現を整理することで、登場人物の関係を明確にしていきます。

指導の実際―Before

「登場人物はこの五人だね」と言って、名前カードを提示します。しかし、このうち三つ（ノービィ・ゼノビア・レナ）は、同一人物を表します。そこで、子どもは、「違うよ！」「登場人物は三人だよ！」「三人は同じ子のことだよ」と話し始めるでしょう。

そこで、名前カードに挿絵を貼り、登場人物は三人であることを視覚的に理解できるようにします。

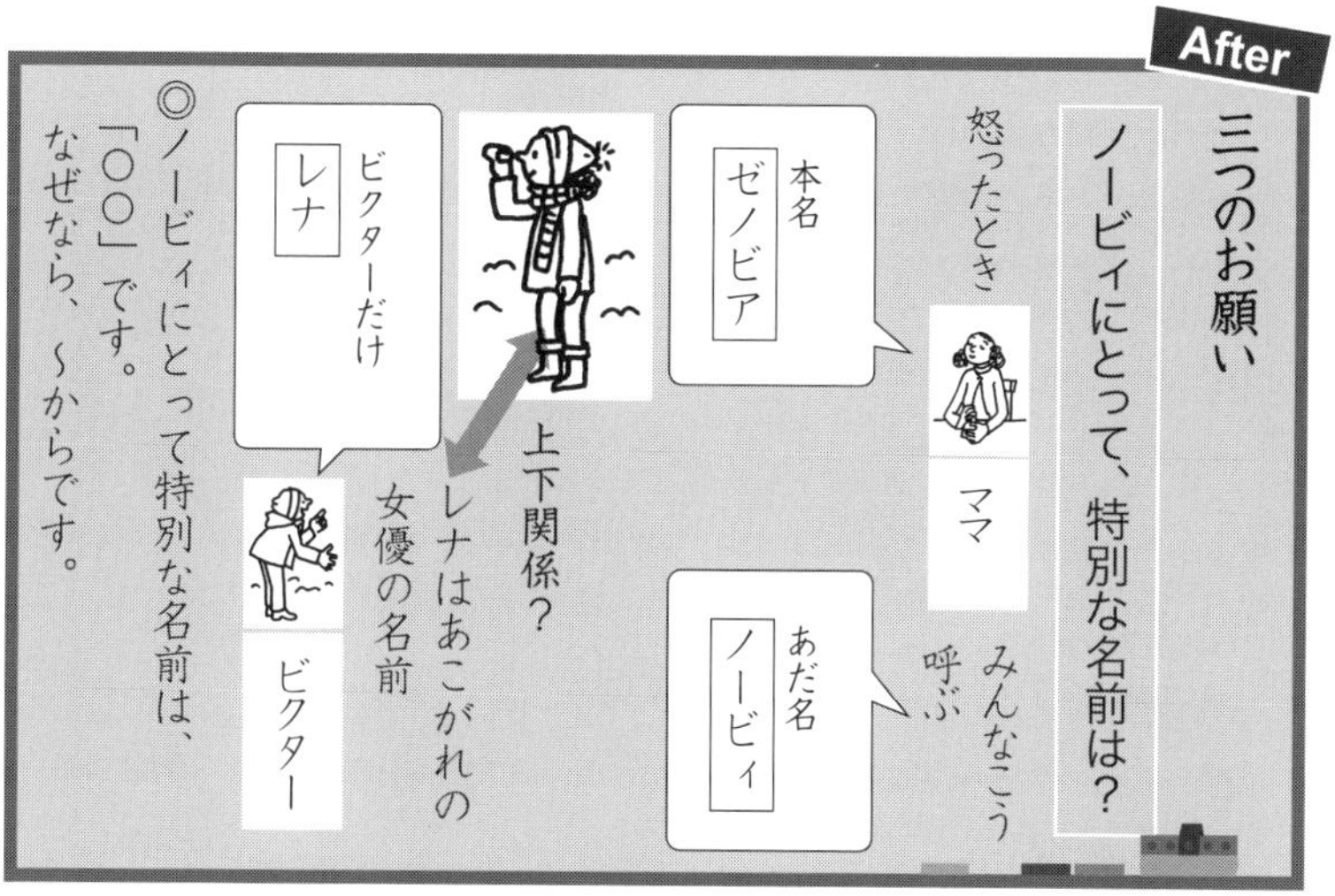
After
三つのお願い
ノービィにとって、特別な名前は？
怒ったとき
ママ
本名
ゼノビア
みんなこう呼ぶ
あだ名
ノービィ
上下関係？
レナはあこがれの女優の名前
ビクターだけ
レナ
ビクター
◎ノービィにとって特別な名前は、
「〇〇」です。
なぜなら、〜からです。

教材名「三つのお願い」（光村図書四年下）

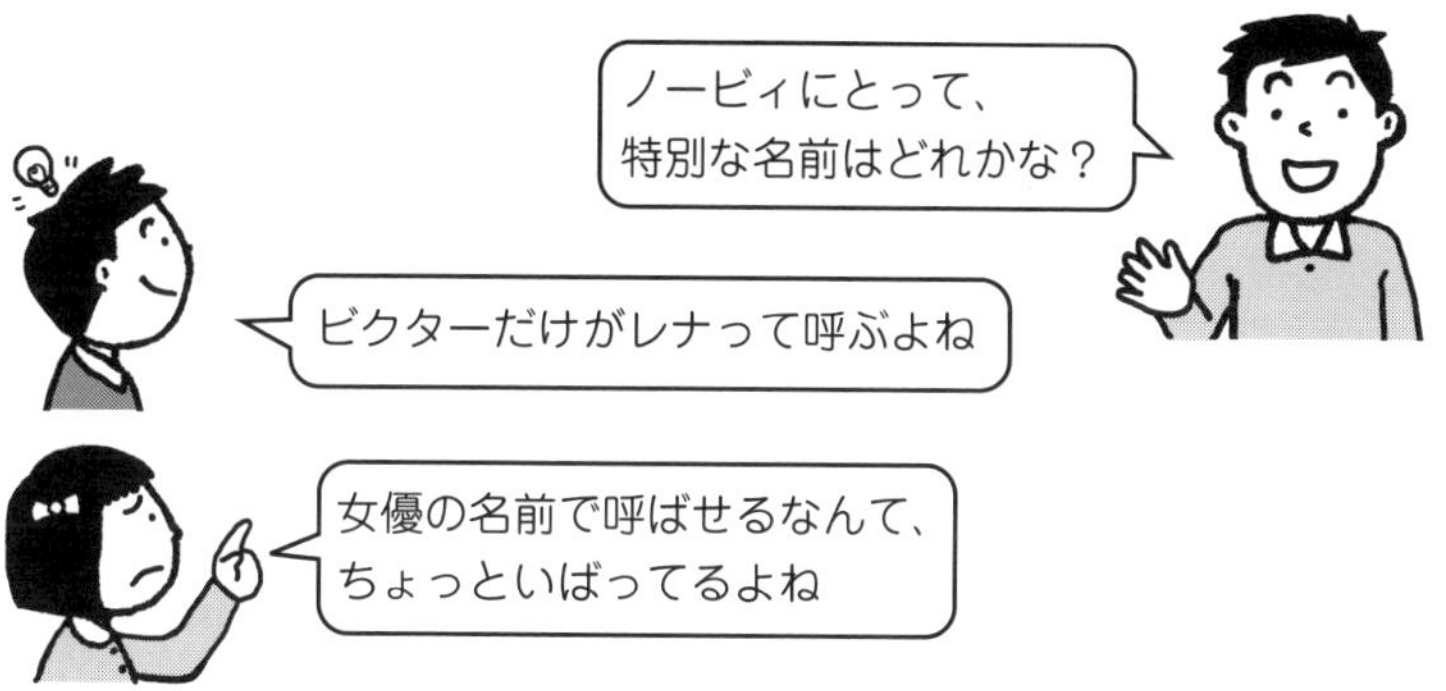
ノービィにとって、特別な名前はどれかな？
ビクターだけがレナって呼ぶよね
女優の名前で呼ばせるなんて、ちょっといばってるよね

指導の実際―After

「この三つの呼び名は、みんなノービィのことなんだね。ノービィにとって特別な名前はどれかな？」と問います。

子どもは、本文を読み返しながら、ペアで三つの呼び名の違いを考えます。「みんなはノービィと呼ぶけれど、ビクターは親友だからレナと呼ぶんだね」「憧れている女優の名前で呼ばせるなんて、ちょっといばってるよ」。このように話し合う中で、ビクターだけの呼び名があるという特別感と、ビクターの大切さに気づくまでの二人の関係が明らかになっていきます。

人物の名前がどのような場面で、どのように呼ばれたかを検討することは、登場人物の関係をとらえることにつながります。

㉔語句を加える

Before
ごんぎつね
その中山から、すこしはなれた
山の中に、「ごんぎつね」という
おそろしいきつねがいました。
「ごんぎつね」という
恐ろしいきつねがいました
そうそう、悪いこと
いっぱいするもん
えぇ!?
そうかなあ？

【作品の設定】（人物像）

使うシーン▼第一次

本教材は、中心人物であるごんの寂しさや理解されたいという願いが描かれた作品です。しかけの語句を挿入した文を提示し、疑問を持たせることによって、中心人物について考えることができます。

指導の実際―Before

しかけ文を提示します。「ごんは、なんて恐ろしいきつねなんだろう！」と言うと、「悪いことをいっぱいするもんね」「いや、ごんはそんなに悪いきつねではないよ」と様々な反応が返ってきます。

そこで、「ごんがどれだけ恐ろしいきつねか証明しよう」と言って、ごんのいたずらを表す文を抜き出し、提示します。

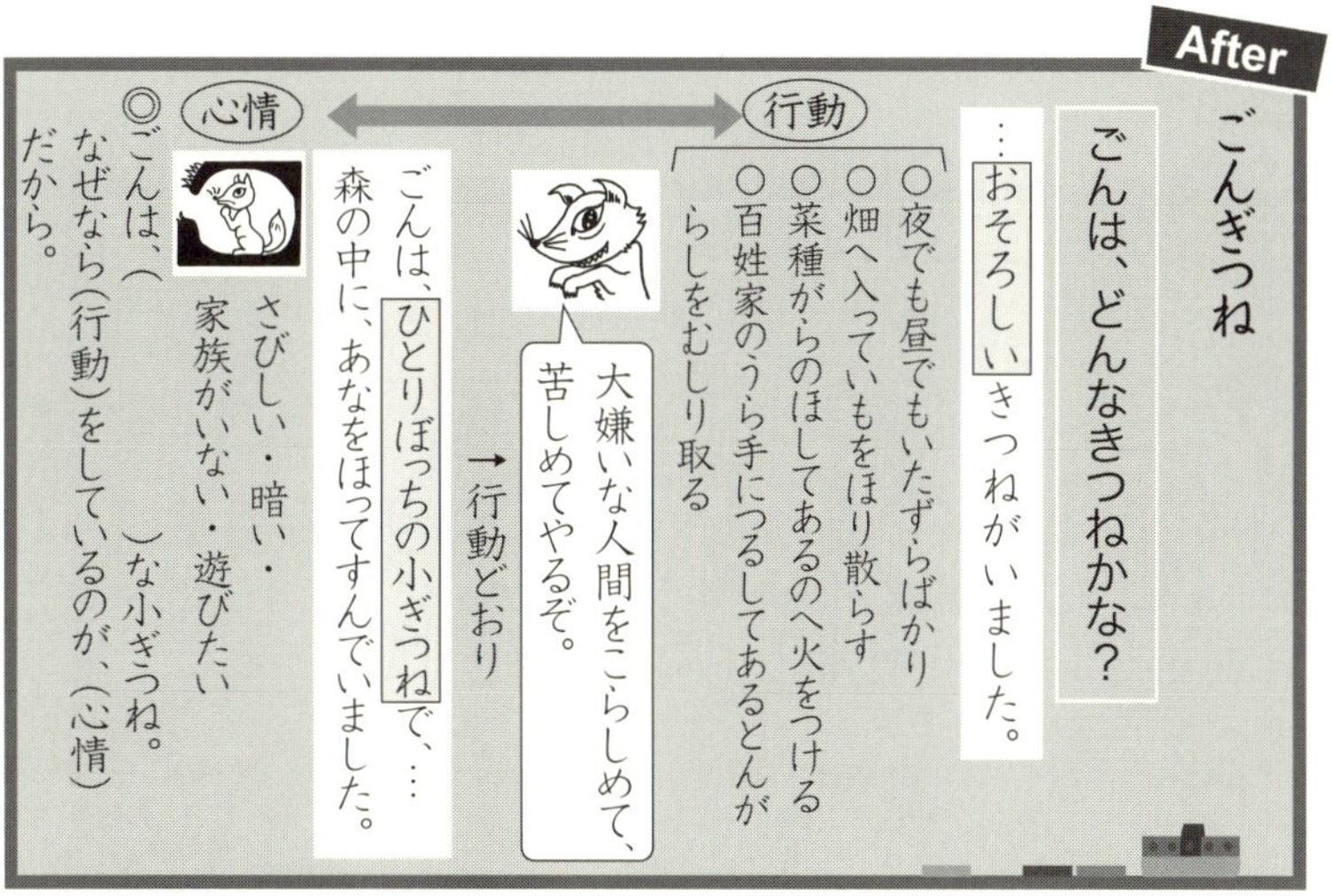
After
ごんぎつね
ごんは、どんなきつねかな？
…おそろしいきつねがいました。
行動
○夜でも昼でもいたずらばかり
○畑へ入っていもをほり散らす
○菜種がらのほしてあるのへ火をつける
○百姓家のうら手につるしてあるとんがらしをむしり取る
大嫌いな人間をこらしめて、苦しめてやるぞ。
→行動どおり
心情
ごんは、ひとりぼっちの小ぎつねで、…森の中に、あなをほってすんでいました。
さびしい・暗い・家族がいない・遊びたい
◎ごんは、（　　）な小ぎつね。
なぜなら（行動）をしているのが、（心情）だから。

教材名「ごんぎつね」（光村図書四年下）

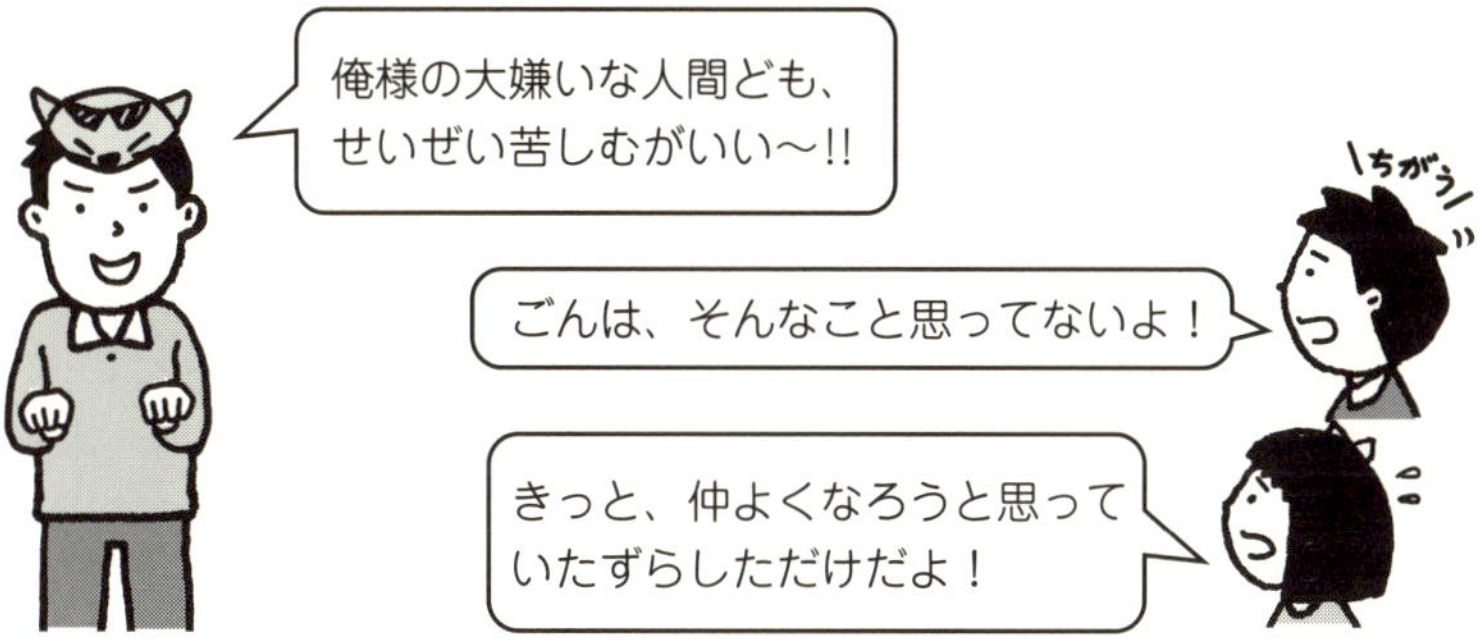
俺様の大嫌いな人間ども、せいぜい苦しむがいい～!!
ちがう
ごんは、そんなこと思ってないよ！
きっと、仲よくなろうと思っていたずらしただけだよ！

指導の実際―After

「大嫌いな人間をこらしめてやる！」と言うと、「ごんはそんなこと思ってない！」「いたずらしたかっただけだよ！」と話し始めます。では、なぜいたずらばかりするのか問い、ペアで理由を考えます。

話し合いが進まないペアに対しては、「危険を冒してまで何度も村にやってきて人間に関わろうとするのは、人間が嫌いだからなのか、それとも関わりたいからなのか」と、二択で尋ねてもよいでしょう。

ペアの考えを全体で共有した後、「ひとりぼっちの小ぎつね……」の文を提示します。寂しさゆえにいたずらをくり返していることをおさえ、心情とは裏腹な行動をしてしまうごんの姿をおさえます。授業の終わりには、ごんはどんなきつねかをノートに書き、ペアで伝え合います。

このように、人物を表す語句を挿入することで、人物像をとらえるきっかけにすることができます。

㉕挿絵を限定する

Before
お手紙
かなしそう
手をくんでいる
うれしそう
かたをくんでいる
２つの絵の違うところはどこかな？
右の絵はかなしそう
左はうれしそうだよ。わらっているし、かたもくんでいる

【内容理解】（読みへの意欲）

使うシーン▼第一次前半

本教材は、中心人物の気持ちの変化が、はじめとおわりで対比的に描かれています。二枚の挿絵を見比べて、「どんなお話かな？」→「何があったのかな？」→「読んでみたい！」と問いを増幅させ、読む動機づけを図ります。

指導の実際―Before

「違うところ探しをしよう！」と言って、「はじめ」と「おわり」の挿絵を提示します。「右の絵はかなしそうで、左はうれしそう」「座っている場所は同じだね」など、違いや共通点に着目して、ペアで見つけます。絵をペンで囲むなどして、注目すべき箇所を視覚化していきます。

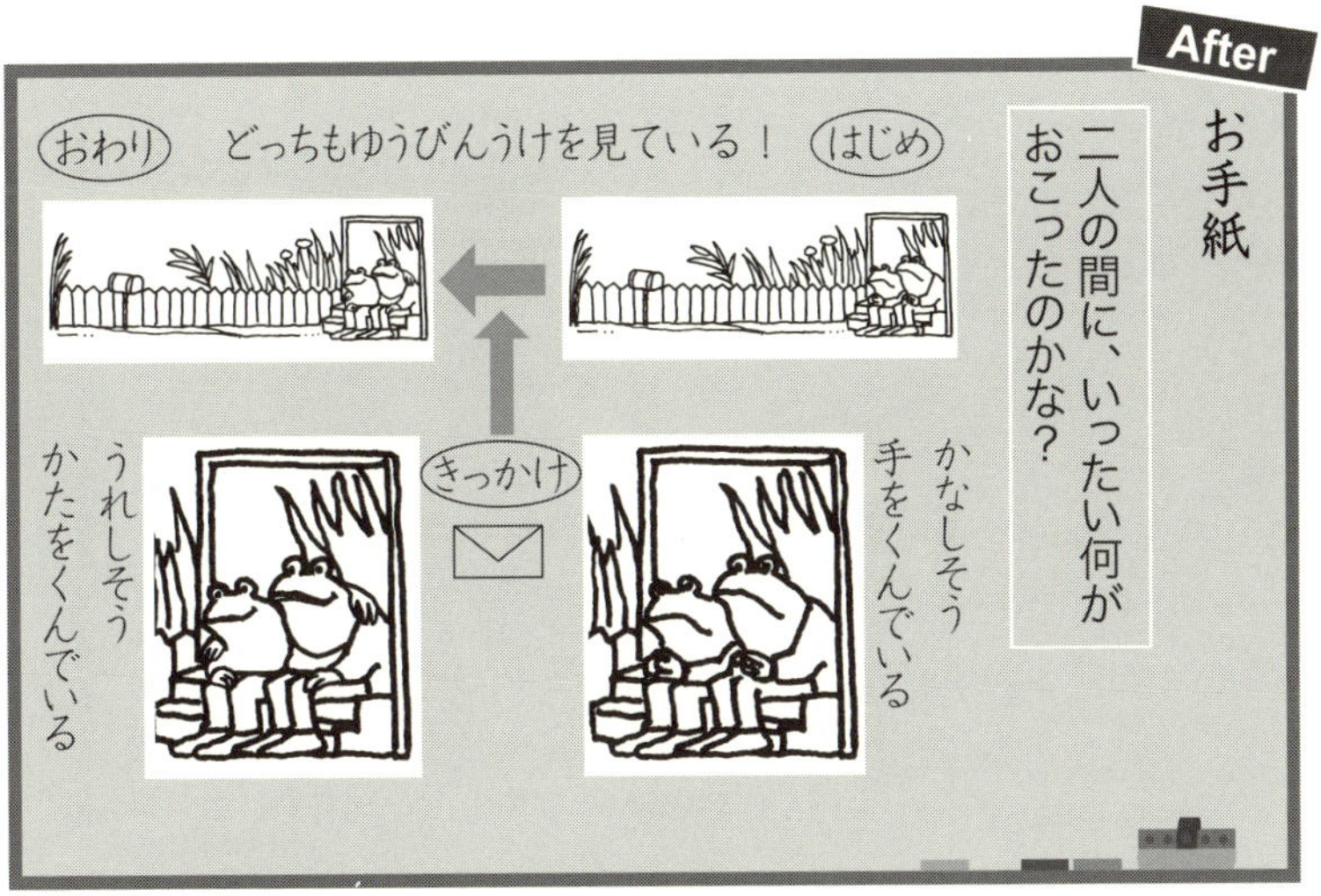
After
お手紙
二人の間に、いったい何がおこったのかな？
はじめ
どっちもゆうびんうけを見ている！
おわり
かなしそう
手をくんでいる
きっかけ
うれしそう
かたをくんでいる

教材名「お手紙」（光村図書二年下）

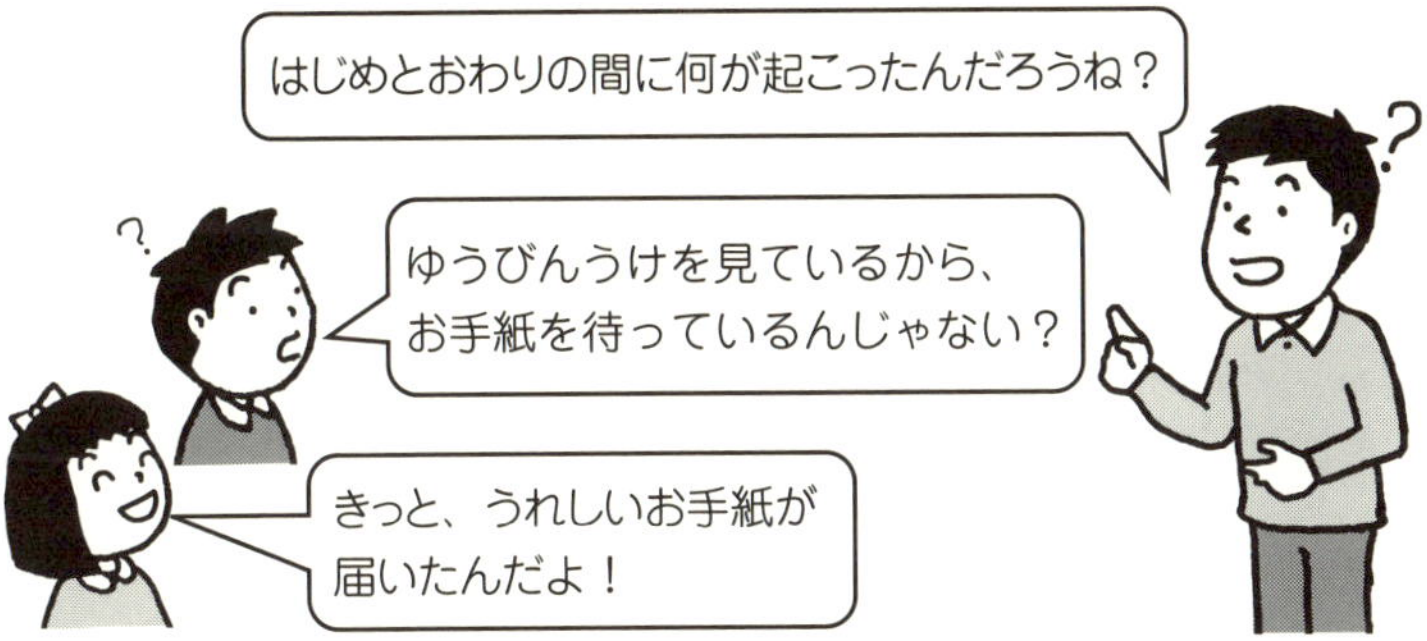
はじめとおわりの間に何が起こったんだろうね？
ゆうびんうけを見ているから、お手紙を待っているんじゃない？
きっと、うれしいお手紙が届いたんだよ！

指導の実際－After

二枚の絵の違いがわかったら、「はじめとおわりの間に何が起きたんだろう」と問い、作品への関心を高めたところで、物語を読み始めます。「何をきっかけとして、二人の気持ちの変化が起こるのだろう」と、問いをもちながら読む姿勢が生まれます。

一読した後に、はじめ・きっかけ・おわりに図解化し、二つの挿絵の間に封筒（お手紙）を置きます。作品の題名でもある「お手紙」をめぐる物語であることを視覚的にも強く印象づけるのです。

このように、挿絵を用いて読みの意欲を高めることで、子ども一人ひとりの学習に対する主体性を引き出していくことができます。

㉖挿絵を限定する

Before
ニャーゴ
トラ？
ネコ？
こわい
これ、なーんだ！
うわ～
怖そう！
しましまがあるから、
トラかな？

【内容理解】（読みへの意欲）
使うシーン▼第一次前半

本教材は、作品のおもしろさが、印象的な挿絵によってひき立てられています。挿絵を限定して見せることで、読む意欲を高め、中心人物の気持ちの理解へとつなげます。

指導の実際—Before

「これ、なーんだ」。子どもに挿絵の一部を見せて、クイズをします。「正解は、ネコでした。どんなネコかな？」と尋ねます。子どもは、ニャーゴの性格や、何をしているのかを想像し、なんだか悪いことが起きそうだということを感じ取ります。理由を話したり聞いたりしながら、お話のイメージを膨らませます。

After

ニャーゴ
どんなお話かな？
トラ？
ネコ？
こわい
なにかを
みてる
いじわる
そう
◎どうして、ニャーゴは、
三びきのネズミを
食べなかったのだろう？
食べてやるぞ！
きゃー！

教材名「ニャーゴ」（東京書籍二年下）

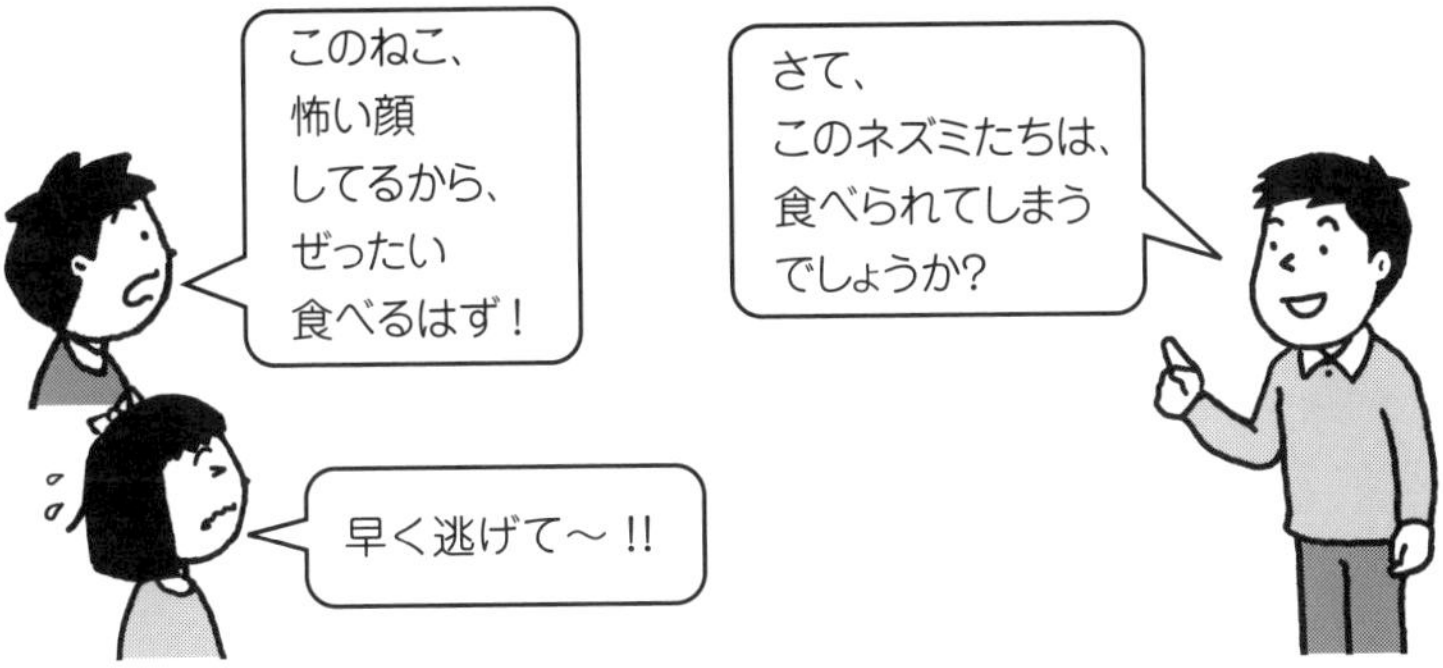

さて、
このネズミたちは、
食べられてしまう
でしょうか？
このねこ、
怖い顔
してるから、
ぜったい
食べるはず！
早く逃げて〜!!

指導の実際ーAfter

そして、挿絵の全体を提示します。大きな口、とがった歯で、今にも食べられてしまいそうなネズミたちに、子どもたちは思わず声を上げるでしょう。

そこで、「この後、ネズミはどうなるでしょう？」と問い、ネコとネズミのセリフを考えます。「食べてやるぞ！」「きゃー!!」。このように、読み始める前に挿絵を見て話し合うことで、一体どんなお話なんだろうと読む意欲をもたせることができます。

実際は、ネズミは怖がるどころか、ネコを慕います。挿絵からは想像できない展開に、子どもたちは惹きつけられるでしょう。

最後に、「どうしてニャーゴはネズミを食べなかったんだろう？」と読みの課題をもたせます。導入での楽しい物語との出会いを、単元の学習課題につなげていくことが大切です。

㉗文を限定する

Before
ごんぎつね
空はからっと晴れていて、
もずの声がキンキンひびいていました。
ごんはどんな気持ちなのかな？
もずが「キンキン」…うるさくていやな感じ？
「からっと晴れて」…気持ちいいんじゃないかな？

【表現技法】（情景描写）

使うシーン▼第二次前半

本教材は、登場人物の心情を表した情景描写が効果的に使われています。登場人物の設定などを加味しながら情景描写を読み取ることで、中心人物の心情の理解につなげていきます。

指導の実際―Before

「これはどの場面の、誰が見た風景だかわかりますか？」と言ってセンテンスカードを貼ります。「一の場面」「ごん」（ここでごんの絵を貼る）と、子どもが教科書を見ないでも答えられるくらいに、しっかりと音読をさせておくことが大切です。

「この文はごんの気持ちを表していますが、どんな気持ちでしょうか」と投げかけ、ペアで考えさせます。

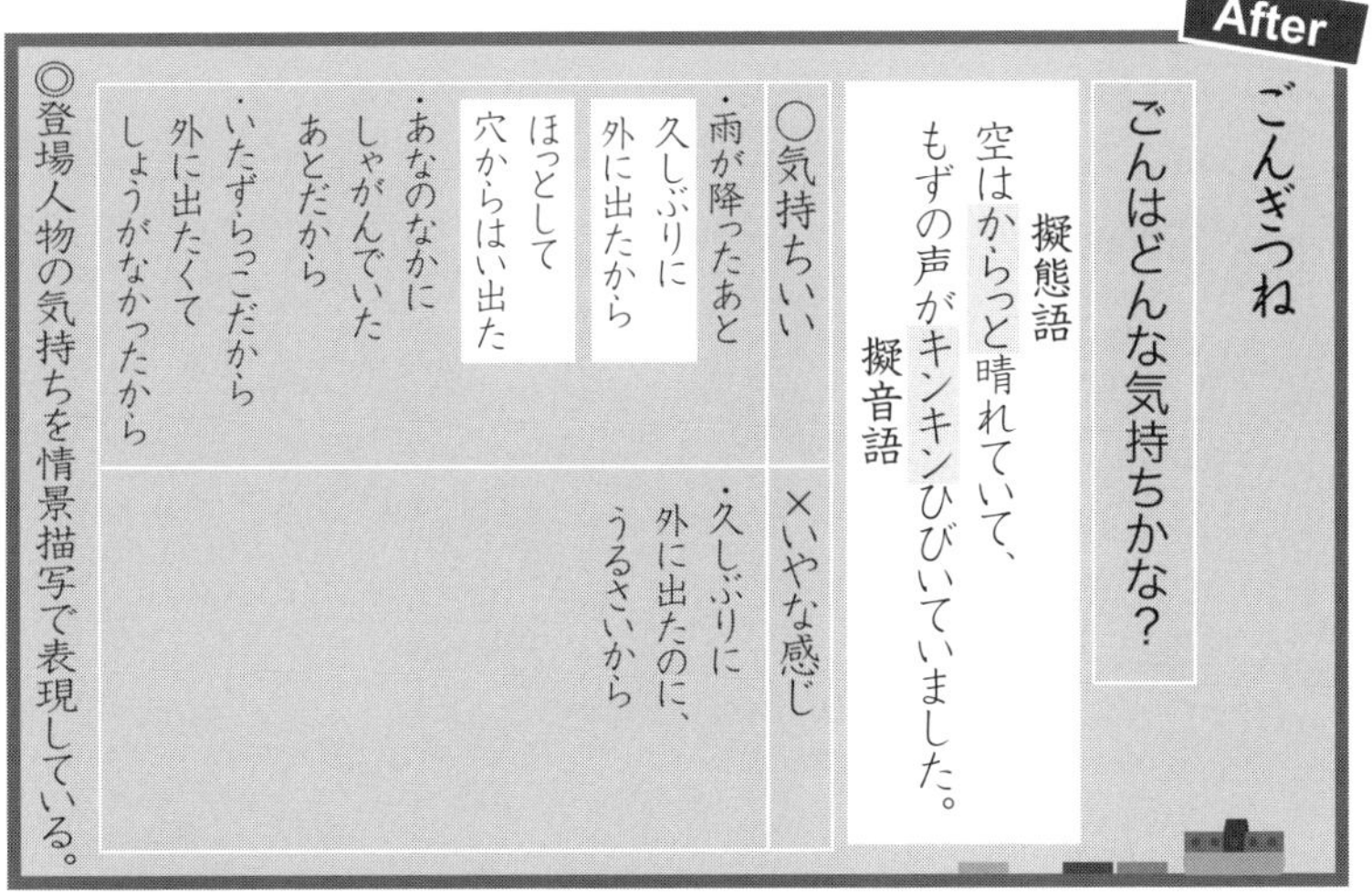
After
ごんぎつね
ごんはどんな気持ちかな?
擬態語
空はからっと晴れていて、
もずの声がキンキンひびいていました。
擬音語
○気持ちいい
・雨が降ったあと
久しぶりに
外に出たから
ほっとして
穴からはい出た
・あなのなかに
しゃがんでいた
あとだから
・いたずらっこだから
外に出たくて
しょうがなかったから
×いやな感じ
・久しぶりに
外に出たのに、
うるさいから
◎登場人物の気持ちを情景描写で表現している。

教材名「ごんぎつね」（光村図書四年下）

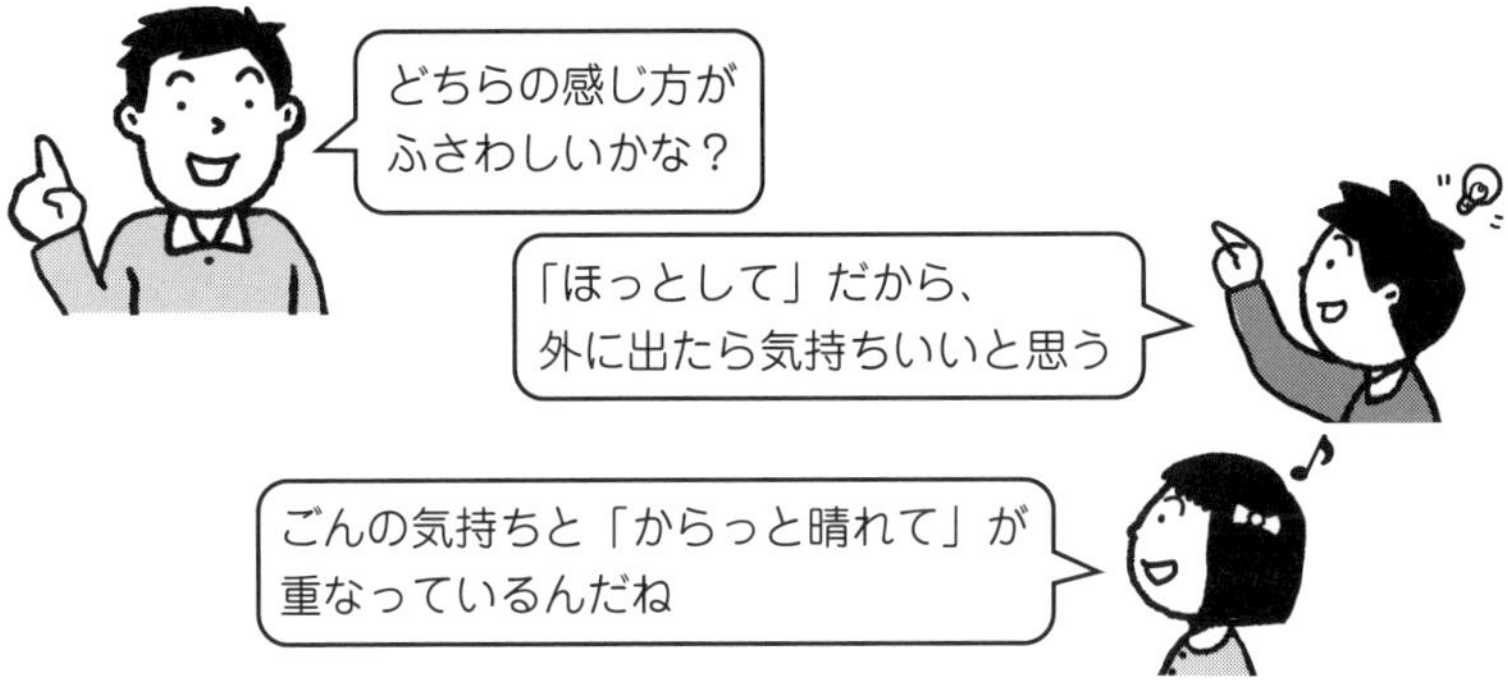
どちらの感じ方がふさわしいかな？
「ほっとして」だから、外に出たら気持ちいいと思う
ごんの気持ちと「からっと晴れて」が重なっているんだね

指導の実際―After

「それぞれ、どの言葉からわかるのかな?」と言って教科書の言葉に着目させます。「雨が降っているから外に出られなくて退屈そう」『ほっとして』とあるから、外に出たら気持ちいいと思う」「いやな感じにつながる言葉があまり見つからないな」などの言葉が子どもたちから出たら、表を整理して、ごんの気持ちを確かめます。カーテンをしめて教室を暗くしたあと、快晴の空の映像を見せて、ごんの視点を体験してみることも効果的です。

最後に、情景描写によって、登場人物の気持ちを風景などで間接的に表すことがあるということを確認します。情景描写はごんぎつねの他の場面にも登場しているので、それを見つけて心情を互いに説明することで、理解が深まります。

㉘語句を限定する

Before
やまなし
青光りのまるでぎらぎらする
鉄砲だまのようなもの
気味が悪い
きれい
優しそう
白いやわらかな丸石が転がる
プラス
マイナス
かににとってはどっちのほうが明るいかな？
「青光り」は気味が悪い感じ…
「白い石」だと、きれいで明るいことがわかる

【表現技法】（色彩語）

使うシーン▼第二次前半

本教材は、色彩語が多く用いられ、作者の独特な作品世界が表現されています。色を使った表現から、場面の情景を想像し、かにたちの視点で、どんなイメージが浮かぶかを考えていきます。

指導の実際―Before

二つの例を出し、「かににとっては、どっちのほうが明るいかな？」と問いかけると、子どもは「青光りが入ると気味が悪い感じがする」「青光りと鉄砲玉で怖い感じがする」など、暗いイメージを思い浮かべます。次に、「白いやわらかな丸石が転がる」のほうを聞くと、「白いとか丸いが入っていて優しい感じ」などの明るいイメージを思い浮かべます。

色の表現から「明るい」や「暗い」などのイメージをもてることを確認します。

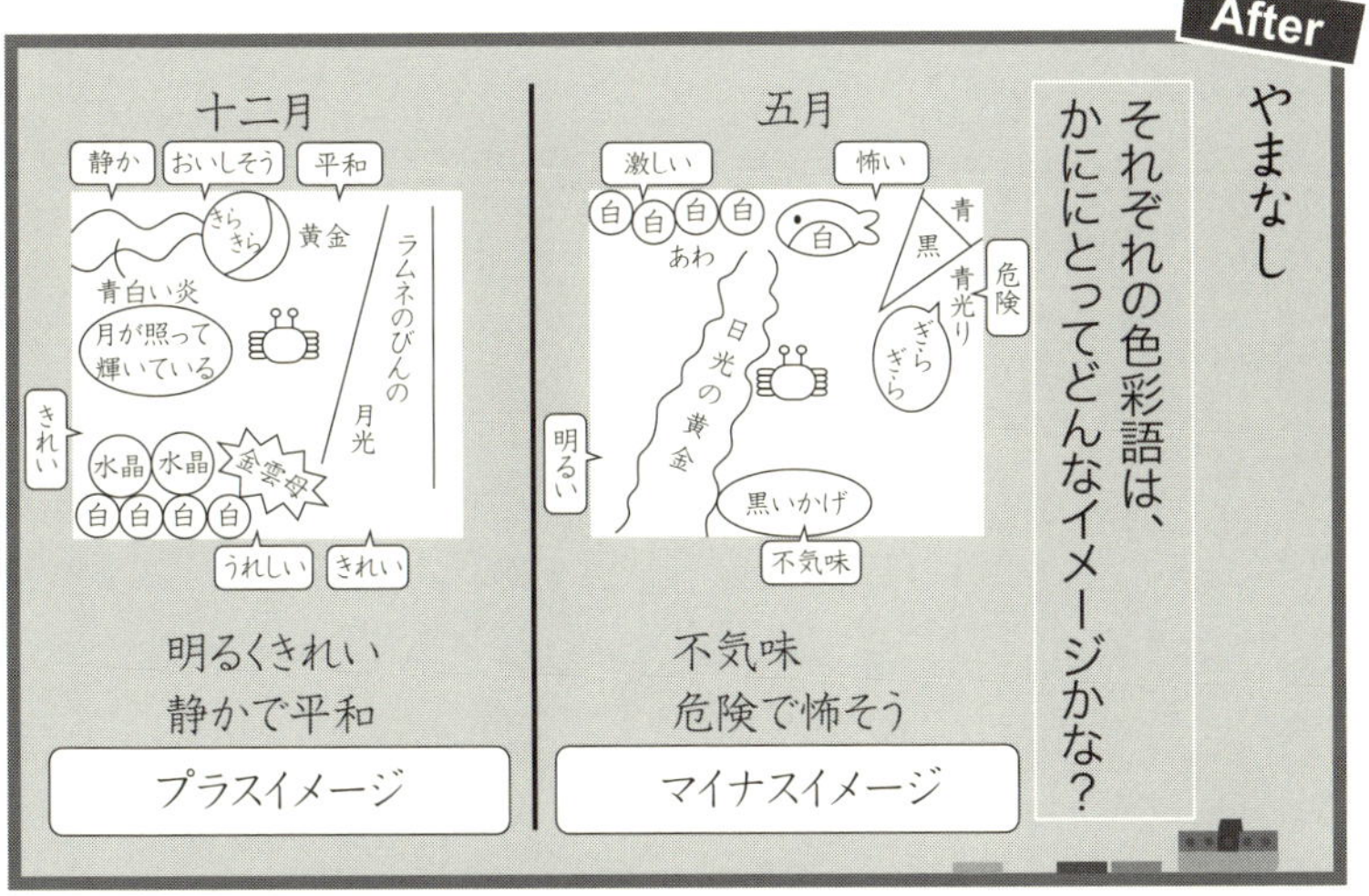

教材名「やまなし」（光村図書六年）

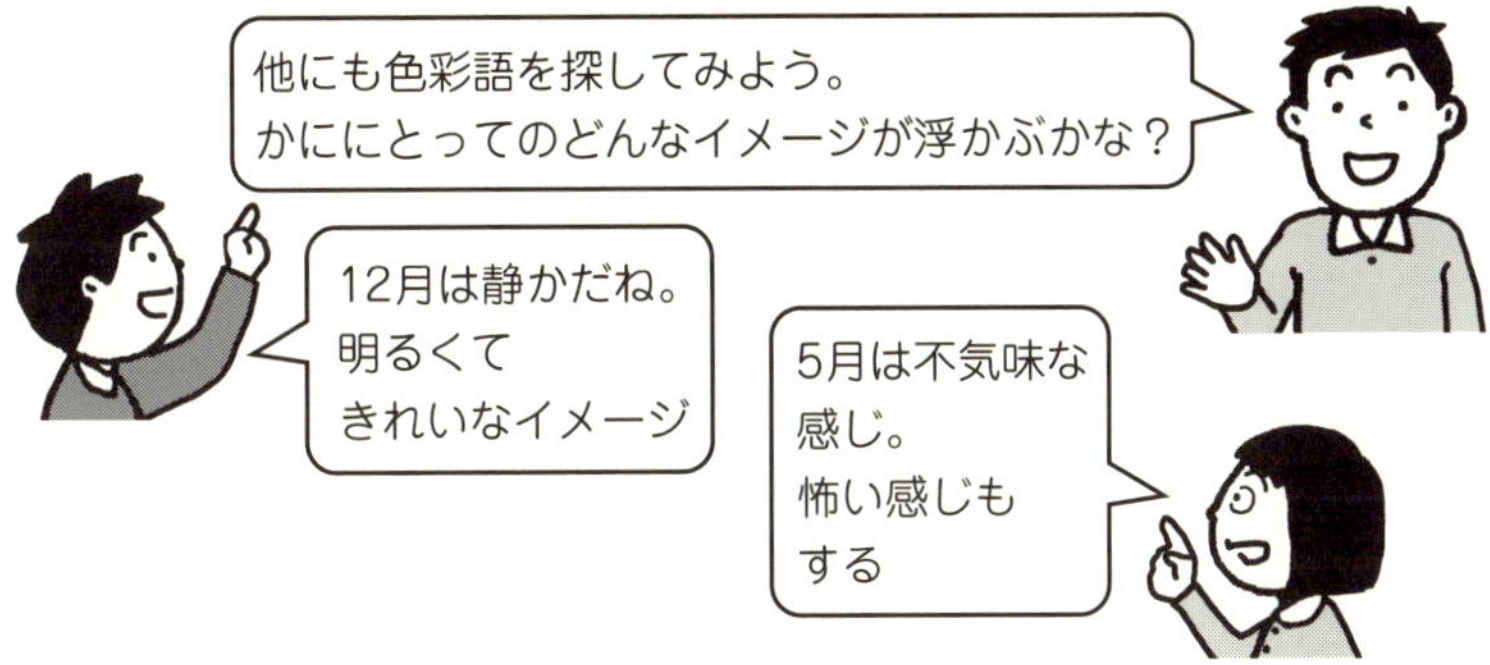

指導の実際ーAfter

次に、「他にも色彩語を探してみよう」と問いかけます。子どもは、『かげは、黒く静かに底の光のあみの上をすべる』から不気味さを感じる」『ラムネのびんの月光』から透き通るきれいな光が差しているイメージがする」など、情景から感じたイメージを発表します。

教師は、色に関連した語句を抜き出し、黒板で整理します。その際、情景から感じたイメージを吹き出しにして書くと、場面の様子が想像しやすくなります。

最後に、完成した五月と十二月の情景から、かにの感じ方を話し合います。「五月は、不気味な感じ。危険で怖い感じもする」「十二月は静かだね。明るくきれいな感じもするよ」など、五月と十二月を対比させると、情景の違いがよりはっきりしてきます。

このように、五月と十二月の情景を、色に着目して話し合うことで、かにの感じ方が対比的に表現されていることがわかります。

㉙文を分類する

【表現技法】（行動描写・会話文）
使うシーン▼第二次中盤

「だって、わたしは九十八だもの。」が口癖のおばあさんが、誕生日を機に五歳の気持ちになるお話です。おばあさんの言動を表に表すことで、中心人物の気持ちをとらえやすくします。

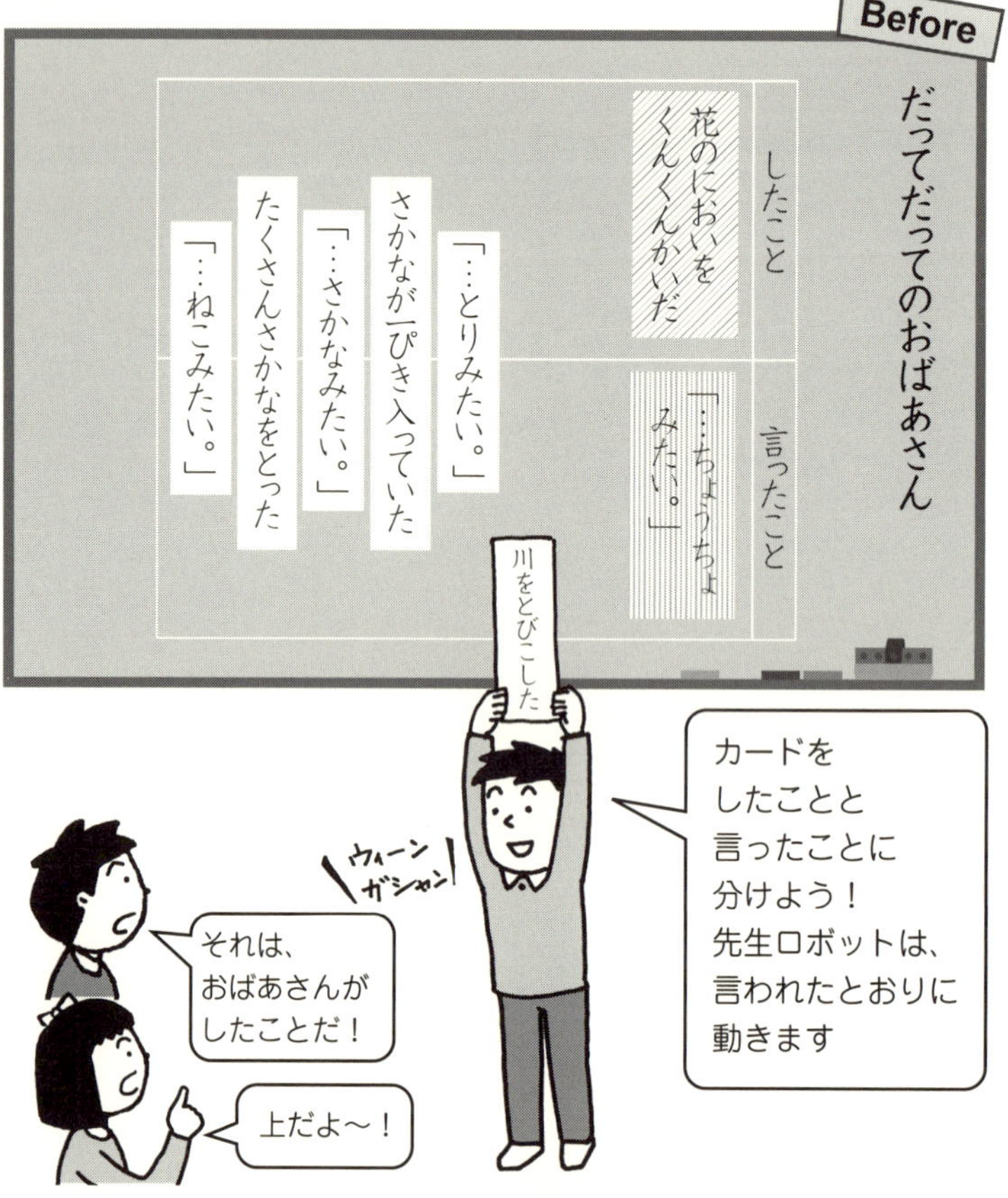
Before
だってだってのおばあさん
したこと
言ったこと
花のにおいをくんくんかいだ
「…ちょうちょみたい。」
「…とりみたい。」
さかなが一ぴき入っていた
「…さかなみたい。」
たくさんさかなをとった
「…ねこみたい。」
川をとびこした
カードをしたことと言ったことに分けよう！先生ロボットは、言われたとおりに動きます
ウィーン ガシャン
それは、おばあさんがしたことだ！
上だよ〜！

指導の実際―Before

五歳のおばあさんの行動と会話のカードをバラバラに提示します。そして、「先生ロボットに、正しい場所を教えて！」と言って、カードを分類していきます。答え合わせのときに、見てすぐわかるように、カードの裏は行動（水色）と会話（ピンク）で色分けしておきます。『したこと』だから上だよ！」と、先生ロボットに指令を出して、楽しく表を完成します。

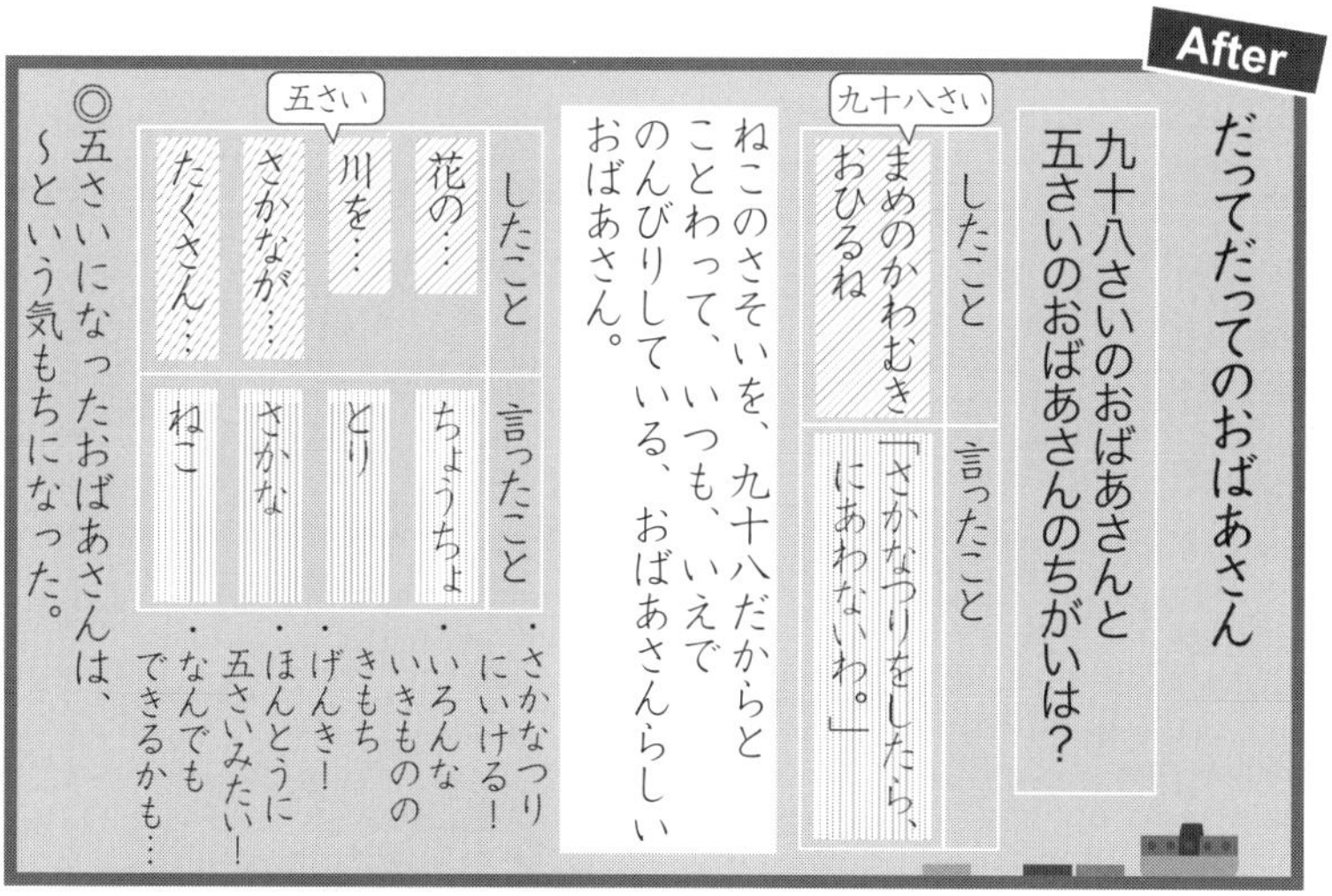
After
だってだってのおばあさん
九十八さいのおばあさんと五さいのおばあさんのちがいは？
九十八さい
したこと
まめのかわむき
おひるね
言ったこと
「さかなつりをしたら、にあわないわ。」
ねこのさそいを、九十八だからとことわって、いつも、いえでのんびりしている、おばあさんらしいおばあさん。
五さい
したこと
花の…
川を…
さかなが…
たくさん…
言ったこと
ちょうちょ
とり
さかな
ねこ
・さかなつりにいける！
・いろんないきもののきもち
・げんき！
・ほんとうに五さいみたい！
・なんでもできるかも…
◎五さいになったおばあさんは、〜という気もちになった。

教材名「だってだってのおばあさん」（光村図書一年下）

98歳と5歳のおばあさんでは、どんな違いがあるかな?
98歳のときはしなかったことにたくさん挑戦してる！
5歳のおばあさんのほうが、楽しそうだ！

指導の実際―After

表が完成したら、前時に作成した九十八歳のおばあさんの表と見比べます。「五歳になって、魚つりができるようになった！」「いろんな生き物の気持ちになれて、うれしそう」など、子どもは、おばあさんの気持ちの変化に気づくことができます。

授業の最後には、「五歳になったおばあさんは、〜という気持ちになった」を考えて、ノートに書きます。書き終わったら、ペアで交流し、共有します。この二つの表は、第二次後半で、中心人物の気持ちの変化を考える際に活用する資料となります。

このように、行動描写と会話文を対応させて表を完成させる活動を通して、中心人物の気持ちをとらえ、気持ちの変化に迫っていくことができます。

㉚挿絵を分類する

Before
スイミー
あさい
ふかい
スイミーは初め、
深いところにいたんだよね
ちがう
浅いところにいるんだよ
深いところに行くのは、
あとからだよ

【作品の設定】（場面）

使うシーン▼第二次前半

本教材は、場面の移り変わりが明確で、時間の流れに沿って、場所が移動していきます。挿絵を時間の流れに沿って分類していくことで、物語の構造を視覚的にとらえることができます。

指導の実際―Before

まず、表を提示して、「スイミーのいるところを考えよう。スイミーは初め、深いところにいたんだよね」と言って、挿絵を下の欄に置きます。

すると、子どもは、「違うよ。浅いところにいるんだよ」「深いところにいくのは、あとからだよ」と反論するでしょう。

そこで「じゃあ今日は、スイミーがどこにいるのかを挿絵を使って考えていくよ」と言って、めあてを提示します。

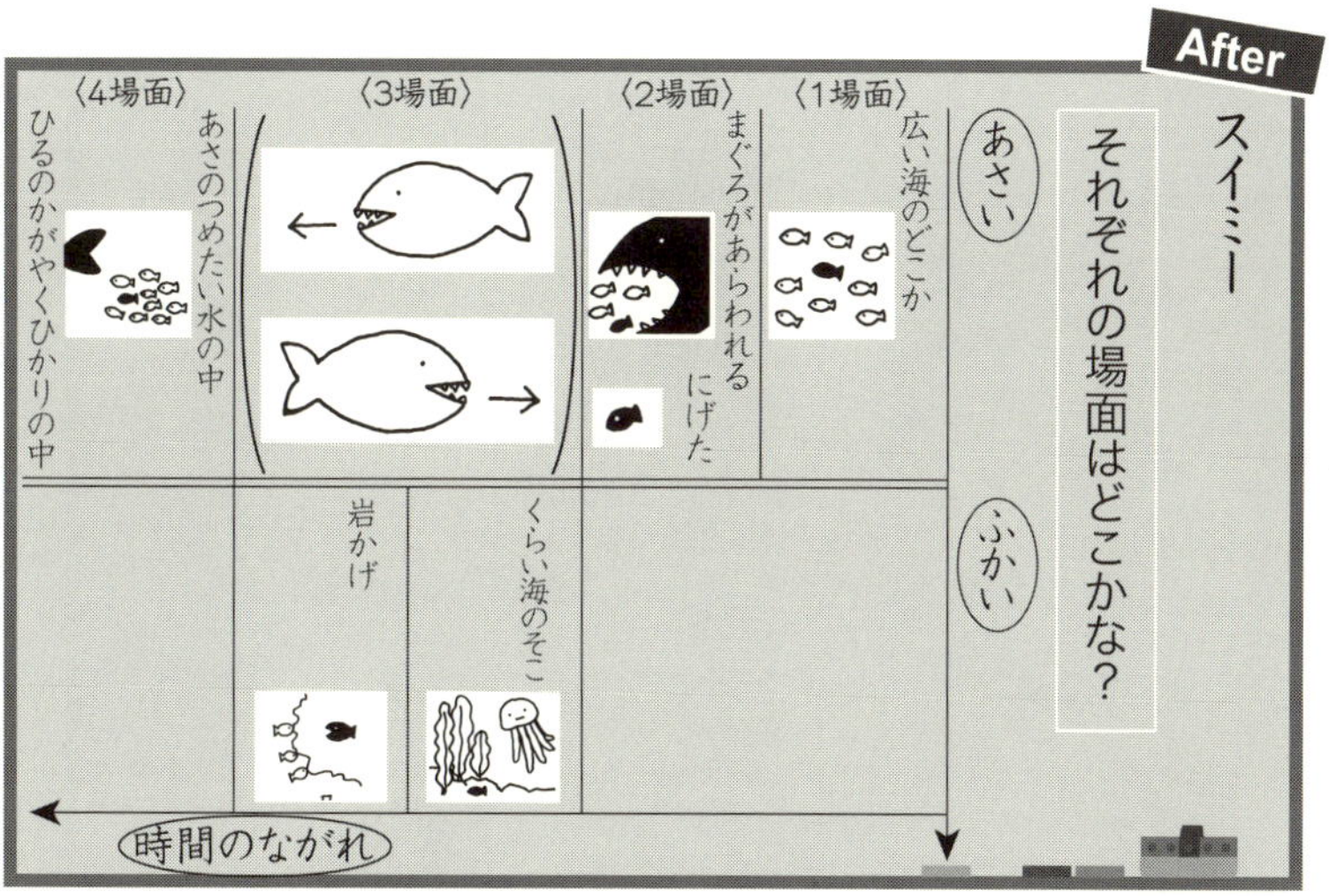
After
スイミー
それぞれの場面はどこかな？
あさい
ふかい
〈1場面〉
広い海のどこか
〈2場面〉
まぐろがあらわれる
にげた
くらい海のそこ
〈3場面〉
あさのつめたい水の中
岩かげ
〈4場面〉
ひるのかがやくひかりの中
時間のながれ

教材名「スイミー」（光村図書二年上）

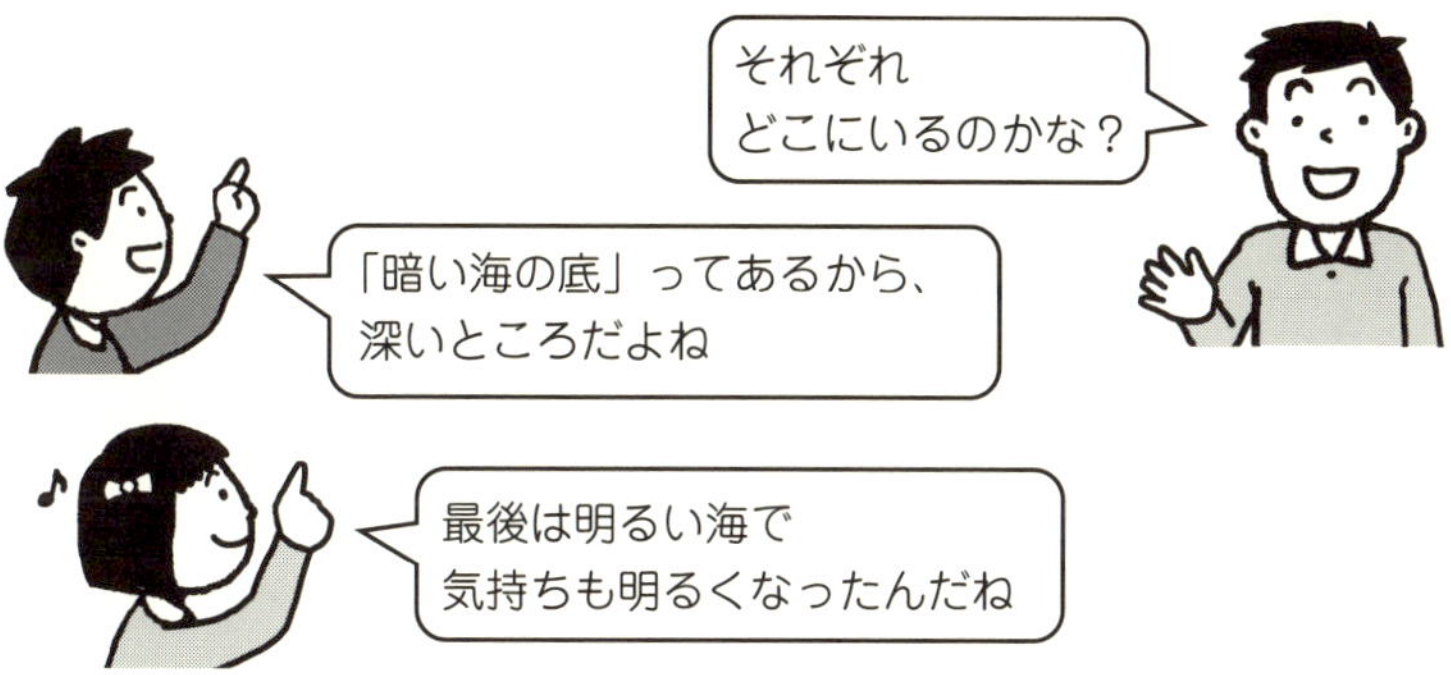
それぞれ
どこにいるのかな？
「暗い海の底」ってあるから、
深いところだよね
最後は明るい海で
気持ちも明るくなったんだね

指導の実際―After

挿絵を指さしながら「まぐろが登場したのはどこかな？」「すばらしいものやおもしろいものを見つけたのは？」「大きな魚を追い出したのは？」など、それぞれの場面はどこかを尋ねます。

子どもは、本文の言葉を手がかりに「まぐろが登場したあとに、底に逃げた」「追い出したのは、朝ってわかるところだし、かがやくってあるから浅いところだよ」などと話し合いながら、どの場面かを考えていきます。

教師は、子どもの言葉を板書で整理したり、挿絵を動かしたりしながら、表の中でスイミーが海の中を移動していった様子を時間や出来事をもとに整理していきます。

このように、挿絵を分類する様子を表す言葉を探すことで、時間の経過や出来事を表にまとめることができ、物語を構造的にとらえることができます。

㉛ 語句を分類する

Before
一つの花
？
おいもや豆や かぼちゃ
てきの飛行機と ばくだん
町…はい
？
お肉とお魚
ミシンの音
買い物かご
一つの花
コスモスの花で いっぱい
「お肉とお魚」は 下だよ〜
あっ
わかった！
戦争しているときと、 十年後のお話だね！

【作品の設定】（場面の対比）

使うシーン▼第二次後半

本教材は、中心人物をとりまく世の中の様子が、戦争中と戦後で分けて描かれています。中心人物の状況の変化を、それぞれの場面のカードを分類する活動を通してとらえていきます。

指導の実際―Before

おわりの場面を音読した後、表の真ん中にカードを並べます。「おいもや豆やかぼちゃは上で、お肉とお魚は下だよ」と言いながらカードを上下にずらしていきます。

すると、子どもは、「あ、戦争中と十年後で分けているんだ！」「戦争中は上、十年後は下だね」と、教師が何を基準にカードを分類しているのか予想します。そして、「次の『てきの飛行機とばくだん』は、上だよ」と、残りのカードを分類していきます。

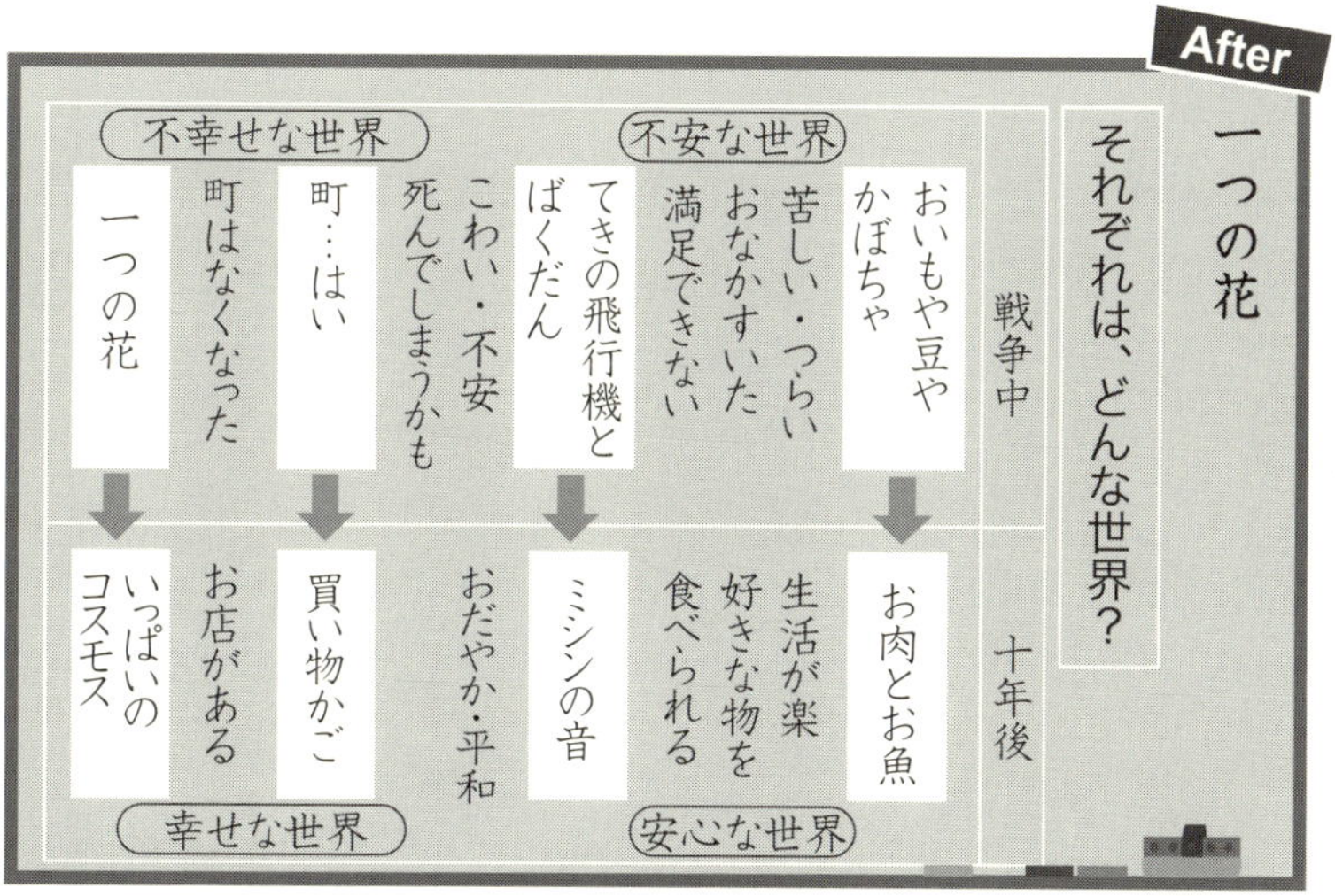
After
一つの花
それぞれは、どんな世界？
戦争中
十年後
おいもや豆や
かぼちゃ
お肉とお魚
苦しい・つらい
おなかすいた
満足できない
生活が楽
好きな物を
食べられる
不安な世界
安心な世界
てきの飛行機と
ばくだん
ミシンの音
こわい・不安
死んでしまうかも
おだやか・平和
町…はい
買い物かご
町はなくなった
お店がある
一つの花
いっぱいの
コスモス
不幸せな世界
幸せな世界

教材名「一つの花」（光村図書四年上）

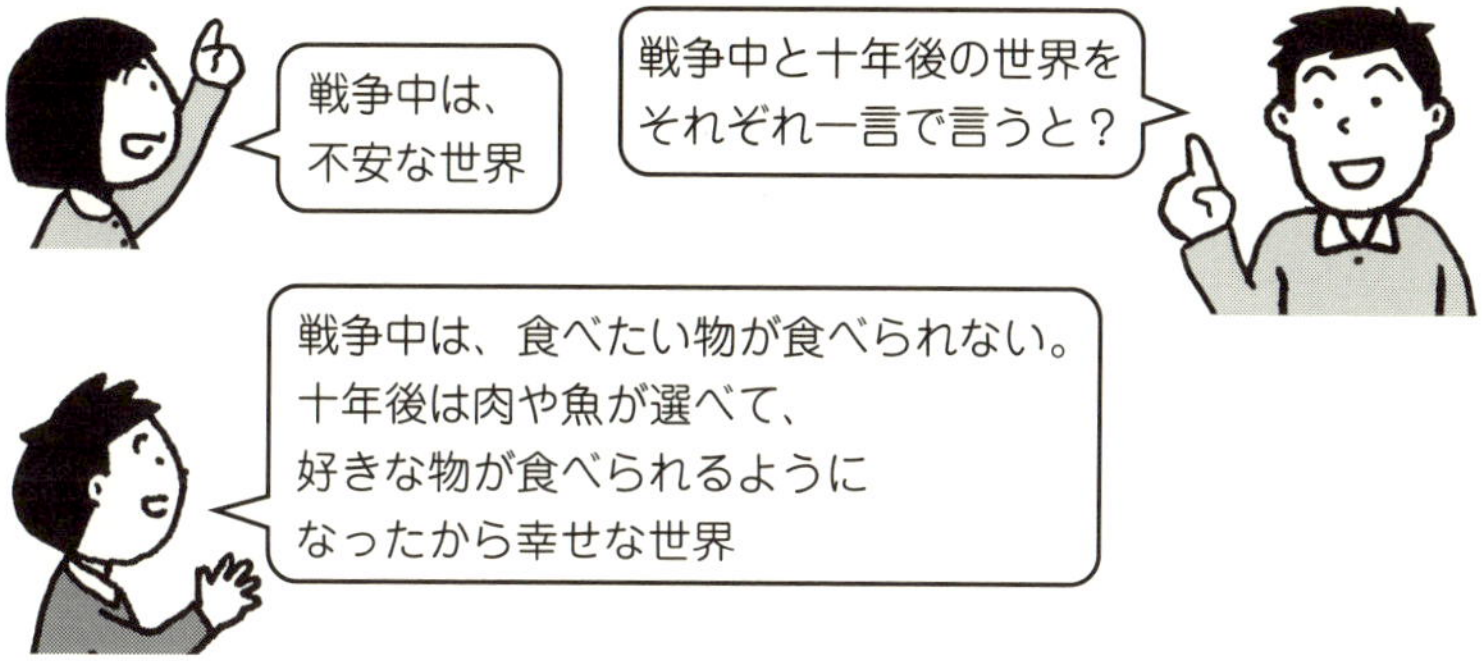
戦争中と十年後の世界を
それぞれ一言で言うと？
戦争中は、
不安な世界
戦争中は、食べたい物が食べられない。
十年後は肉や魚が選べて、
好きな物が食べられるように
なったから幸せな世界

指導の実際—After

カードの分類が終わると、戦争中と戦後の世の中の様子が、一目でわかるようになっています。「戦争中と十年後の世界を、それぞれ一言で言うとどんな世界かな？」と問いかけると、子どもは、ペアになって違いを話し合います。「戦争中の食べ物は〜だったけど、十年後には…になっているね」「だから、苦しみと喜びかな」と、理由を考えます。戦時中と戦後のゆみ子と家族の姿、そしてその変化をとらえるのです。

　このように、物語の場面の様子をつかむために、場面を表す語句カードを分類します。そうすることで、視覚的にも状況の変化がはっきりとわかるようになります。こうして、場面の様子の違いを理解します。

㉜文を分類する

Before
白いぼうし
？ A
ひらひら高く まい上がると、なみ木の緑の 向こうに 見えなくなって しまいました。
？ B
ちょこんと 後ろのシートに すわっています。
「四角い建物…」
…せかせかと 言いました。
「菜の花横丁…」
ア 松井さんには、聞こえてきました。「よかったね。」「よかったよ。」
イ 「早く、おじちゃん。…」
アとイは、それぞれちょうと女の子のどっちかな？
アはちょうたちが会話しているところ！
イは松井さんと話しているところだから、女の子だよ

【作品の設定】（ファンタジー）

使うシーン▼第二次中盤

本教材では、ちょうが女の子となって中心人物松井さんの前に現れます。ちょうと女の子の言動を分類する活動を通して、ファンタジーの中で女の子とちょうが同一人物であることに気づかせます。

指導の実際―Before

AとBに分けた表に、五枚のセンテンスカードを置いた後、アとイを提示します。「どちらがちょうで、どちらが女の子でしょう？」とクイズを出します。

「アは、ちょうたちのところへ戻ったところだね」「イは松井さんと話しているから、女の子だよ」と、正しい場所にカードを置きます。

After

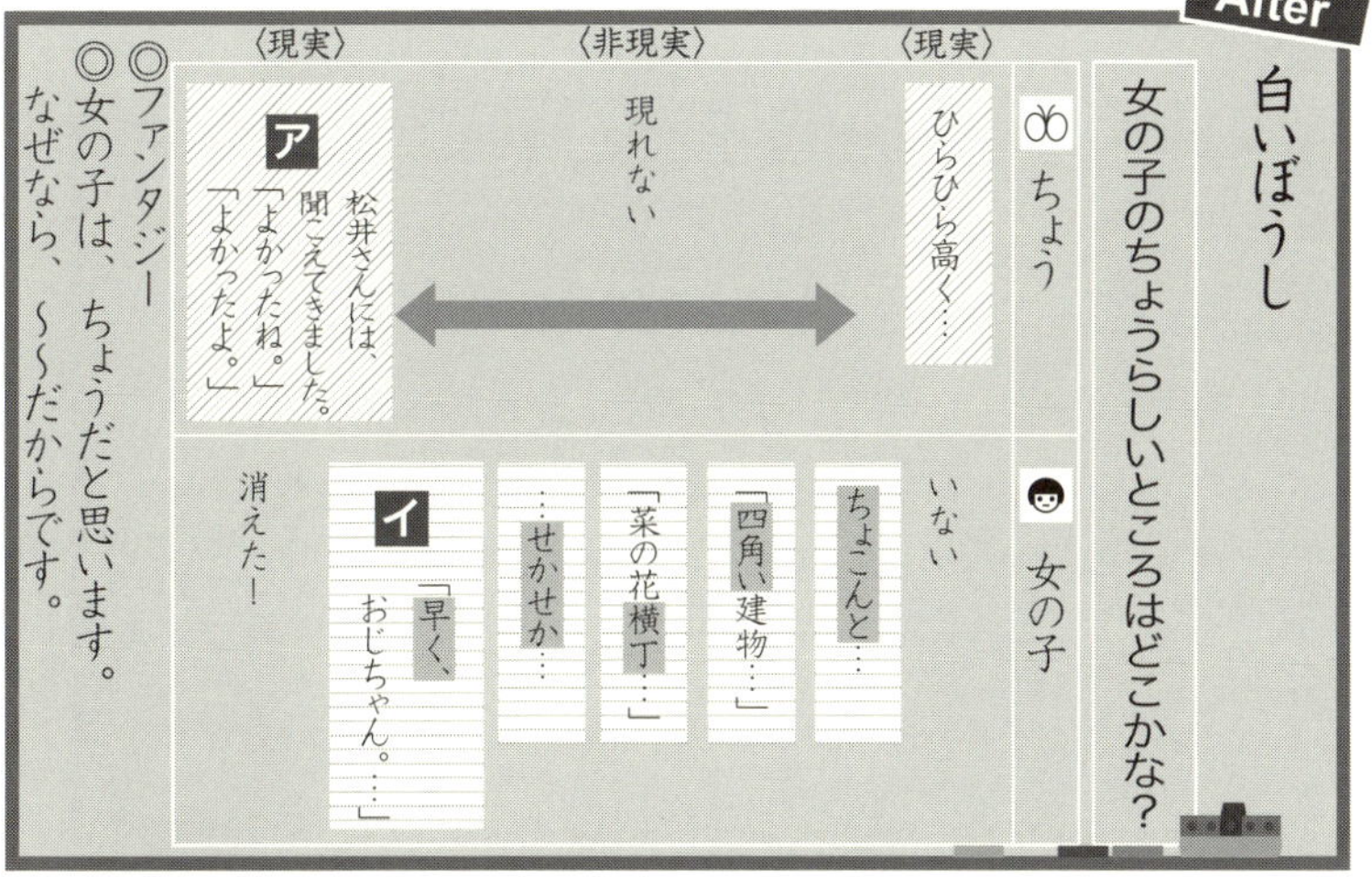
白いぼうし
女の子のちょうらしいところはどこかな？
〈現実〉
〈非現実〉
〈現実〉
ちょう
ひらひら高く…
現れない
ア
松井さんには、聞こえてきました。「よかったね。」「よかったよ。」
女の子
いない
ちょこんと…
「四角い建物…」
「菜の花横丁…」
…せかせか…
イ
「早く、おじちゃん。…」
消えた！
◎ファンタジー
◎女の子は、ちょうだと思います。なぜなら、～～だからです。

教材名「白いぼうし」（光村図書四年上）

女の子のちょうらしいところを探そう！
「ちょこんと」は小さくてかわいらしい様子！
ふつう、建物のことを「四角い」とは言わないよね。ちょうだから、そう見えた!?

指導の実際ーAfter

作業を終えて全体で確認したら、「ところで、女の子ってちょうなのかな？　女の子のちょうらしいところを表から探してみよう！」と言います。

子どもは、女の子のカードの中から、ちょうらしい表現を探していきます。

- 「四角い建物」…ちょうから見た世界
- 「菜の花横丁」…本当は菜の花橋という名
- 「せかせかと」「早く」…男の子に見つかりたくないから焦っている様子

ペアで話し合ったことを全体で共有します。このとき、女の子とちょうが重なって出ていないことや、現実と非現実が視覚的にわかるようにセンテンスカードを整理して、女の子がちょうであることやファンタジーの用語をノートにまとめます。

このように、カードを分類する活動を通してファンタジーの人物の重なりを理解することが、作品の読み深まりやファンタジーのおもしろさの理解につながっていきます。

㉝文を分類する

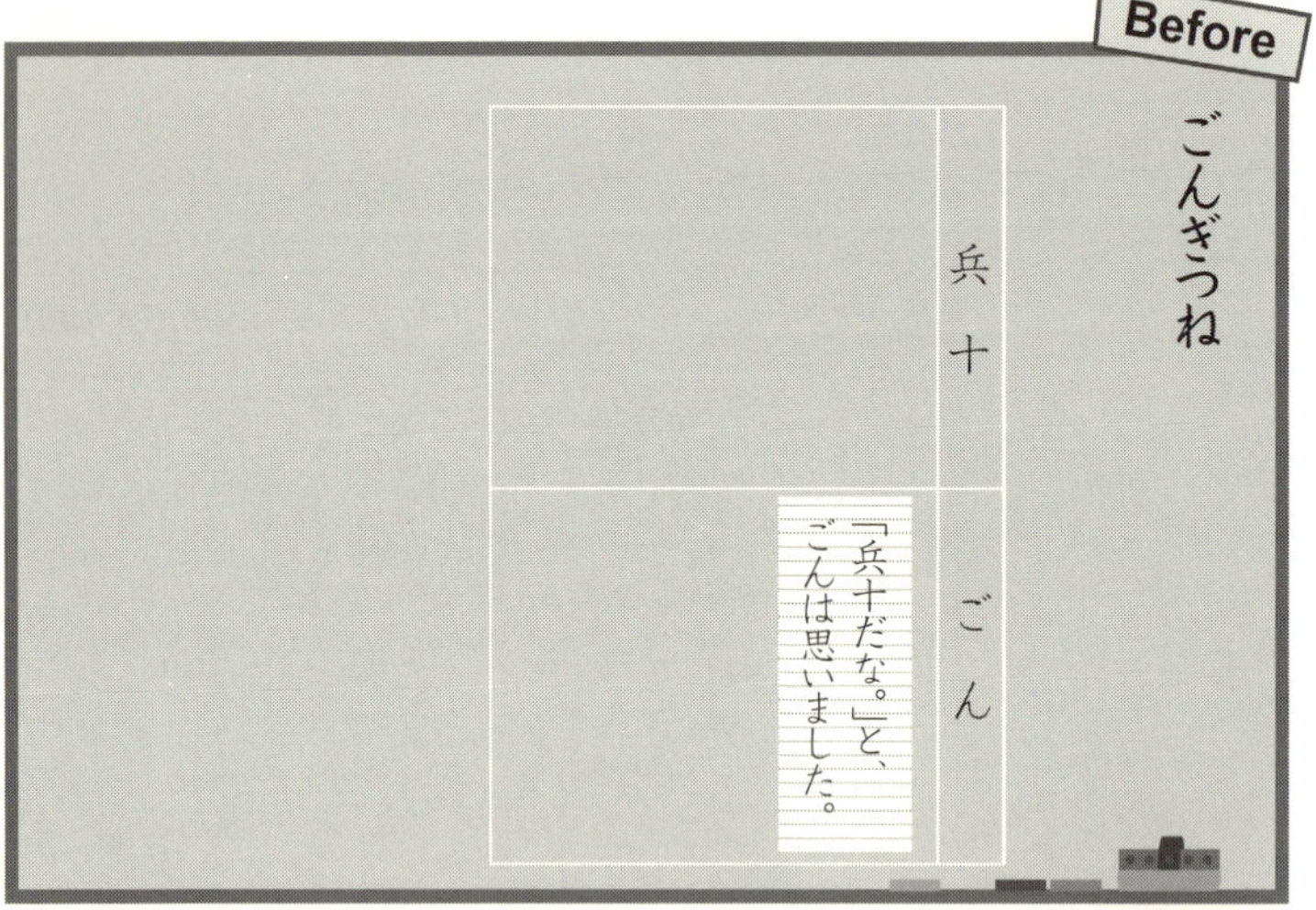
Before
ごんぎつね
兵十
ごん
「兵十だな。」と、ごんは思いました。

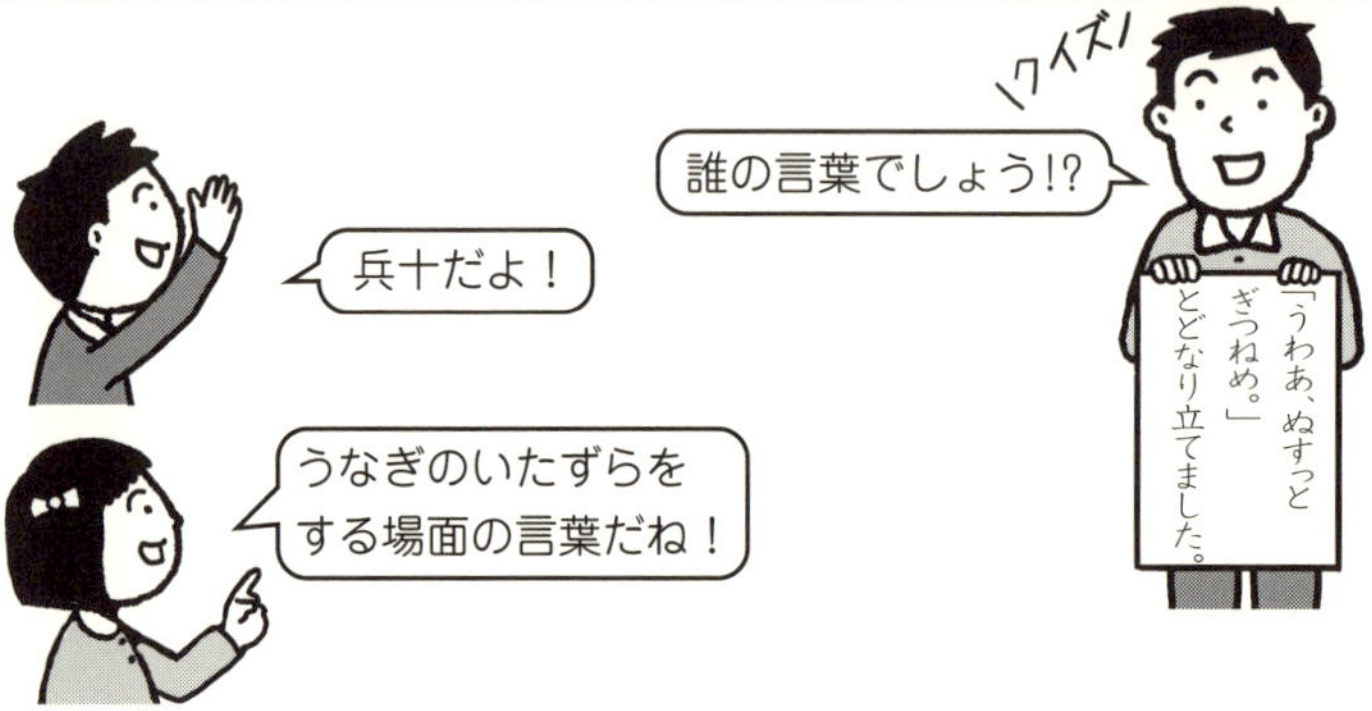
クイズ！
誰の言葉でしょう!?
「うわあ、ぬすっとぎつねめ。」とどなり立てました。
兵十だよ！
うなぎのいたずらをする場面の言葉だね！

【表現技法】（心内語・会話文）
使うシーン▼第二次後半

本教材は、中心人物ごんの思いが心内語で語られています。センテンスカードを分類する活動を通して、心内語と会話文の違いと効果を理解します。

指導の実際―Before

センテンスカードを提示し、誰の言葉クイズをします。子どもは、カードをごんか兵十に分けていきます。

カードを並べ終えたら、「ごんの言葉と兵十の言葉の書かれ方で、違うところはどこかな？」と問います。「兵十の言葉は、かぎのあと、行がかわっている」「ごんは、かぎのあとに文が続いている」などの意見が出るでしょう。

ここで、会話文と心内語（地の文）を振り返り、違いをおさえます。

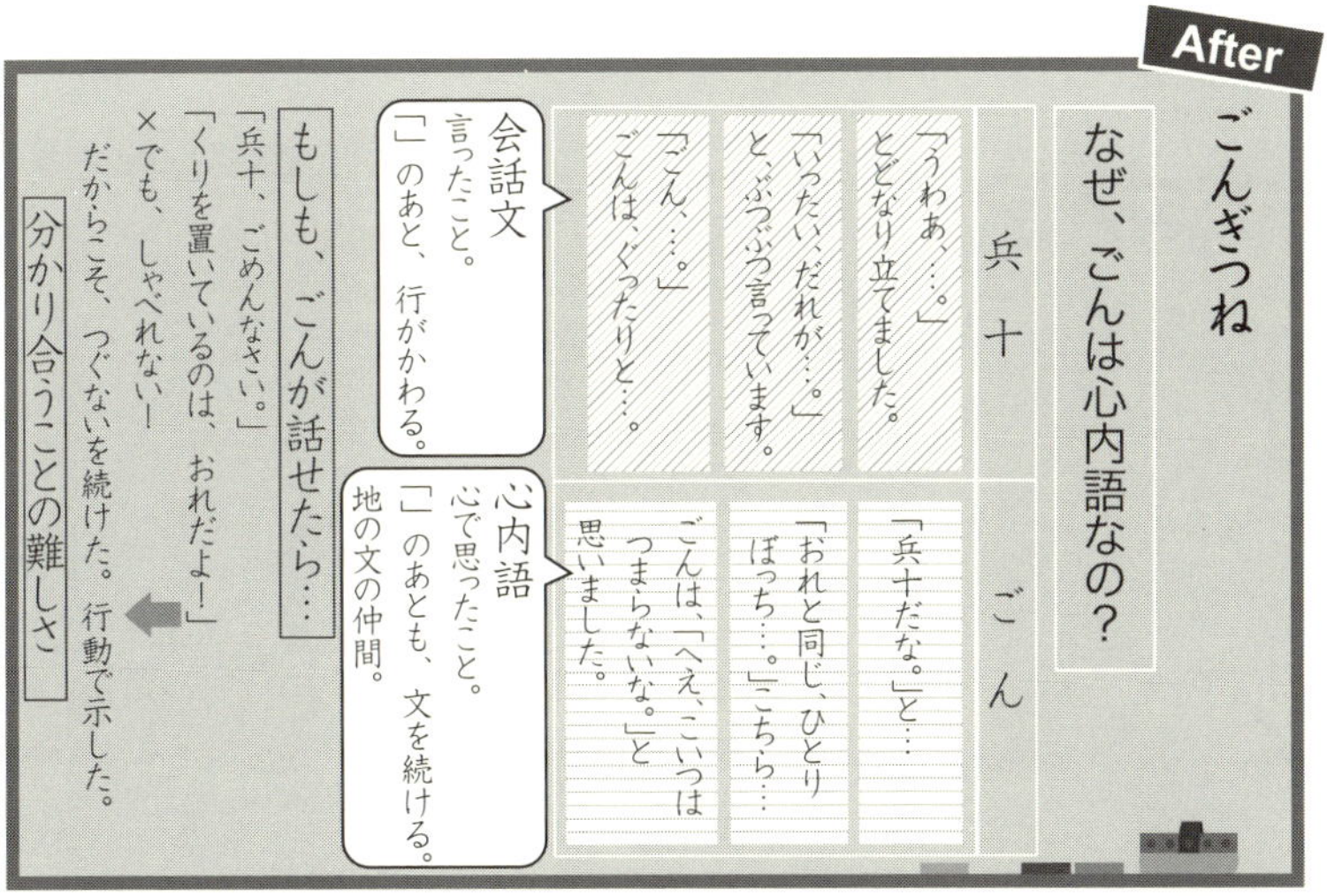
After
ごんぎつね
なぜ、ごんは心内語なの？
兵十
「うわあ…。」とどなり立てました。
「いったい、だれが…。」と、ぶつぶつ言っています。
「ごん、…。」ごんは、ぐったりと…。
ごん
「兵十だな。」と…
「おれと同じ、ひとりぼっち…。」こちら…
ごんは、「へえ、こいつはつまらないな。」と思いました。
会話文
言ったこと。
「」のあと、行がかわる。
心内語
心で思ったこと。
「」のあとも、文を続ける。
地の文の仲間。
もしも、ごんが話せたら…
「兵十、ごめんなさい。」
「くりを置いているのは、おれだよ！」
×でも、しゃべれない！
だからこそ、つぐないを続けた。行動で示した。
分かり合うことの難しさ

教材名「ごんぎつね」（光村図書四年下）

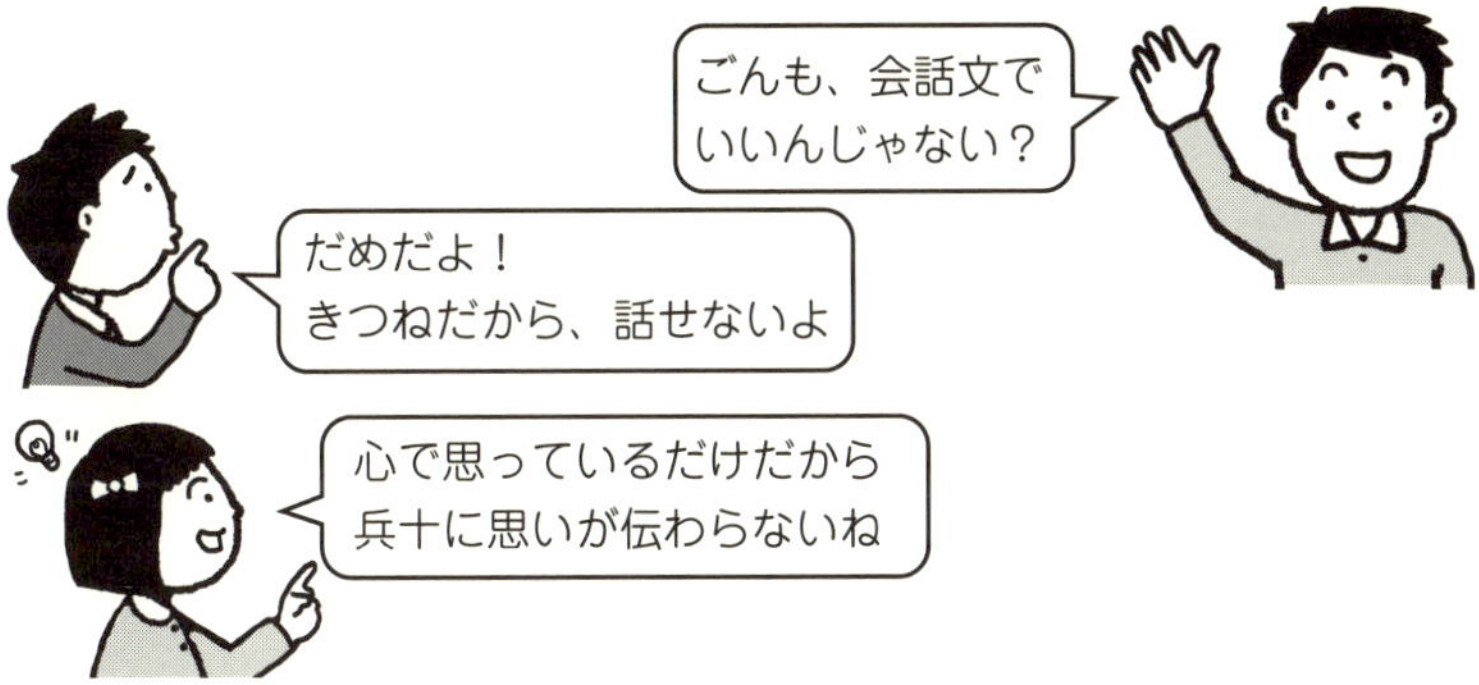
ごんも、会話文でいいんじゃない？
だめだよ！きつねだから、話せないよ
心で思っているだけだから兵十に思いが伝わらないね

指導の実際―After

「ごんも会話文でいいんじゃない？」と発問します。すると、子どもは、「きつねだからしゃべれないよ」「心で思っているから心内語がいいよ」と反対するでしょう。

そこで、「もしも、ごんがしゃべれたら、兵十に何と言うだろう？」と問い、ペアでごん役と兵十役に分かれて話します。「ねえ、兵十、うなぎのこと、ごめんね」「毎日くりを置いているのは、俺なんだよ」。いくつかのペアに前に出て発表してもらいます。

子どもの発表から、「ごんは伝えたいことがあるが、話すことができない。だからこそ、思いを行動に替えて、つぐないを続けた」ことを確認します。そして、話すことができないために、兵十とわかり合うことが難しかったことをとらえさせます。

このように、センテンスカードを分類する活動を通して、心内語と会話文の違いや効果を理解しながら、主題にふれることができます。

㉞中心人物の変化を図解する

Before
オ
エ
ウ
イ
ア
スイミー
スイミーのお話は、こんなお話だったね！
先生、順序がバラバラだよー！
まぐろをやっつけたのが一番最後だよ！

【中心人物の変化】（気持ちの変化）

使うシーン▼第二次後半

本教材は、はじめとおわりの中心人物の気持ちの変化が明確です。二年生の子どもたちが理解しやすいように、挿絵を活用し、視覚的な理解をうながします。

指導の実際―Before

「挿絵がバラバラだ！　正しく並べ替えられるかな？」と投げかけます。「はじめの挿絵は、スイミーが兄弟たちと一緒にいる場面だから、エだね」「おわりは、みんなで大きな魚を追い出すから、イだよ」。子どもが話し始め、順序を説明しながら、全体で物語の流れを確認します。

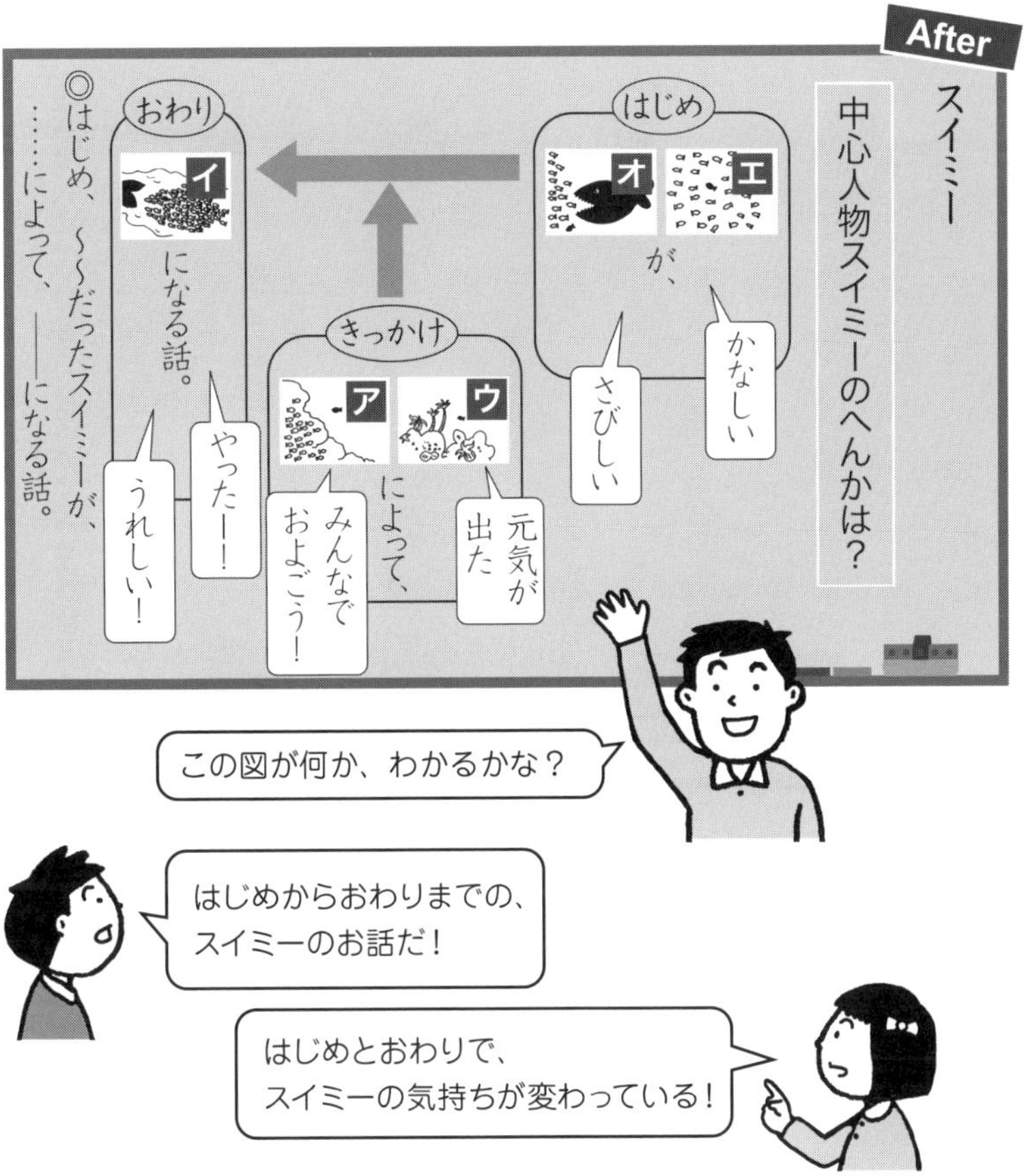
After
スイミー
中心人物スイミーのへんかは？
はじめ
エ
オ
が、
かなしい
さびしい
きっかけ
ウ
ア
によって、
元気が出た
みんなでおよごう！
おわり
イ
になる話。
やったー！
うれしい！
◎はじめ、～～だったスイミーが、
……によって、――になる話。
この図が何か、わかるかな？
はじめからおわりまでの、スイミーのお話だ！
はじめとおわりで、スイミーの気持ちが変わっている！

教材名「スイミー」（光村図書二年上）

指導の実際ーAfter

「この図の意味がわかるかな？」と言いながら、並べ替えた挿絵を、「はじめ」「きっかけ」「おわり」に分け、矢印を引きます。さらに、はじめは青（悲しさ）、きっかけは黄色、おわりは赤（うれしさ）のチョークで色別に囲みます。「はじめこうだったスイミーが、最後こうなる話だよ」と指さしながら示します。

「はじめのスイミーの気持ちはどうだったかな？」と問い、叙述に沿いながら、三つの部分の気持ちを確認していきます。

最後に、「はじめ、～～だったスイミーが、……によって、――になる話」と一文でまとめたら、ペアで伝え合います。

「中心人物の変化」というフレームで作品をとらえることで、作品の構造が鮮明になるだけでなく、他の作品を読むことに活用することができます。

㉟因果関係を図解する

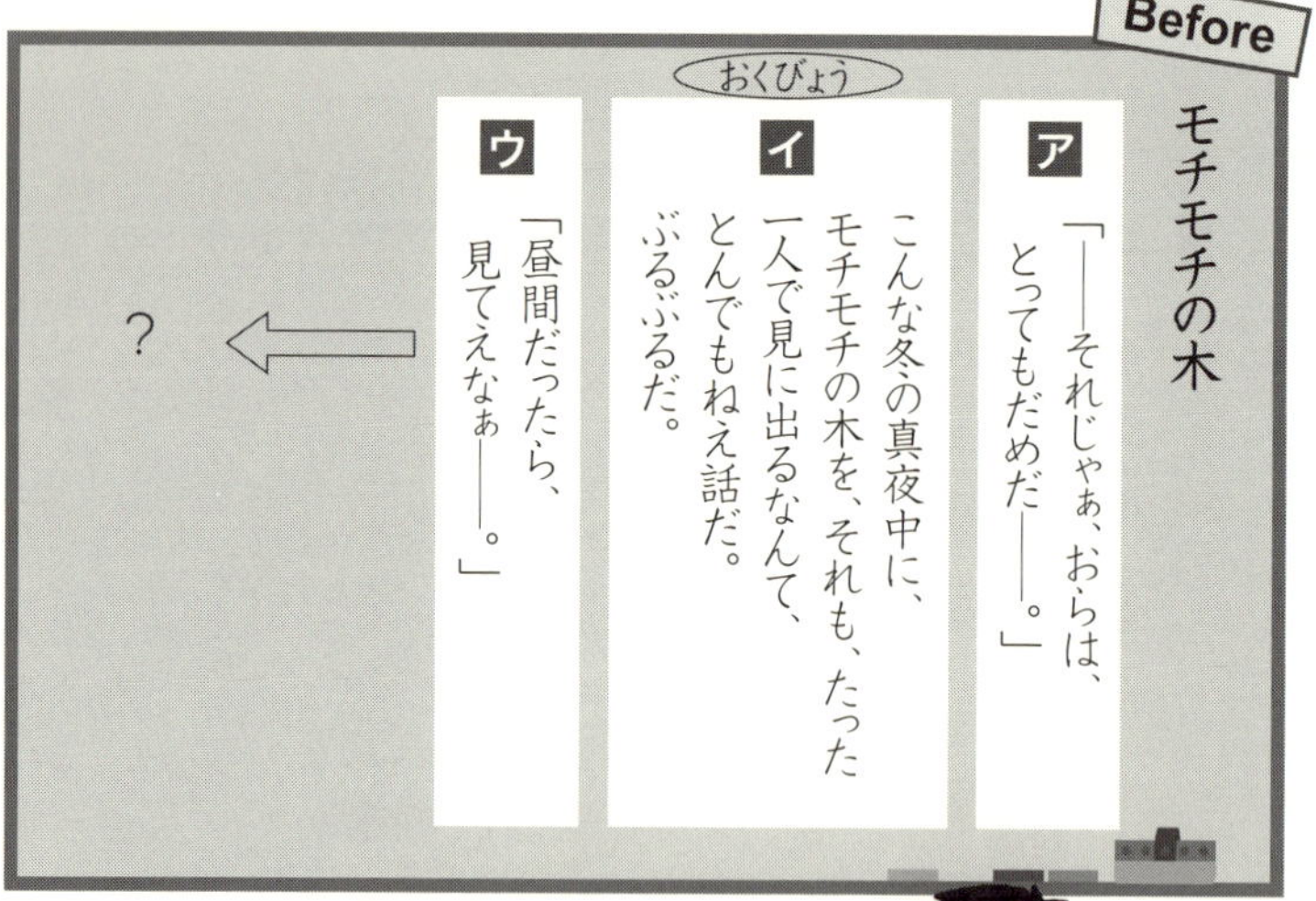
Before
モチモチの木
ア
「――それじゃぁ、おらは、とってもだめだ――。」
おくびょう
イ
こんな冬の真夜中に、モチモチの木を、それも、たった一人で見に出るなんて、とんでもねえ話だ。ぶるぶるだ。
ウ
「昼間だったら、見てえなぁ――。」
？

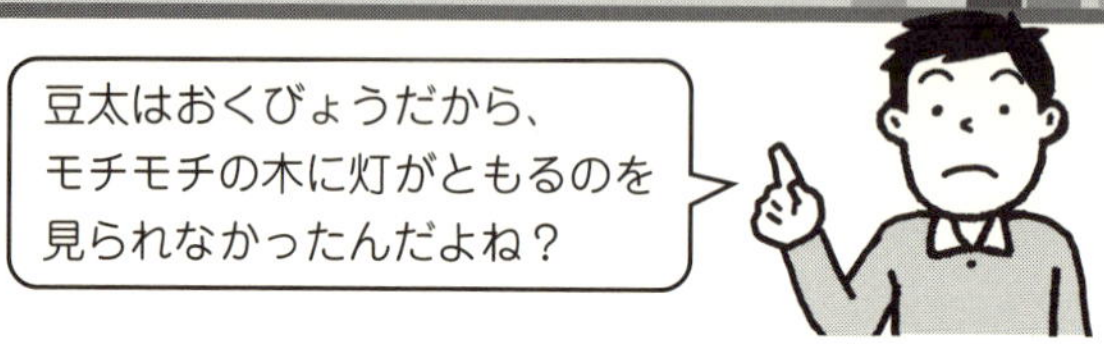
豆太はおくびょうだから、モチモチの木に灯がともるのを見られなかったんだよね？

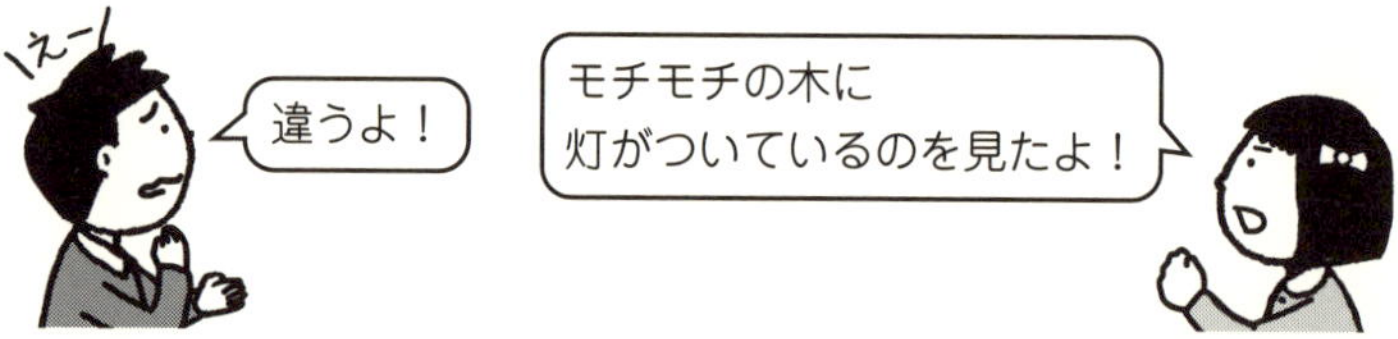
モチモチの木に灯がついているのを見たよ！
違うよ！
えー

【中心人物の変化】（きっかけ）

使うシーン▼第二次後半

本教材では、モチモチの木の見え方の変化で中心人物（豆太）の気持ちの変化をとらえることができます。豆太の会話文や地の文を図解しながら、灯が見えた理由をつかんでいきます。

指導の実際―Before

まず、ア～ウのセンテンスカードを提示し、「豆太って結局、モチモチの木に灯がともるのを見られなかったんだよね？」と問います。すると、子どもから「えー、違うよ」「豆太はモチモチの木に灯がともるのを見たよ」などの声が上がります。

そこで、「豆太のどの言葉からわかるのかな？」と問いかけます。「モチモチの木に灯がついている」という言葉が出たら矢印を引き、エのセンテンスカードを貼ります。

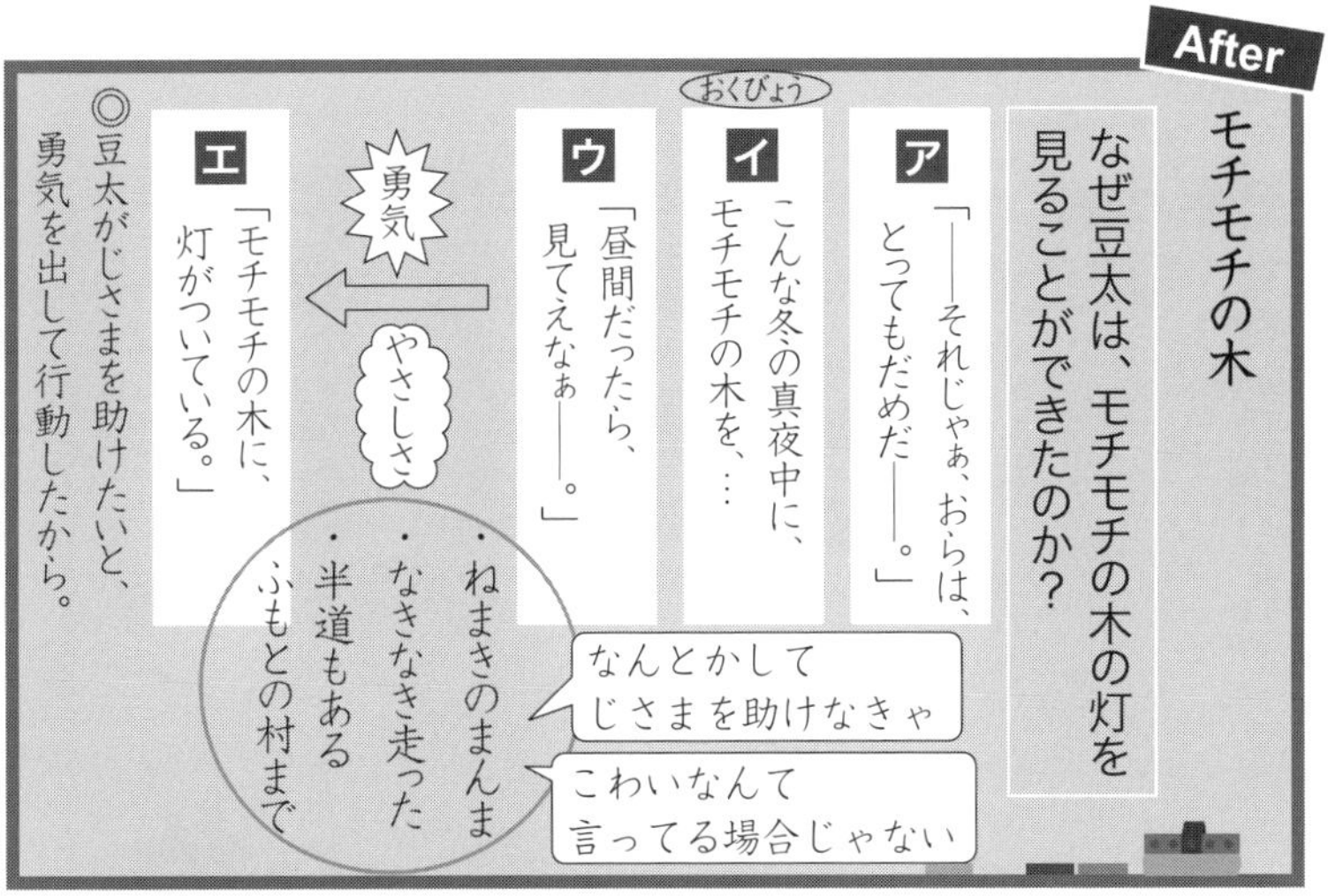
After
モチモチの木
なぜ豆太は、モチモチの木の灯を見ることができたのか？
ア
「――それじゃぁ、おらは、とってもだめだ――。」
おくびょう
イ
こんな冬の真夜中に、モチモチの木を、…
ウ
「昼間だったら、見てえなぁ――。」
勇気
やさしさ
エ
「モチモチの木に、灯がついている。」
◎豆太がじさまを助けたいと、勇気を出して行動したから。
・ねまきのまんま
・なきなき走った
・半道もある ふもとの村まで
なんとかして じさまを助けなきゃ
こわいなんて 言ってる場合じゃない

教材名「モチモチの木」（光村図書三年下）

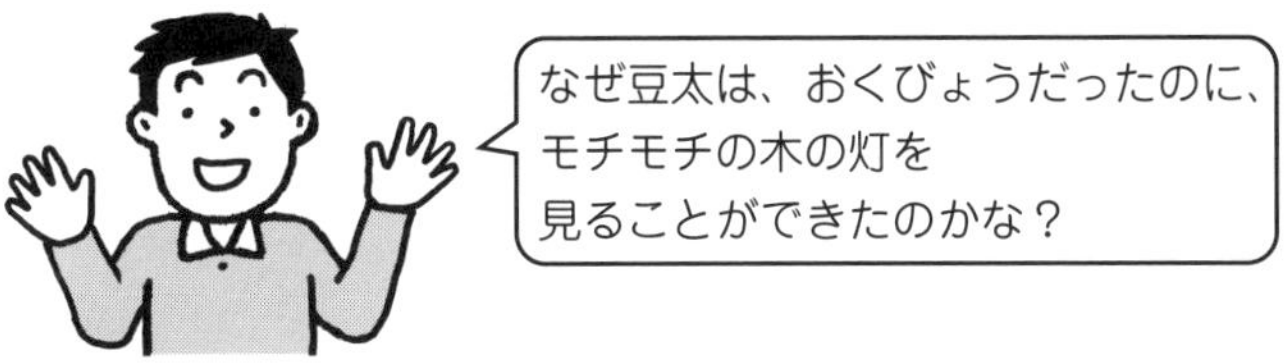
なぜ豆太は、おくびょうだったのに、モチモチの木の灯を見ることができたのかな？

じさまを助けたくて勇気が出たんだ！

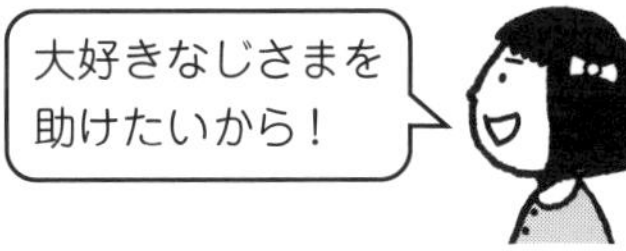
大好きなじさまを助けたいから！

指導の実際―After

次に、「どうやったらモチモチの木の灯が見えるのかな？」と発問すると、子どもは「勇気を出したら見られるとじさまが言っていたよ」と答えます。そこで、「なぜ豆太は、おくびょうだったのに、モチモチの木の灯を見ることができたのかな？」と問いかけます。「大好きなじさまを助けるために、夜中に一人でお医者さまを呼びに行ったやさしい気持ちがあったから」「じさまを助けたくて勇気が出たんだ！」。

さらに、「豆太は頑張ったの？」と問いかけ、「できなかったことをやろうとするのは勇気だよ」「じさまを助けたいというやさしさがあるから痛くても怖くても頑張れた」などの理由を引き出します。

このような豆太のじさまを助けようとした行動が「頑張り以上の勇気」を出せたことであり、だからこそ灯がついたようなモチモチの木を見ることができたのだと確認します。

㊱心情グラフを図解する

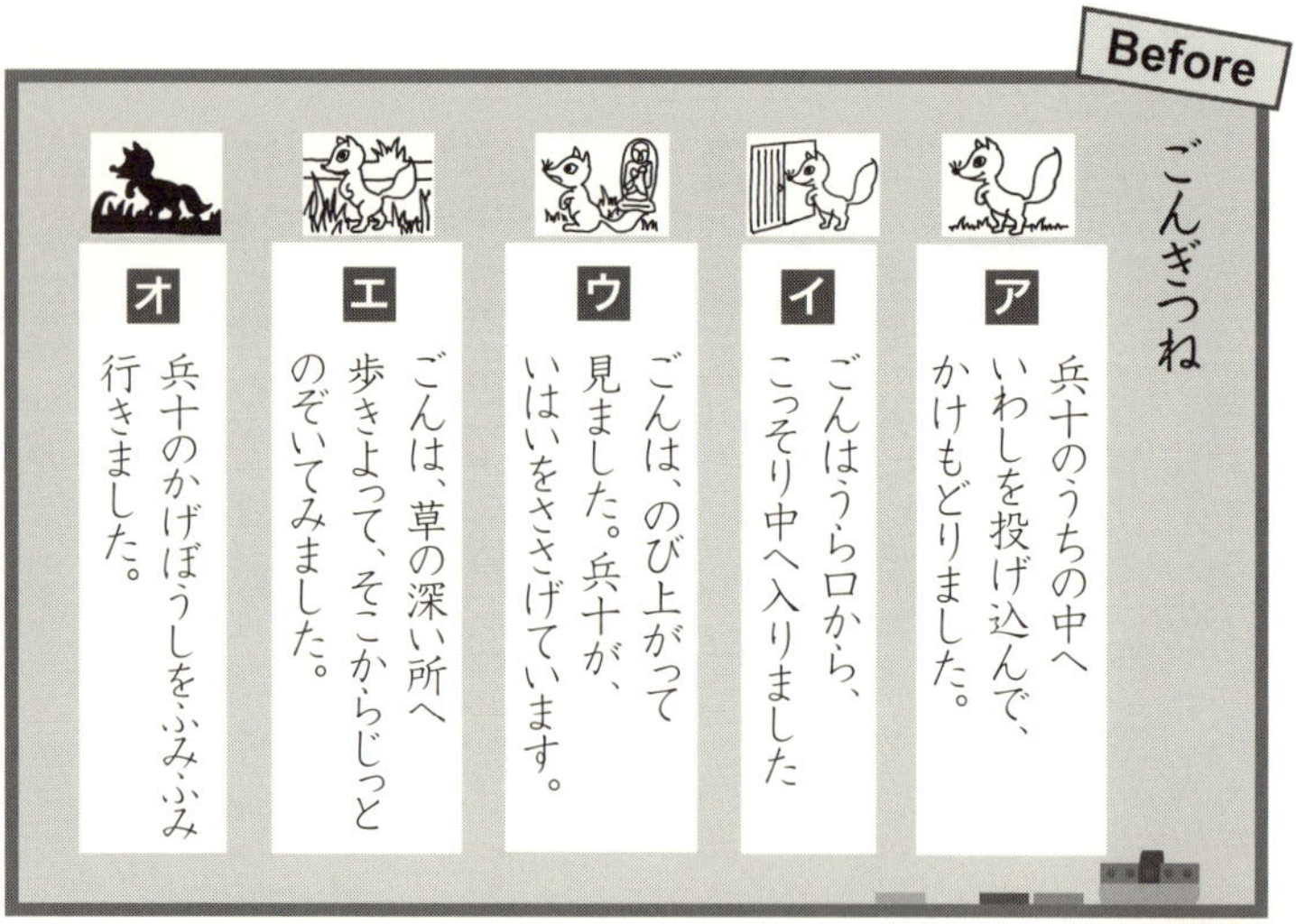
Before
ごんぎつね
ア 兵十のうちの中へいわしを投げ込んで、かけもどりました。
イ ごんはうら口から、こっそり中へ入りました
ウ ごんは、のび上がって見ました。兵十が、いはいをささげています。
エ ごんは、草の深い所へ歩きよって、そこからじっとのぞいてみました。
オ 兵十のかげぼうしをふみふみ行きました。

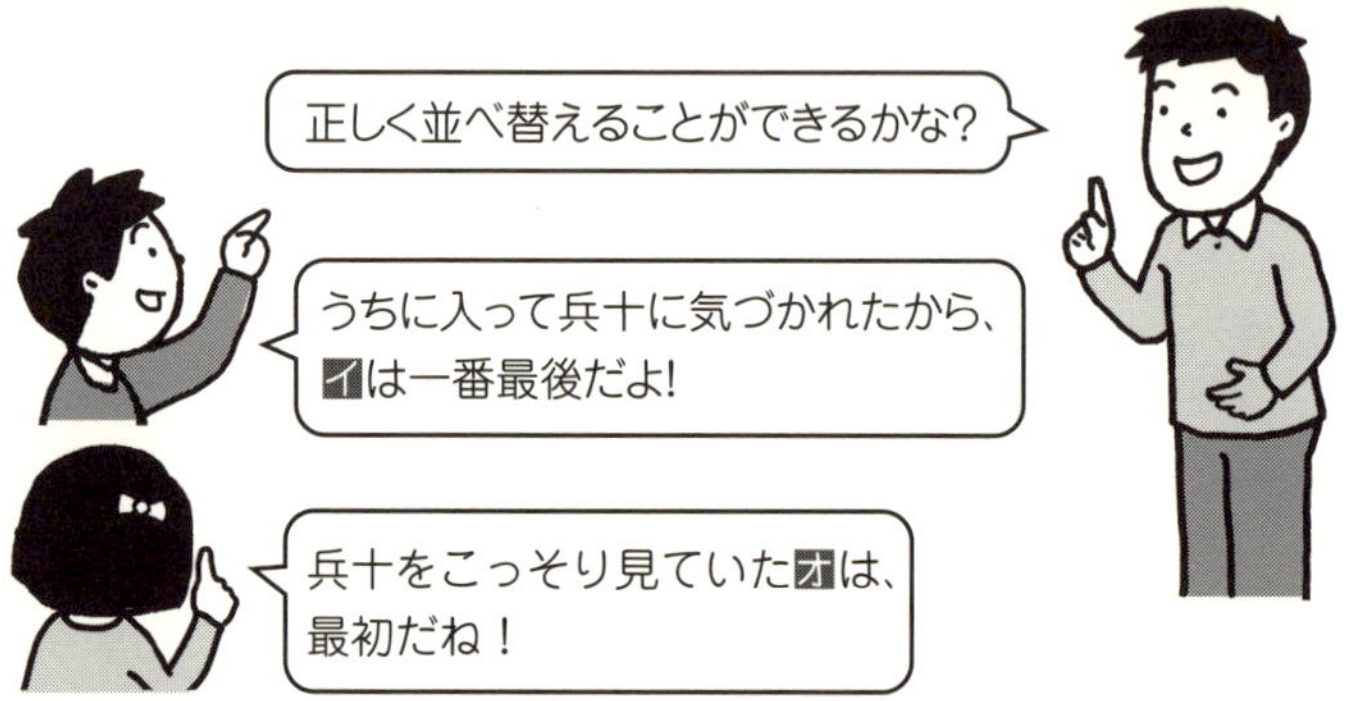
正しく並べ替えることができるかな？
うちに入って兵十に気づかれたから、イは一番最後だよ!
兵十をこっそり見ていたオは、最初だね！

【中心人物の変化】（登場人物の関係の変化）

使うシーン▼第二次後半

ごんがつぐないを重ねるごとに、兵十との実際の距離が近づいていくことは、二人の心の距離も近づいているといえます。ごんの兵十に対する心情の変化を、叙述に着目させ、挿絵を効果的に用いることで読み取っていきます。

指導の実際―Before

「正しく並べ替えることができるかな？」と言って、順序がバラバラになったセンテンスカードを提示します。

子どもは、ごんの挿絵をヒントにしながら、叙述に着目し、正しい順序に並べ替えます。半数のペアが話し合いを終えたら、どの言葉に着目するとよいかヒントを教え、全員が答えにたどり着くようにします。

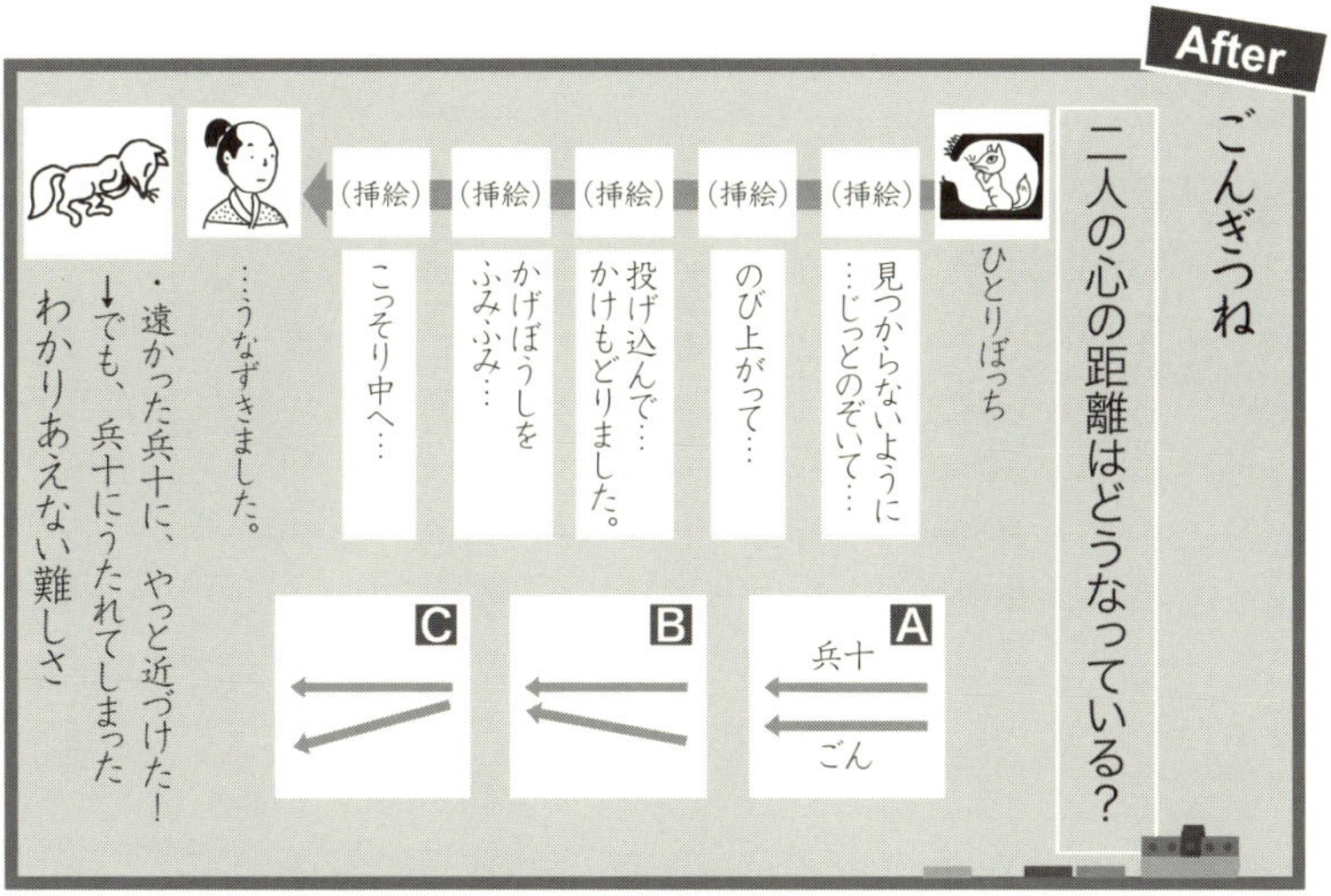
After
ごんぎつね
二人の心の距離はどうなっている？
ひとりぼっち
見つからないように…じっとのぞいて…
のび上がって…
投げ込んで…かけもどりました。
かげぼうしをふみふみ…
こっそり中へ…
（挿絵）
（挿絵）
（挿絵）
（挿絵）
（挿絵）
…うなずきました。
・遠かった兵十に、やっと近づけた！
↓でも、兵十にうたれてしまった
わかりあえない難しさ
A
兵十
ごん
B
C

教材名「ごんぎつね」（光村図書四年下）

２人の距離は近づいているね。心はどうなっているかな？
ごんはどんどん兵十のことを思うようになったからB。心も近づいた！
Cは離れてしまっているよ

指導の実際—After

並べ替えたセンテンスカードをはさむようにして、ごんと兵十の挿絵を置きます。「これは、二人の距離を表しているんだよ」と言って、全員で一文ずつ読み上げます。兵十役とごん役の子どもが動作化し、実際に距離が近づいていく様子を視覚化すると、より理解しやすくなるでしょう。

さらに「心の距離はどうなっているかな？」と三つのグラフを示します。ごんの兵十への思いを読み取り、心も兵十に近づいていることを話し合います。

最後に、結末の場面の挿絵を提示します。「やっと出会えたのに、死んでしまった」「兵十にわかってもらえた途端に死ぬなんて、かわいそう」と、物語の悲劇性を感じ取ることができます。

このように、心情を図解することで、登場人物の心情の変化や関係をつかみ、物語の主題に迫ることができます。

㊲人物関係を図解する

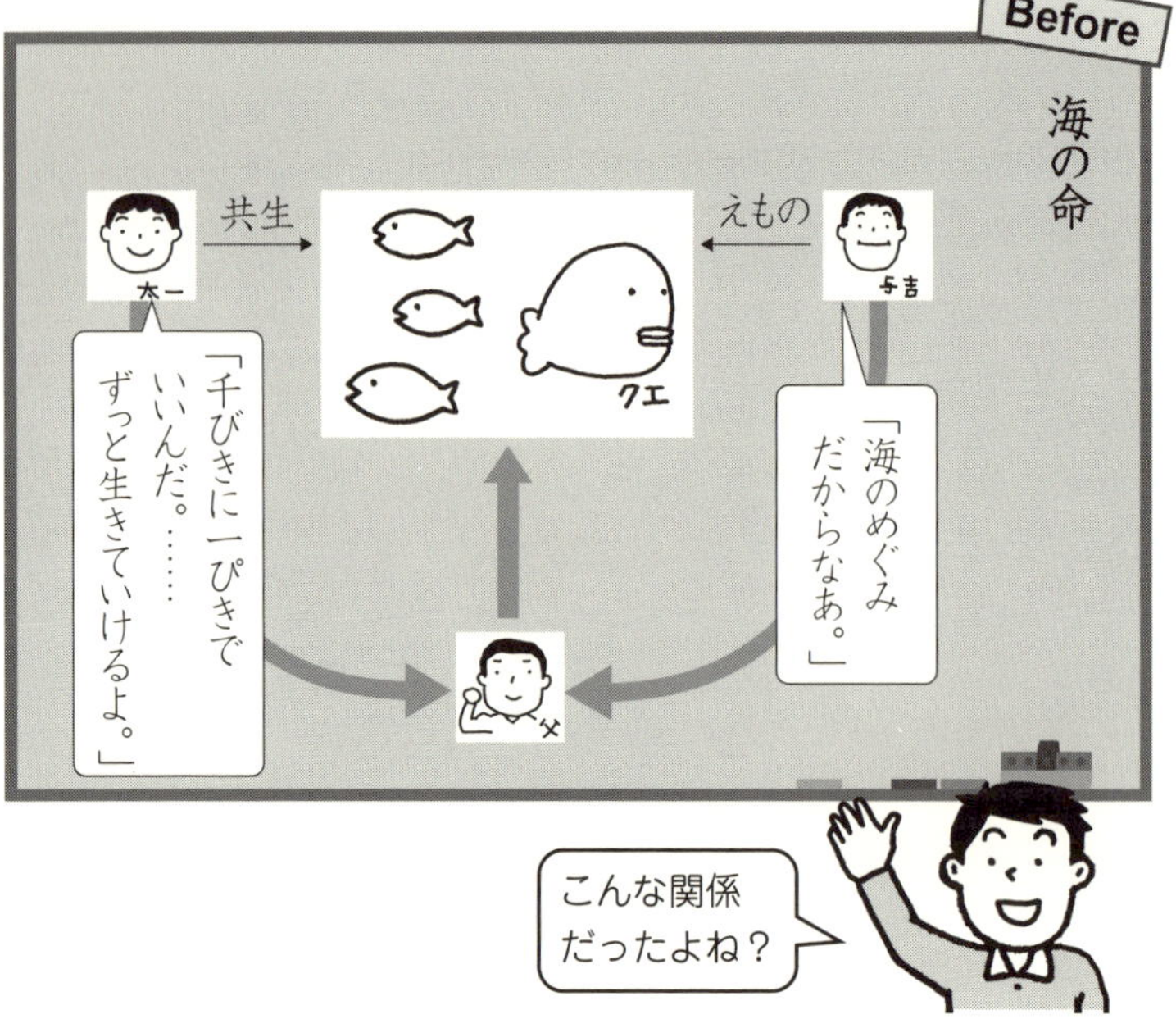
Before
海の命
共生
えもの
太一
与吉
クエ
父
「千びきに一ぴきでいいんだ。……ずっと生きていけるよ。」
「海のめぐみだからなあ。」
こんな関係だったよね？

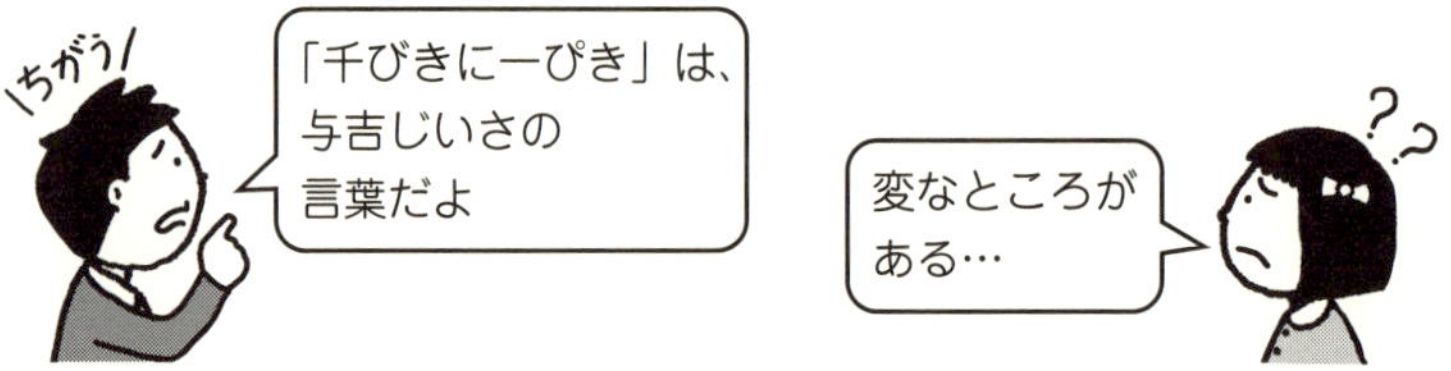
ちがう
「千びきに一ぴき」は、与吉じいさの言葉だよ
変なところがある…

【作品の設定】（登場人物の関係）

使うシーン▼第二次前半

本教材では、二人の登場人物の生き方や考え方が中心人物の成長に大きな影響を与えています。それぞれの登場人物の生き方（言葉や行動）を図解し、視覚的に示すことで、中心人物との関係を整理することができます。

指導の実際―Before

あえて間違った人物の関係図を提示し、「こんな関係だったよね」と尋ねます。子どもは、「変なところがあるよ」「『千びきに一ぴき』は与吉じいさの言葉だよ」「『海のめぐみだからなあ』は、父が言ったんだよ」などと言うでしょう。

教師は「そうか。人物の置き方が違ってるんだね」と言って、話し合わせたあと黒板で整理します。

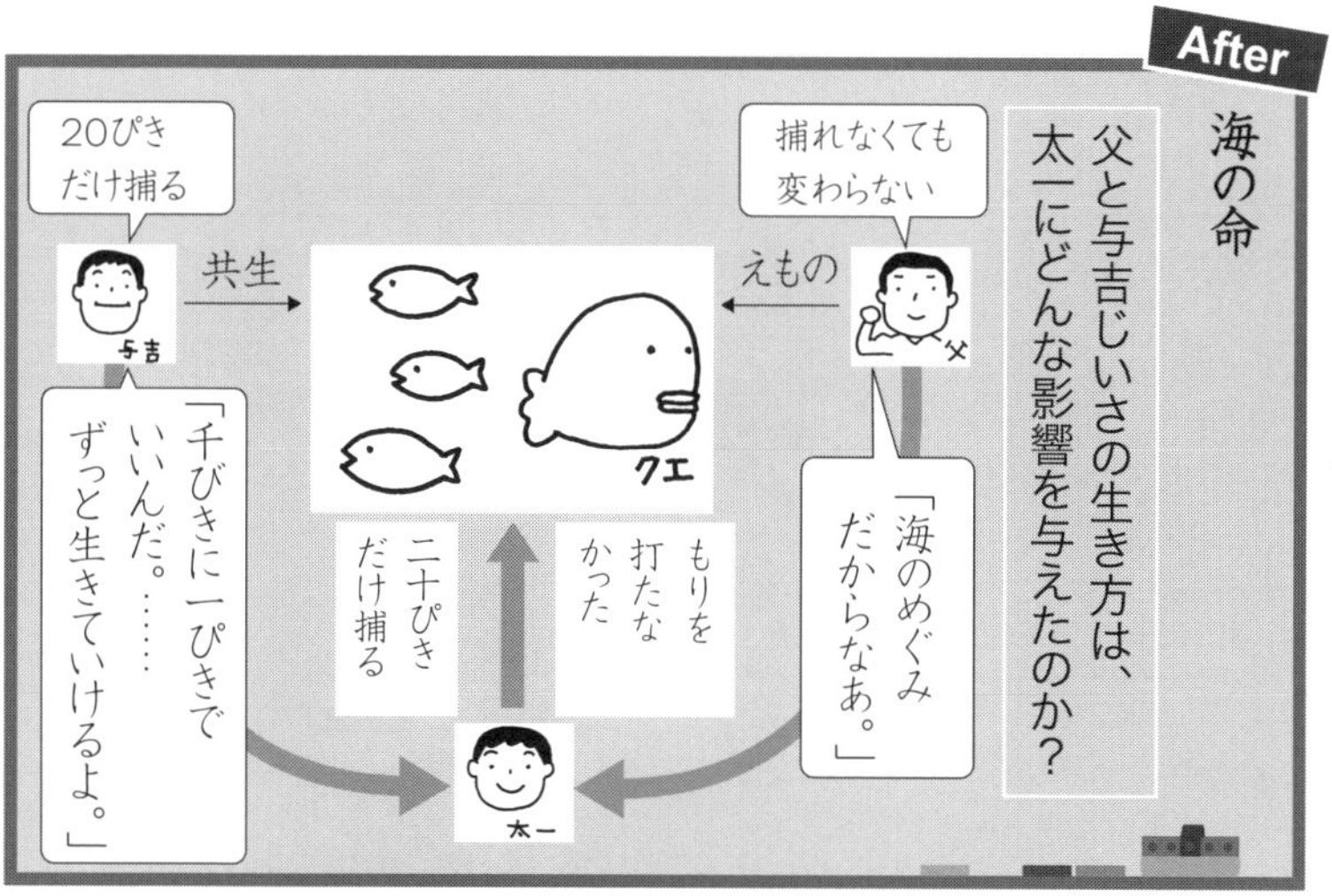
After
海の命
父と与吉じいさの生き方は、太一にどんな影響を与えたのか？
捕れなくても変わらない
えもの
父
「海のめぐみだからなあ。」
20ぴきだけ捕る
共生
与吉
「千びきに一ぴきでいいんだ。……ずっと生きていけるよ。」
クエ
もりを打たなかった
二十ぴきだけ捕る
太一

教材名「海の命」（光村図書六年）

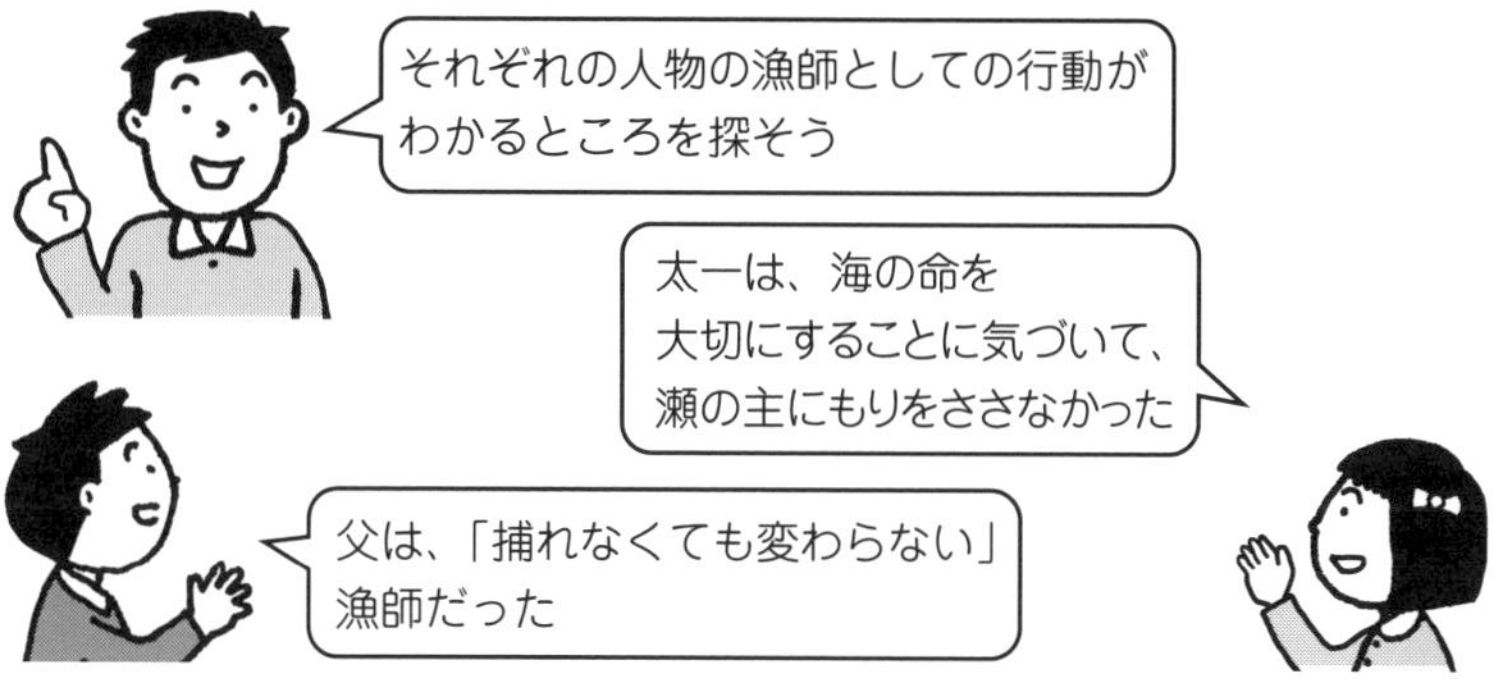
それぞれの人物の漁師としての行動がわかるところを探そう
太一は、海の命を大切にすることに気づいて、瀬の主にもりをささなかった
父は、「捕れなくても変わらない」漁師だった

指導の実際―After

次に、「それぞれの人物の漁師としての行動がわかるところを探そう」と投げかけます。「父は、捕れない日が続いても、変わらない漁師」「与吉じいさは、毎日二十匹だけしか捕らない漁師」など、子どもは本文から手がかりとなる言葉を探します。

父と与吉じいさの生き方を黒板で整理したあと、「父と与吉じいさの生き方（言葉や行動）は、太一にどんな影響を与えたかな？」と問います。「太一は、二十匹だけ捕る漁師になった」「父を破った瀬の主にもりを打たなかった」など、それぞれの生き方が太一の生き方に影響を与えていることを確認します。

人物の関係を図で整理することで、中心人物が登場人物からどのような影響を受けたのかをつかむことができます。このように、人物の関係を図で表すことによって、作品の主題につなげていきます。

㊳挿絵を配置する

Before
雪
ふきのとう
ふきのとう
竹やぶ
はるかぜ
お日さま
↑ちじょう
↓じめん
「竹やぶ」はこっちで…
「お日さま」は…
ふきのとうが
空に浮かんでるって
変だよ！
「お日さま」は、
上だよ～

【作品の設定】（登場人物の位置関係）

使うシーン▼第二次前半

本教材では、それぞれの登場人物の位置関係を叙述から読み取ることができます。バラバラに配置した登場人物のイラストを正しく配置し直す活動を取り入れることで、場所がわかる言葉や動きのわかる言葉に着目させていきます。

指導の実際―Before

登場人物のイラストを、「竹やぶはこっちで、ふきのとうは上……」と言いながら、わざと間違えて置いていきます。すると、子どもは、「なんか変だよ」「お日さまは、上だよ」などとつぶやき始めます。さらに、ヒントとして、それぞれの登場人物の会話文を提示します。そうすることで、配置の間違いに気づき、全員で確認することができます。

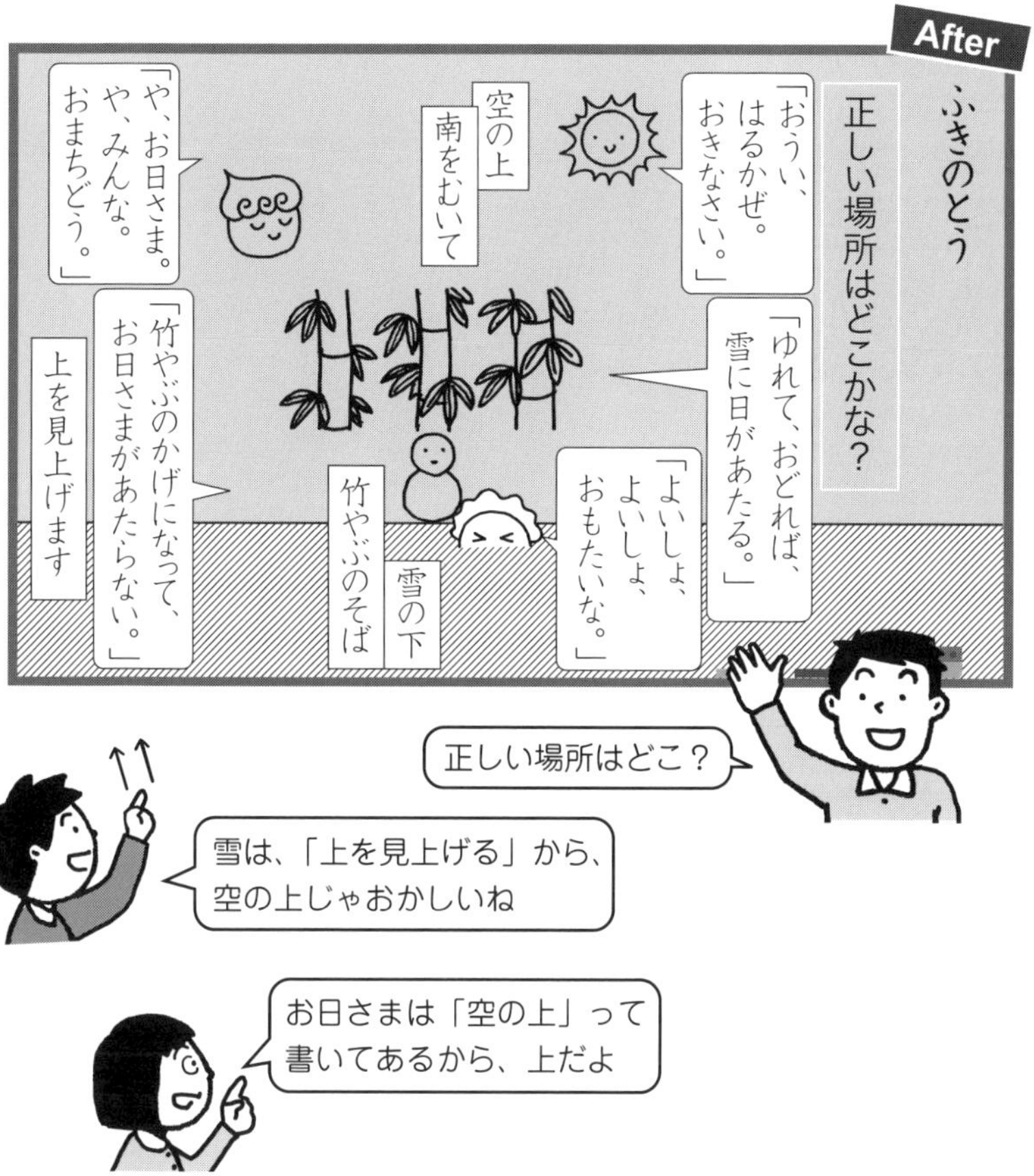
After
ふきのとう
正しい場所はどこかな？
「おうい、はるかぜ。おきなさい。」
空の上
南をむいて
「や、お日さま。や、みんな。おまちどう。」
「ゆれて、おどれば、雪に日があたる。」
「よいしょ、よいしょ、おもたいな。」
竹やぶのそば
雪の下
「竹やぶのかげになって、お日さまがあたらない。」
上を見上げます
正しい場所はどこ？
雪は、「上を見上げる」から、空の上じゃおかしいね
お日さまは「空の上」って書いてあるから、上だよ

教材名「ふきのとう」（光村図書二年上）

指導の実際―After

会話文の内容と場所が一致していないことを確認したあと、正しく配置するために、「本当はどこかな？　手がかりになる言葉を探そう」と投げかけます。場所がわかる言葉をペアで探して、理由を話し合わせます。子どもは、これまでに学習した場面の読み取りをもとに、「竹やぶのそば」「雪の下」「上を見上げます」「空の上で」「南をむいて」など、方向や場所のわかる言葉を本文から探してきます。それを、用意しておいたカードに書いて、それぞれのイラストの隣に貼ります。

配置は、上から、お日さまと春風（空の上）、竹やぶ（の葉）、その下に雪、ふきのとうの順となります。

最後に代表の子どもが、黒板のイラストを配置し直し、全体で確認していきます。

このように、イラストの配置を考えることで、本文の言葉（叙述）に着目し、登場人物の位置関係をつかむことができます。

㊴挿絵・文を配置する

Before
黄色いバケツ
月
火
水
木
絵
きつねの子が何をした
黄色いバケツを見つけた。
何べんとなく、丸木ばしのたもとへ行った。
魚をつるまねをした。
何日間のお話かな？カレンダーを作ってみよう！
かさをさしてバケツを見に行った。
名前を書くまねをした。
きてみると、バケツはなくなっていた。
水をくみ、根もとにかけた。
バケツがとんでいくゆめを見た。

【作品の設定】（時・登場人物・事件）

使うシーン▼第二次前半

本教材は、八日間の出来事が書かれている、二年生にとっては少し長めのお話です。曜日ごとに、挿絵と「何をした」カードを当てはめていくことで、長い文章でも作品の設定をつかむことができます。

指導の実際―Before

「黄色いバケツは何日間のお話かな？」と問います。実際は、月曜日から次の月曜日までの八日間のお話ですが、一週間だと勘違いしてしまう子どもも少なくありません。作品の全体をつかむために、「お話カレンダーを作ろう！」と、挿絵と文がセットになったカードを曜日ごとに当てはめていきます。

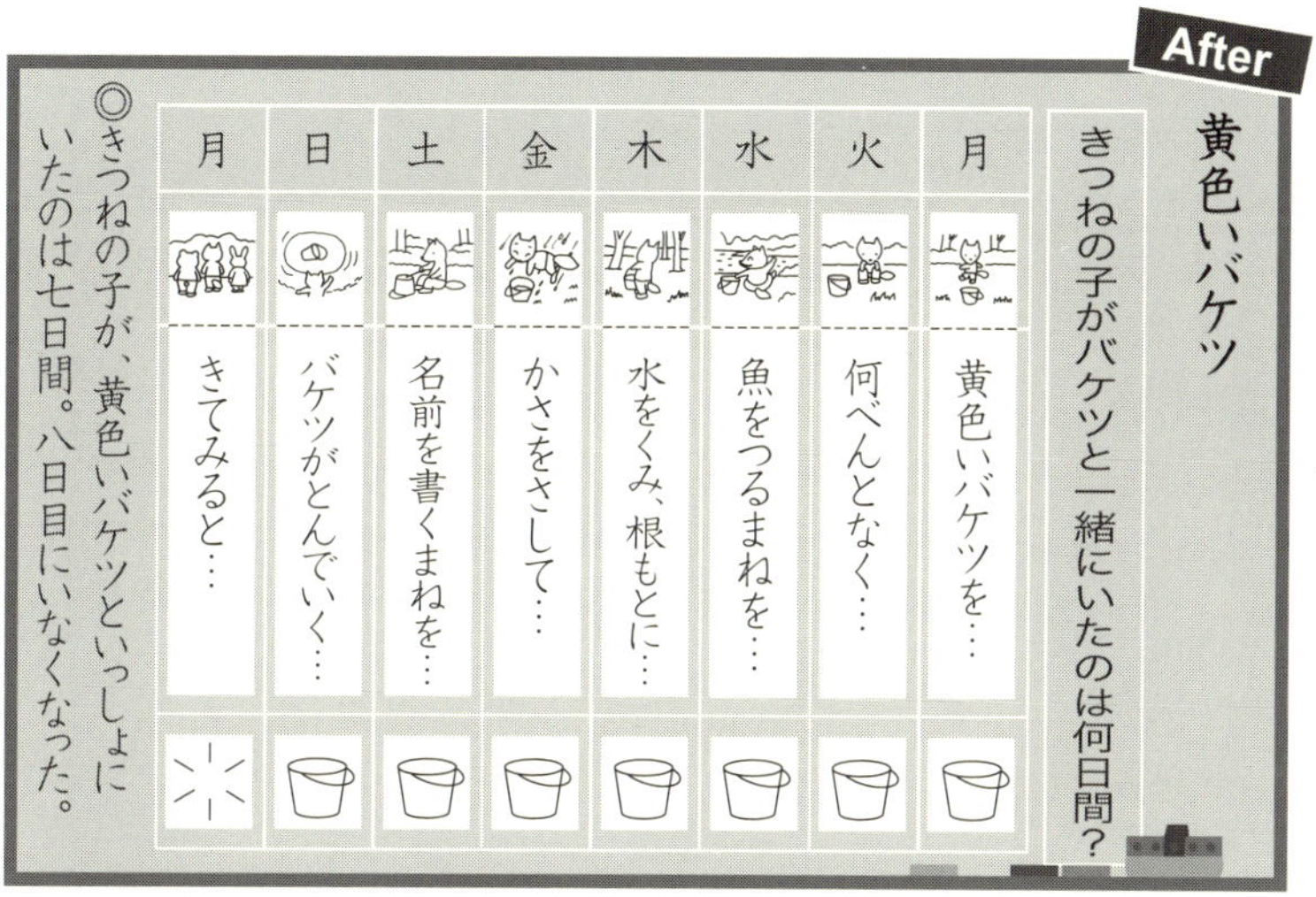
After
黄色いバケツ
きつねの子がバケツと一緒にいたのは何日間？
月
黄色いバケツを…
火
何べんとなく…
水
魚をつるまねを…
木
水をくみ、根もとに…
金
かさをさして…
土
名前を書くまねを…
日
バケツがとんでいく…
月
きてみると…
◎きつねの子が、黄色いバケツといっしょにいたのは七日間。八日目にいなくなった。

教材名「黄色いバケツ」（光村図書二年上）

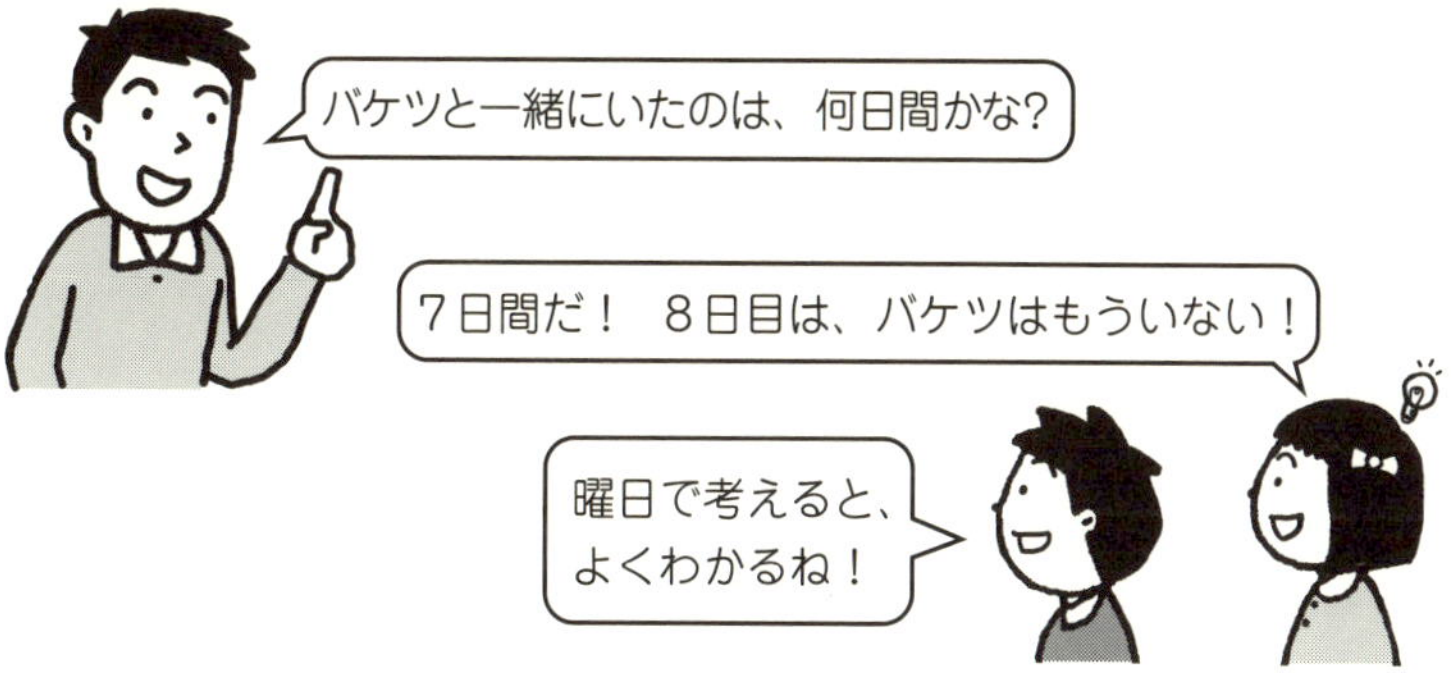
バケツと一緒にいたのは、何日間かな？
７日間だ！　８日目は、バケツはもういない！
曜日で考えると、よくわかるね！

指導の実際ーAfter

「月曜日にバケツを見つけたよ」「バケツがなくなっていたのは、最後の日」。ペアになって、お話を振り返りながらカードを配置していきます。このとき、念頭操作が苦手な子どものために、手元で操作できるようにミニカードを用意し、必要なペアに自主的に選択させるとよいでしょう。

いくつかのペアが黒板にカードを配置します。できあがった表を見ながら、ペアでお話リレーをすると、作品の全体をより明確につかむことができます。

できあがった表は、場面の読み取りをする際、作品全体のどの部分を学習しているかを確かめる資料になります。第二次後半では、この表を振り返ることが、バケツと長いこと一緒にいたように思えたきつねの子の気持ちを考える手立てにもなります。

㊵文を配置する

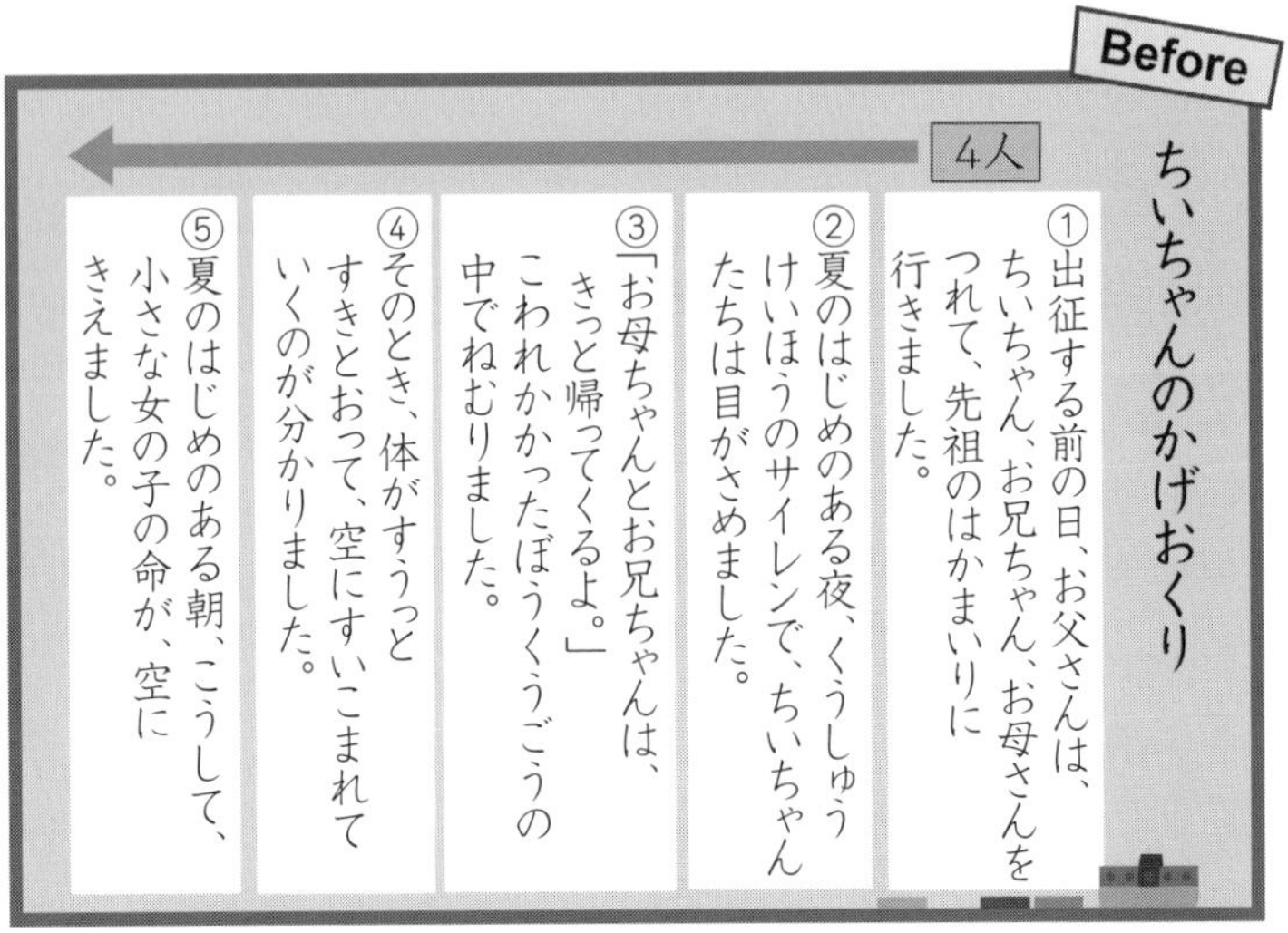
Before
ちいちゃんのかげおくり
4人
①出征する前の日、お父さんは、ちいちゃん、お兄ちゃん、お母さんをつれて、先祖のはかまいりに行きました。
②夏のはじめのある夜、くうしゅうけいほうのサイレンで、ちいちゃんたちは目がさめました。
③「お母ちゃんとお兄ちゃんは、きっと帰ってくるよ。」こわれかかったぼうくうごうの中でねむりました。
④そのとき、体がすうっとすきとおって、空にすいこまれていくのが分かりました。
⑤夏のはじめのある朝、こうして、小さな女の子の命が、空にきえました。

ちいちゃんは家族4人でずーっと一緒にいられて幸せだね
えー、違うよ
ちいちゃんは1人になったんだよ

【作品の設定】（登場人物）

使うシーン▼第二次前半

本教材には、場面の移り変わりによって、登場人物の人数が減っていく様子が描かれています。センテンスカードを人数のカードに合わせる活動を通して、中心人物の置かれている状況（人数）を視覚的に確認します。

指導の実際―Before

まず、①～⑤のセンテンスカードを出しながら、みんなで音読し、黒板に配置します。

①のセンテンスカードの上に「このとき家族は四人だったね」と投げかけ、人数のカードとイラストを置きます。そして「ちいちゃん家族は四人でずーっと一緒にいられて幸せだね」と言います。すると、子どもから「えー、違うよ」「ちいちゃんは一人になったよ」などの声が上がるでしょう。

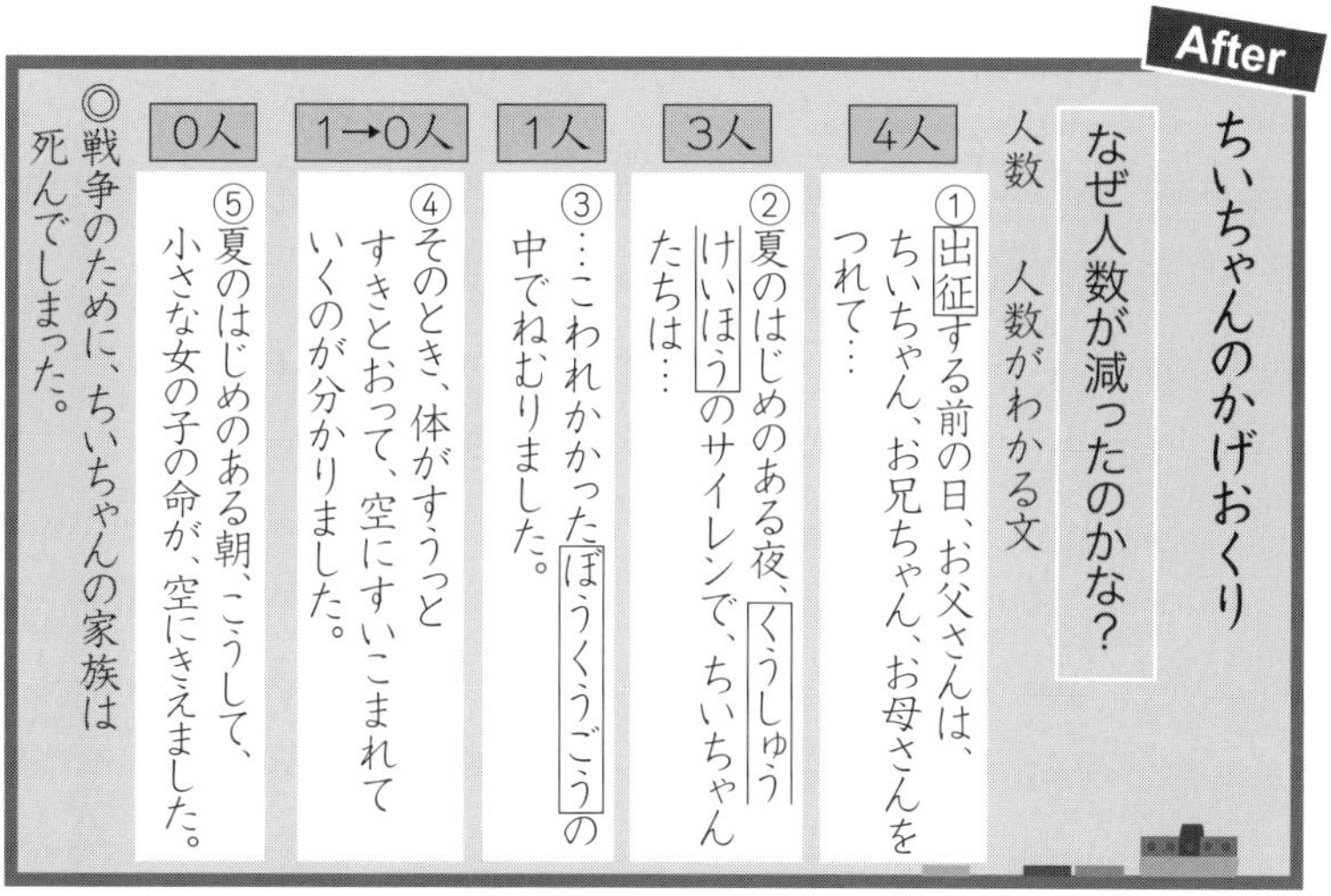
After
ちいちゃんのかげおくり
なぜ人数が減ったのかな？
人数　人数がわかる文
4人
①出征する前の日、お父さんは、ちいちゃん、お兄ちゃん、お母さんをつれて…
3人
②夏のはじめのある夜、くうしゅうけいほうのサイレンで、ちいちゃんたちは…
1人
③…こわれかかったぼうくうごうの中でねむりました。
1→0人
④そのとき、体がすうっとすきとおって、空にすいこまれていくのが分かりました。
0人
⑤夏のはじめのある朝、こうして、小さな女の子の命が、空にきえました。
◎戦争のために、ちいちゃんの家族は死んでしまった。

教材名「ちいちゃんのかげおくり」（光村図書三年下）

なぜ人数が減ったんだろう？
戦争で死んじゃったんだよ
お父さんは出征したからだよ

指導の実際―After

次に「ここも四人だよね」と言いながら②のセンテンスカードの上に四人のカードを置きます。すると、「お父さんは出征したから三人だよ」「お父さんは生きてるかもしれないし」などの意見が出るでしょう。そこで、「今日は目に見える人数にしようね」と約束事を決めます。そして、相談しながら、③～⑤の人数を叙述をもとにしてペアに伝えます。その後、全体で人数がわかる言葉を確かめながら人数のカードやイラストを置いていきます。④のときは、ちいちゃんが死んでいく場面ということをおさえます。

最後に「なぜ人数が減っていったんだろう」と投げかけ、根拠になる言葉を探します。子どもは「戦争」につながる言葉をセンテンスカードの中から探し、「出征」や「くうしゅうけいほう」など、具体的に戦争をイメージさせる言葉を見つけます。ちいちゃんの家族に変化をもたらした原因として「戦争」が大きく関わっていることをおさえます。

㊶ 文を配置する

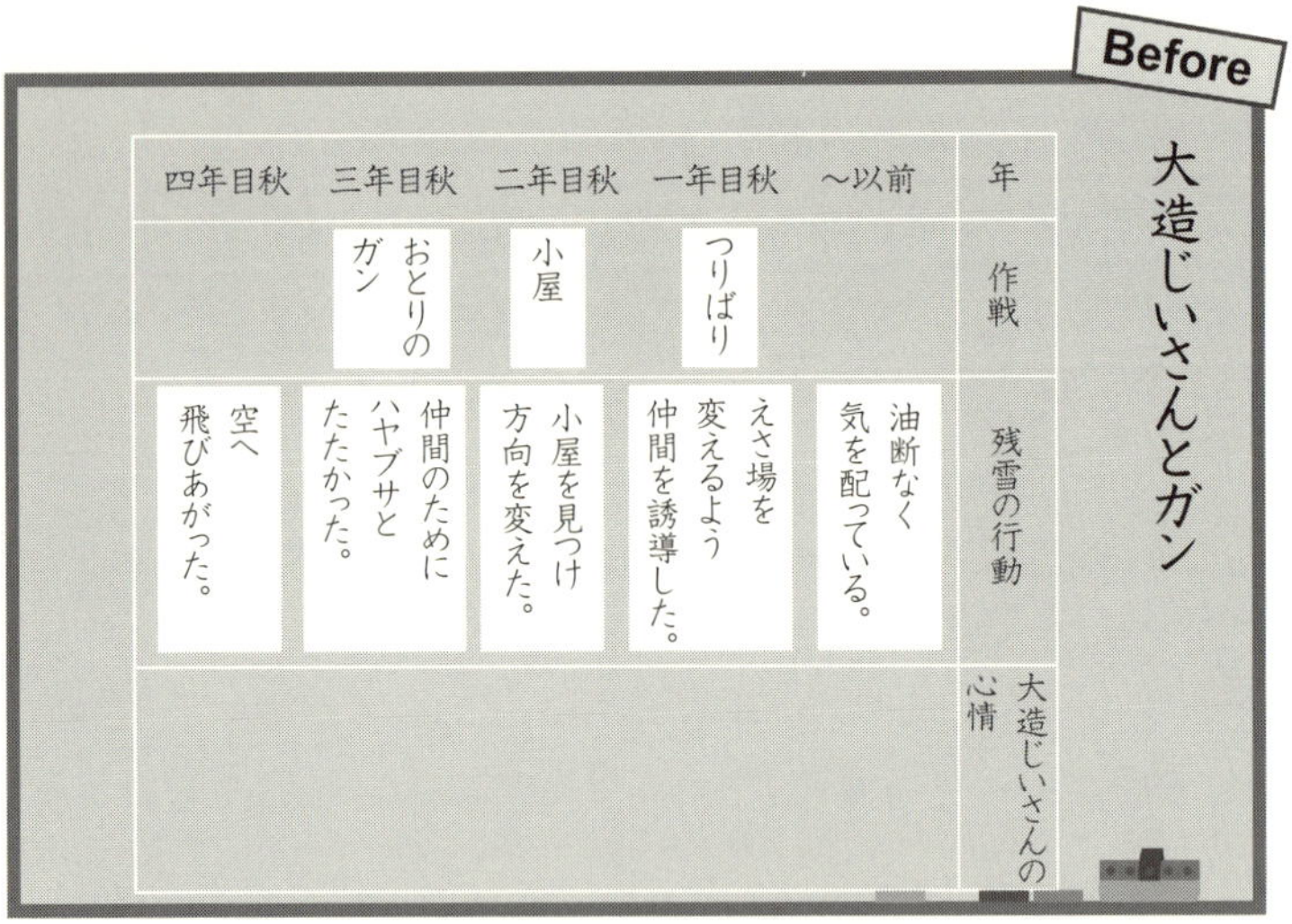
Before
大造じいさんとガン
年
～以前
一年目秋
二年目秋
三年目秋
四年目秋
作戦
つりばり
小屋
おとりのガン
残雪の行動
油断なく気を配っている。
えさ場を変えるよう仲間を誘導した。
小屋を見つけ方向を変えた。
仲間のためにハヤブサとたたかった。
空へ飛びあがった。
大造じいさんの心情

- ア たいしたちえをもっているものだな。
- イ 「ううん。」と、うなって…
- ウ ただの鳥に対しているような気がしない。
- エ いまいましい
- オ 「おうい、ガンの英雄よ。」

残りのカードはどこかな？

【中心人物の変化】（見方の変化）

使うシーン▼第一次前半

本教材は、中心人物の対人物に対する見方の変化が書かれています。カードの配置を話し合うことを通して、対人物の行動と中心人物の心情とを関連づけていきます。

指導の実際―Before

「残りのカードがどこに入るかわかるかな？」と言って、表を提示します。

子どもはペアになり、叙述に沿ってカードの配置を考えます。このとき、手元で操作できるミニカードと表のワークシートを用意し、必要なペアが選べるようにするとよいでしょう。

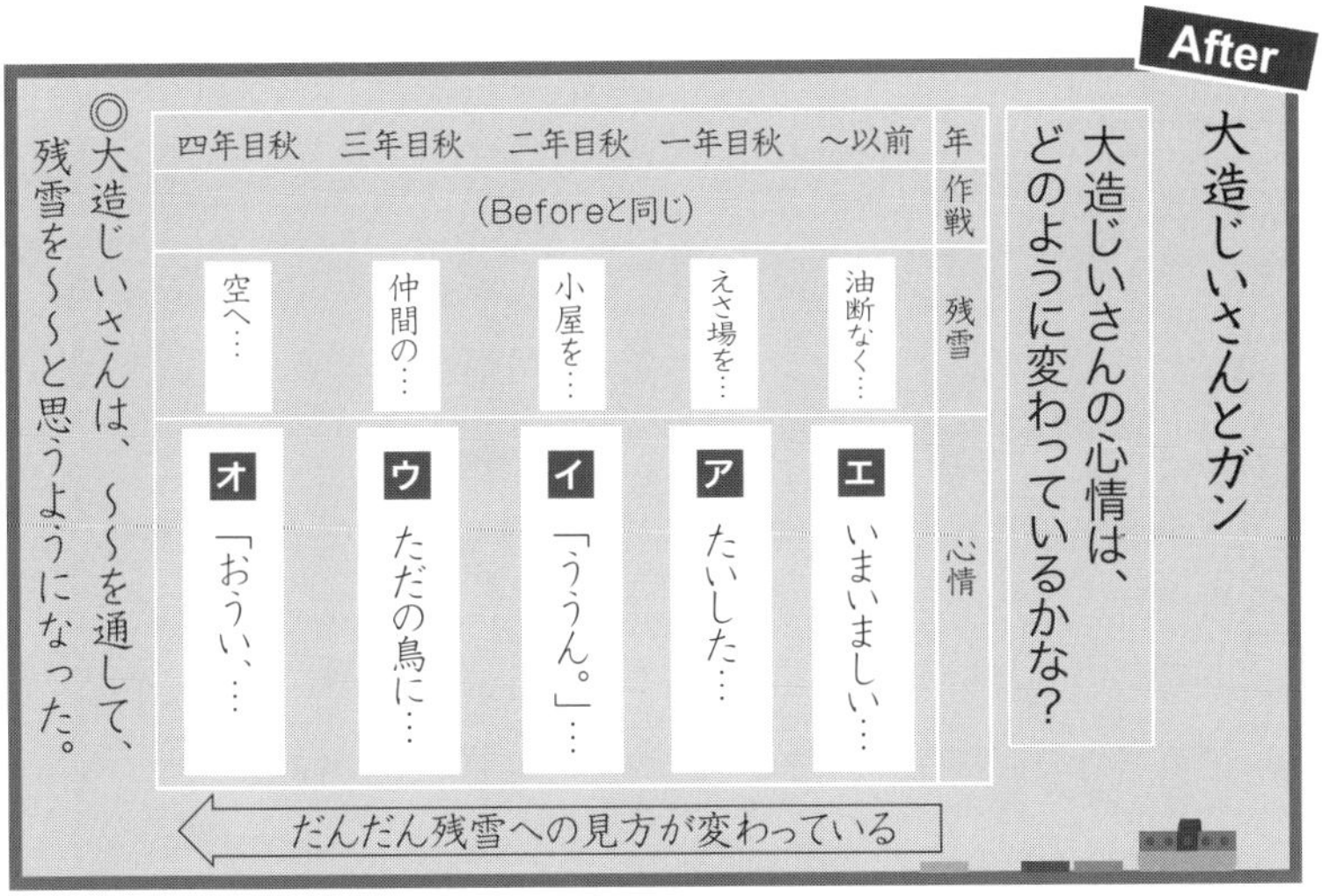
After
大造じいさんとガン
大造じいさんの心情は、どのように変わっているかな？
年
～以前
一年目秋
二年目秋
三年目秋
四年目秋
作戦
（Beforeと同じ）
残雪
油断なく…
えさ場を…
小屋を…
仲間の…
空へ…
心情
エ　いまいましい…
ア　たいした…
イ　「ううん。」…
ウ　ただの鳥に…
オ　「おうい、…
◎大造じいさんは、～～を通して、残雪を～～と思うようになった。
だんだん残雪への見方が変わっている

教材名「大造じいさんとガン」（光村図書五年）

大造じいさんの見方は、どのように変わっているかな？
はじめは、残雪のことをいまいましく思っていた
けれど、最後は、英雄だと思うようになったんだろうね

指導の実際―After

表が完成したら、「残雪に対する大造じいさんの心情は、どのように変わっているかな？」と問います。「はじめ、大造じいさんは、残雪をいまいましく思っていたんだけど、最後には英雄だと思っているよ」「だんだん、残雪に対しての見方が変わっていったんだね」と、残雪に対する大造じいさんの見方の変化に気づくことができます。

こうして話し合って考えた大造じいさんの見方の変化を、ノートにまとめます。書き出しを提示してあげると、書くことが苦手な子どもも書きやすくなるでしょう。

このように、表を完成させる作業を通して、残雪の行動に対して大造じいさんがどう思ったかをとらえることができます。主題をとらえる際の手がかりとして扱うことができます。

㊷挿絵を配置する

Before
十二月
五月
やまなし
完成させよう！
ええと…5月は、2ひきのかにの子が出てくるね
「青白い水の底」とあるから、下のほうにいるんだね！

【作品の設定】（時・場所・登場人物・事件）

使うシーン▼第二次前半

本教材は、五月と十二月の谷川の世界が、対比的に描かれています。幻想的な二つの世界の設定をつかむために、挿絵と本文を照らし合わせて配置します。

指導の実際―Before

「二枚の青い幻灯を完成させよう」と言って、二枚の青い画用紙を配布します。事前にペアで分担して登場人物の挿絵を描いておきます。それらを福笑いのように配置していきます。

「五月に登場するのは……」「お魚は上にいるから……」と、登場人物とその位置関係を考えます。挿絵の場所を決めるために、自然と何度も叙述を読み返すことで、楽しみながら作品の設定を理解することができます。

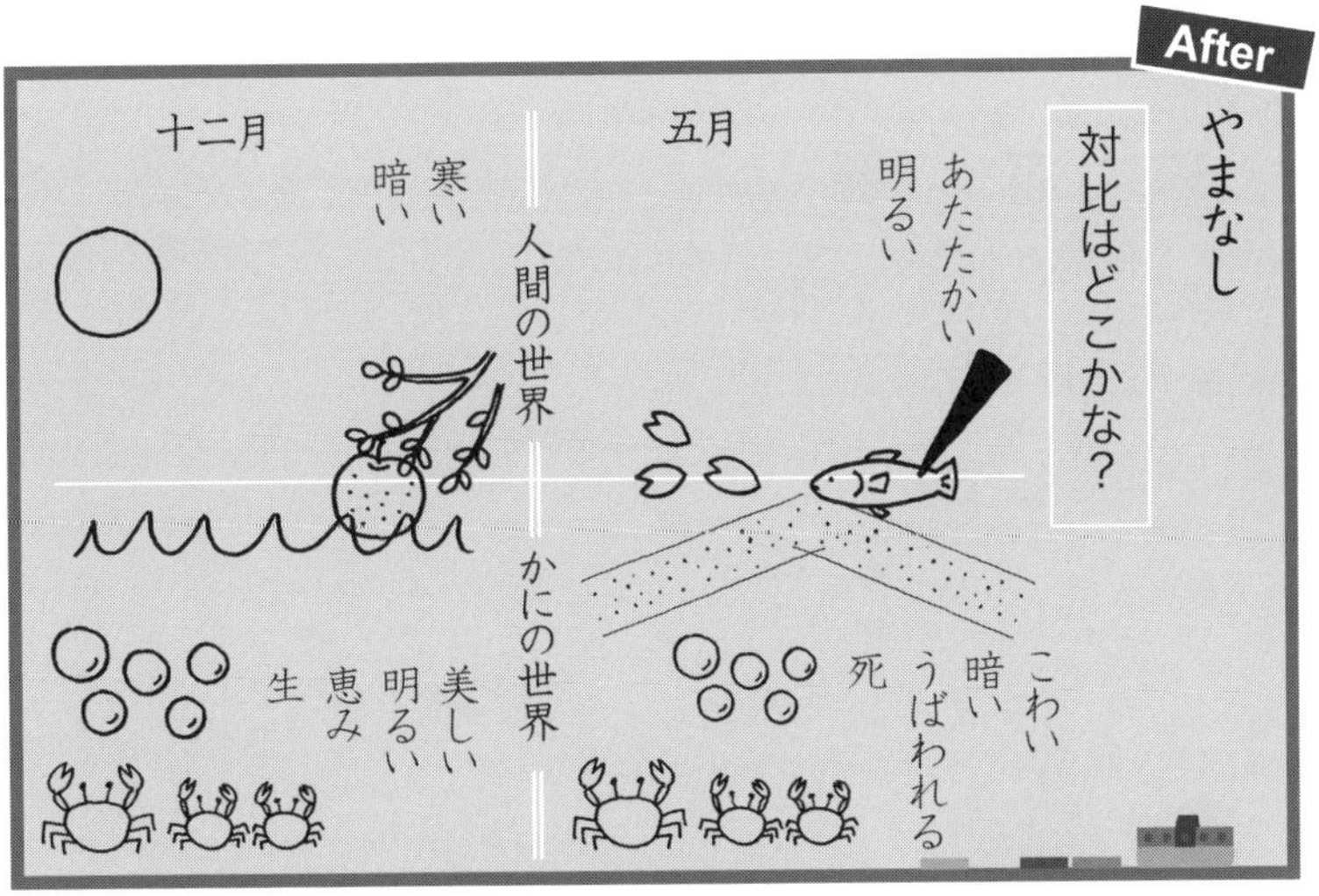
After
やまなし
対比はどこかな？
五月
あたたかい
明るい
こわい
暗い
うばわれる
死
人間の世界
かにの世界
十二月
寒い
暗い
美しい
明るい
恵み
生

教材名「やまなし」（光村図書六年）

かににとって、
5月は怖そうだけど、
12月は美しい感じ。
人間の世界とは違うね
5月はかわせみ、
12月はやまなしが
落ちてきたよ
対比は
どこかな？

指導の実際―After

作業を終えたら、全体で登場人物の挿絵の配置を確かめます。「『天井を、つぶつぶ暗いあわが流れて』とあるので、ここにしました」などと、黒板を用いて配置した場所と理由をペアで話します。

いくつかのペアの発表から、二枚の幻灯の共通点や違いが見えてきます。そこで、「二枚の幻灯の対比は、どこかな？」と問います。十二月「かわせみとやまなし」「五月は怖い。十二月はいいにおいもするし、明るい」など、二枚の幻灯がそれぞれにもつイメージを、場面の挿絵をもとに、対比的にとらえていきます。

このように、言葉に着目して作品の設定を読み取りながら登場人物の挿絵を配置する活動を通して、視覚的に作品の世界観をとらえさせることができます。

㊸ 文を配置する

Before
海の命
海面
ア
「自分では気づかないだろうが、おまえは村一番の漁師だよ。太一、ここはおまえの海だ。」
イ
この魚を、…本当の一人前の漁師にはなれないのだと、太一は…思う。」
ウ
太一は村一番の漁師であり続けた。
この３つのセンテンスカードは、絵のどこの部分かな？
イは、海の中。大魚を目の前にして思っていることだから
アは、与吉じいさが言っているから、海の上だよ

【作品の設定】（人物像）

使うシーン▼第二次後半

中心人物を表現している言葉（村一番の漁師・本当の一人前の漁師）が中心人物の生き方を表しています。中心人物が生きる場所をどこに求めているかを考えることによって、人物像に迫ります。

指導の実際―Before

海面と船、瀬の主の絵を黒板に表示しておきます。三つの文を提示して、「この三つのセンテンスカードはどこに置いたらいいかな？」と発問します。

子どもは、「アは、与吉じいさが言っているから、海の上だよ」「イは、海の中だよ」「ウは、どこだろう」「ウは、もぐってないから、海の上だと思う」などと話し始めます。

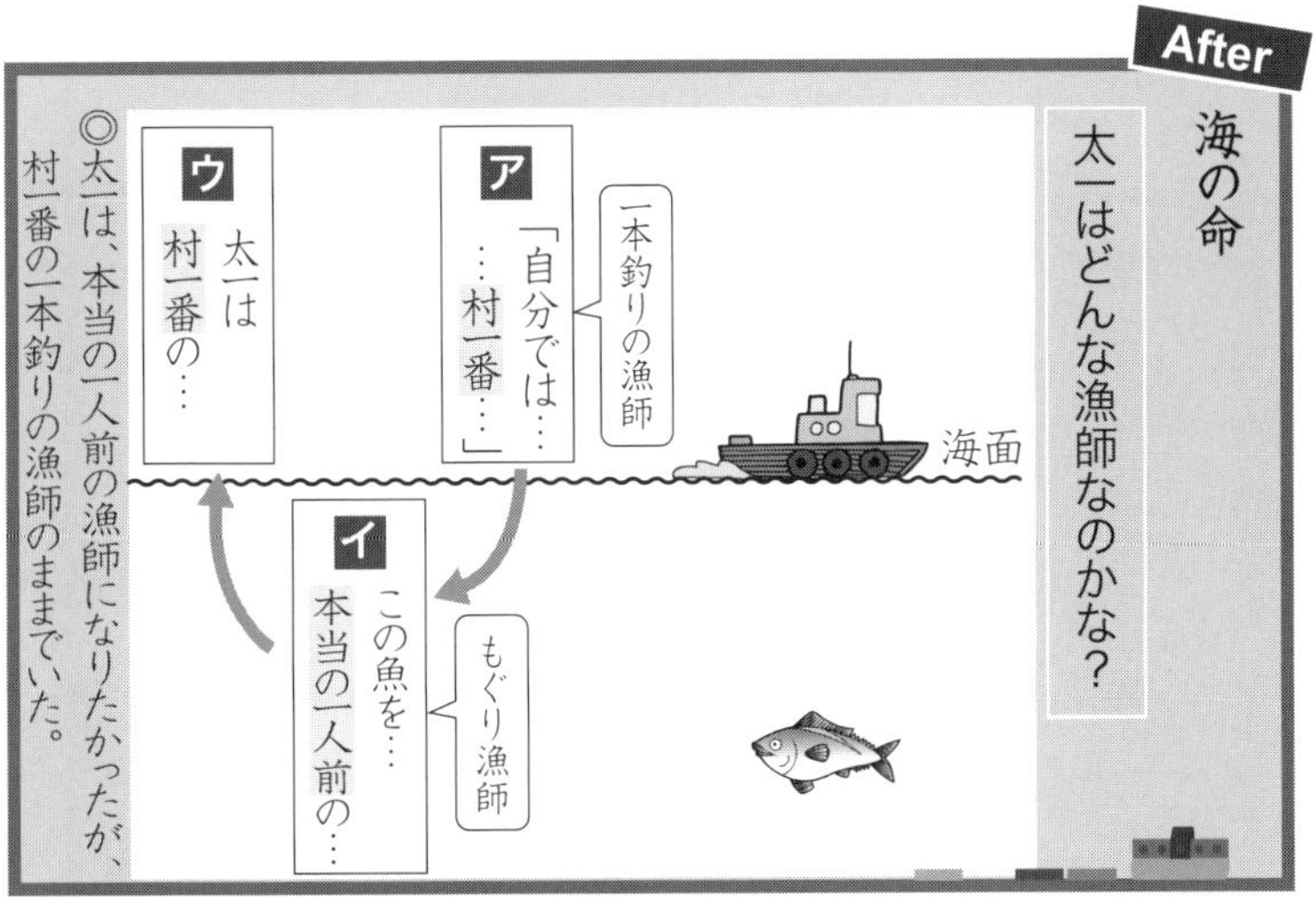
After
海の命
太一はどんな漁師なのかな？
海面
一本釣りの漁師
ア
「自分では……
……村一番……」
もぐり漁師
イ
この魚を……
本当の一人前の……
ウ
太一は
村一番の……
◎太一は、本当の一人前の漁師になりたかったが、村一番の一本釣りの漁師のままでいた。

教材名「海の命」（光村図書六年）

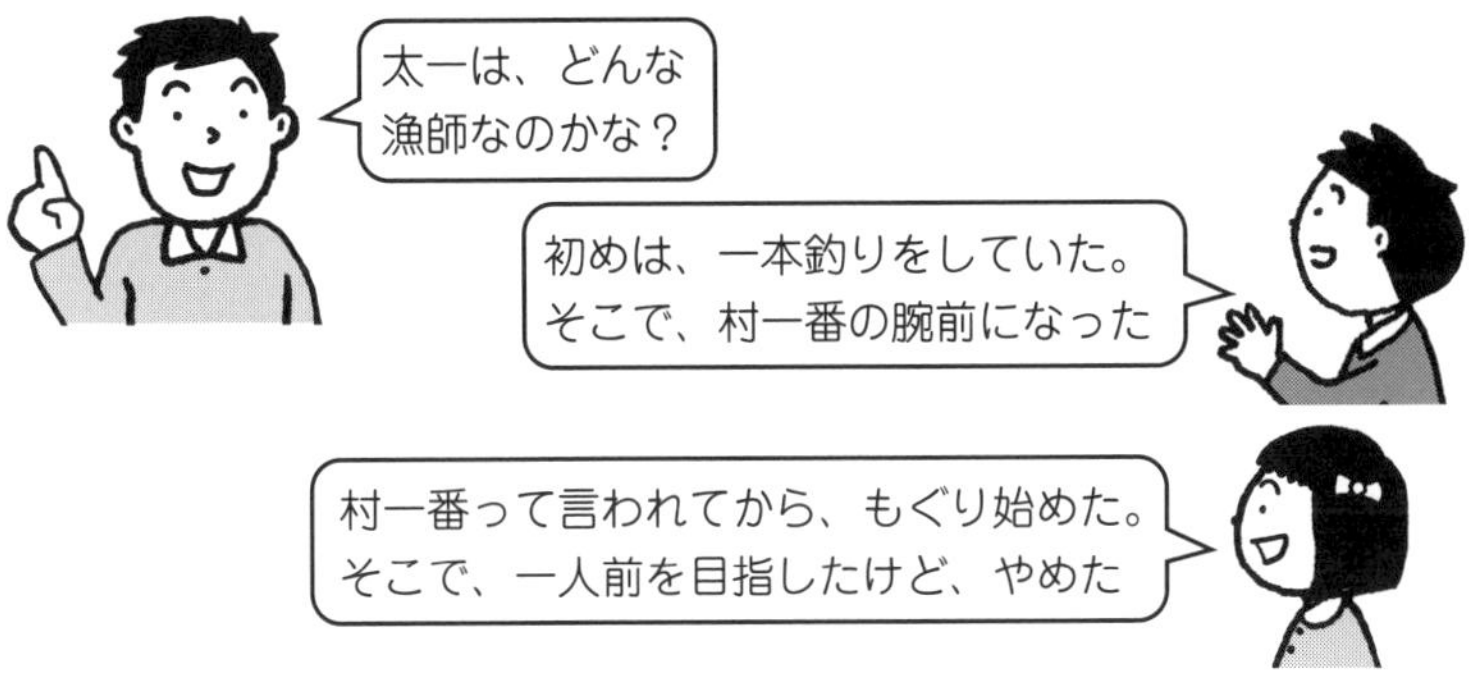
太一は、どんな漁師なのかな？
初めは、一本釣りをしていた。そこで、村一番の腕前になった
村一番って言われてから、もぐり始めた。そこで、一人前を目指したけど、やめた

指導の実際―After

次に、「『村一番』や『本当の一人前の漁師』ってあるけど、何が違うのかな？」と尋ねます。アイウについて、それぞれ本文の言葉を手がかりに考えていきます。

アは、「与吉じいさに弟子にしてもらって、一本釣りをしていた」「村一番の漁師は、一本釣りの腕前が一番だってことだよ」

イは、「村一番の漁師と言われて、海にもぐり始めたね。父の敵《かたき》をうちたかったんだと思うな」「実際に、大魚を捕らえたら一人前の漁師になれるってことだよね」

ウは、「大魚を捕らえず、海の上で漁師をすることにしたから、村一番の漁師なんだね」など、それぞれの根拠を挙げていきます。

海の上で一本釣りをするのは「村一番の漁師」、海の中でもぐり漁師として極めることが「本当の一人前の漁師」であることを整理し、次時以降には、なぜ「村一番の漁師」にとどまったのか、なぜ「大魚を捕らえなかった」のかという人物像に着目させていきます。

㊹文を仮定する

Before

おむすびころりん

ア

むかし　むかしの　はなしだよ。
やまの　はたけを　たがやして、
おなかが　すいた　おじいさん。
そろそろ　おむすび　たべようか。
つつみを　ひろげた　その　とたん、
おむすび　ひとつ　ころがって、
ころころ　ころりん　かけだした。

イ

むかし　むかしの　はなしですよ。
やまの　はたけを　たがやして、
おなかが　すいた　おじいさんが　いました。
そろそろ　おむすびを　たべようか。
と、つつみを　ひろげた　その　とたんに、
おむすびが　ひとつ　ころがって、
ころころと　かけだしました。

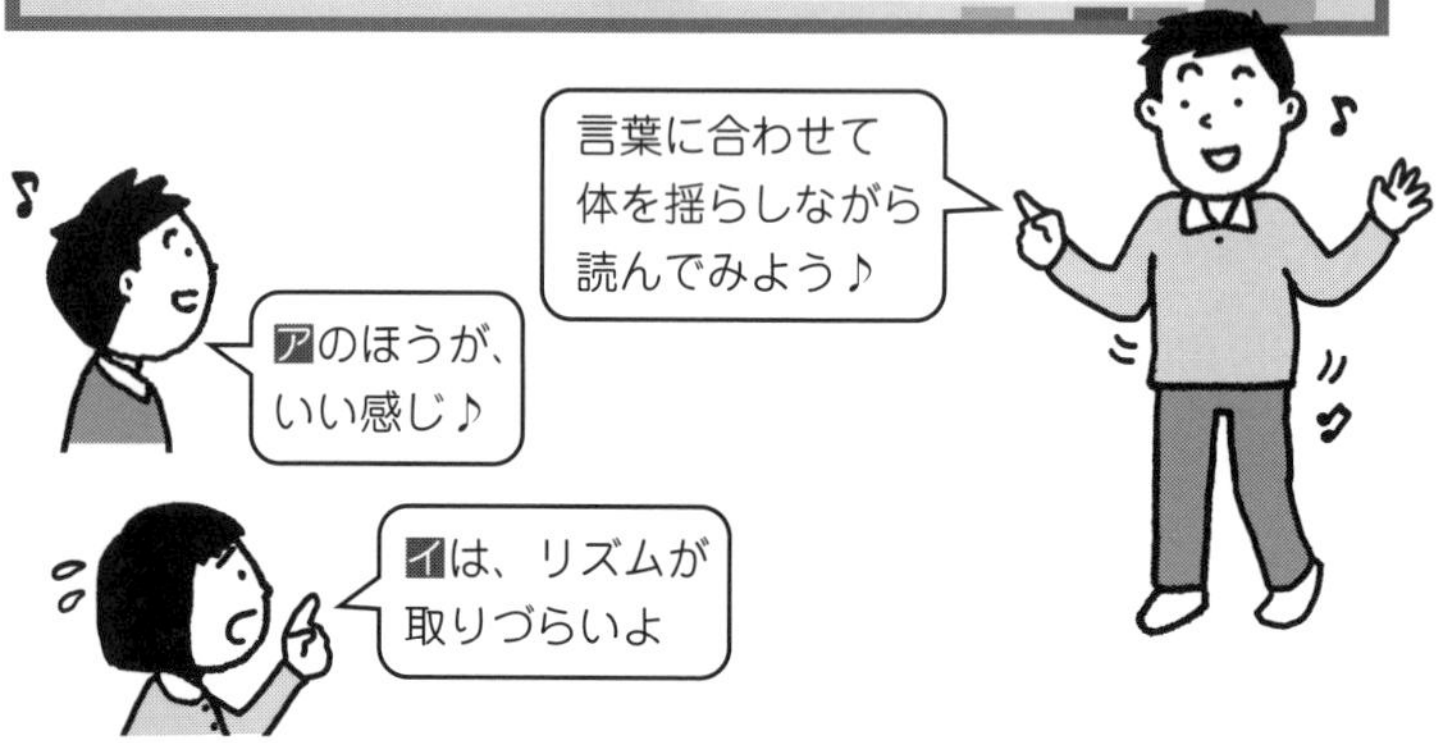
言葉に合わせて
体を揺らしながら
読んでみよう♪
アのほうが、
いい感じ♪
イは、リズムが
取りづらいよ

【表現技法】（音の数・リズム）

使うシーン▼第二次前半

本教材は、音数が三音・四音・五音の組み合わせで書かれているため、リズムよく読むことができます。そこで、リライトした文と本文を比べる活動を通し、音数の組み合わせのよさがリズムを作り出すことを確認します。

指導の実際―Before

まず、イ（リライト文）だけを出して、音読します。そして、「言葉に合わせて体を動かしてリズムを取ってみよう」と投げかけます。教師の音読に合わせて、一緒に体でリズムを取っている子どもが、「先生、ずれちゃうよ」と言うでしょう。そこで教科書の文アを出し、リズムを取りながら音読します。子どもは、アのほうがリズムよく読めることに気づきます。

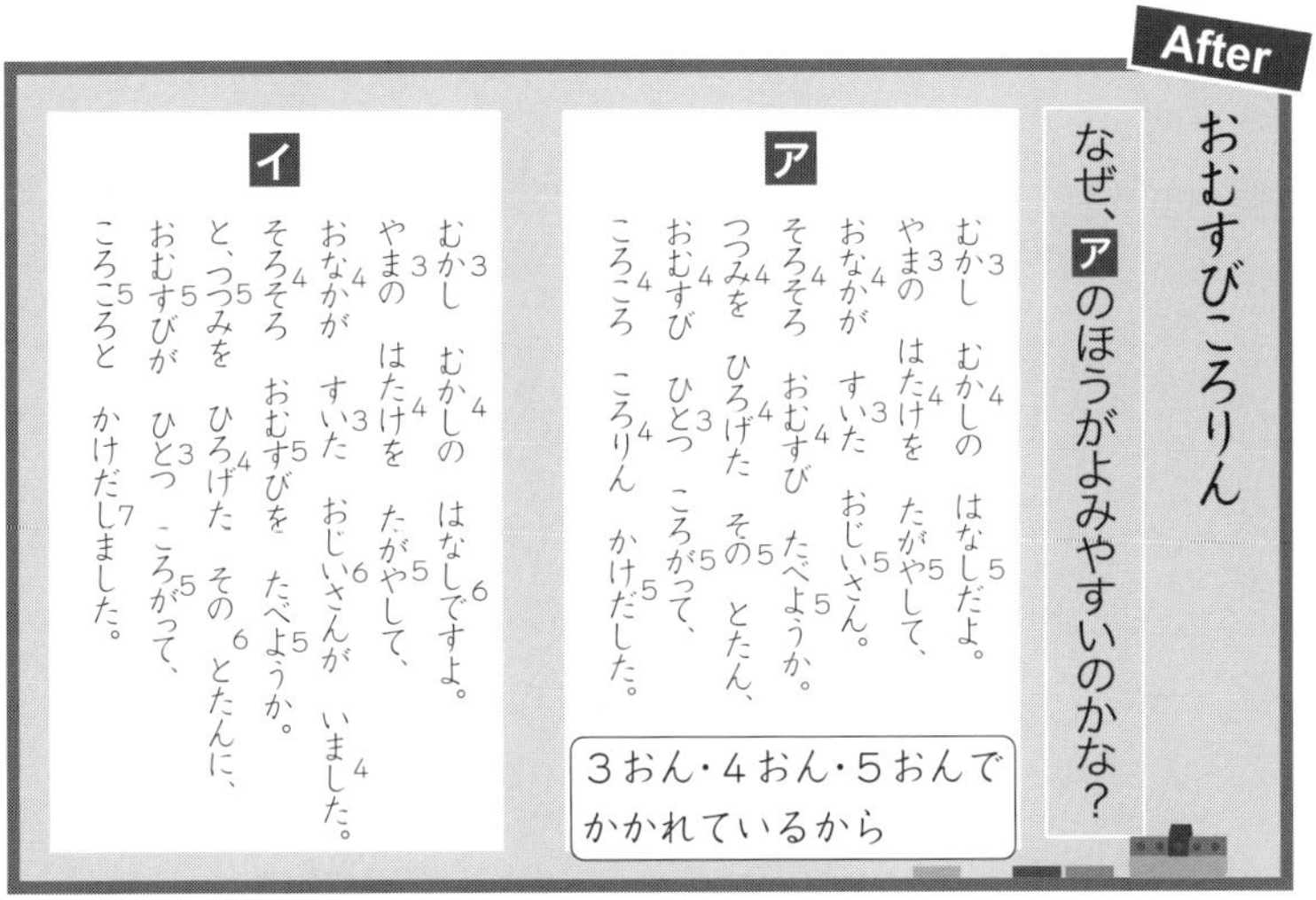
After
おむすびころりん
なぜ、アのほうがよみやすいのかな？
ア
むかし3　むかしの4　はなしだよ。5
やまの3　はたけを4　たがやして、5
おなかが4　すいた3　おじいさん。5
そろそろ4　おむすび4　たべようか。5
つつみを4　ひろげた4　その5　とたん、
おむすび4　ひとつ3　ころがって、5
ころころ4　ころりん4　かけだした。5
3おん・4おん・5おんでかかれているから
イ
むかし3　むかしの4　はなしですよ。6
やまの3　はたけを4　たがやして、5
おなかが4　すいた3　おじいさんが6　いました。4
そろそろ4　おむすびを5　たべようか。5
と、つつみを5　ひろげた4　その6　とたんに、
おむすびが5　ひとつ3　ころがって、5
ころころと5　かけだしました。7

教材名「おむすびころりん」（光村図書一年上）

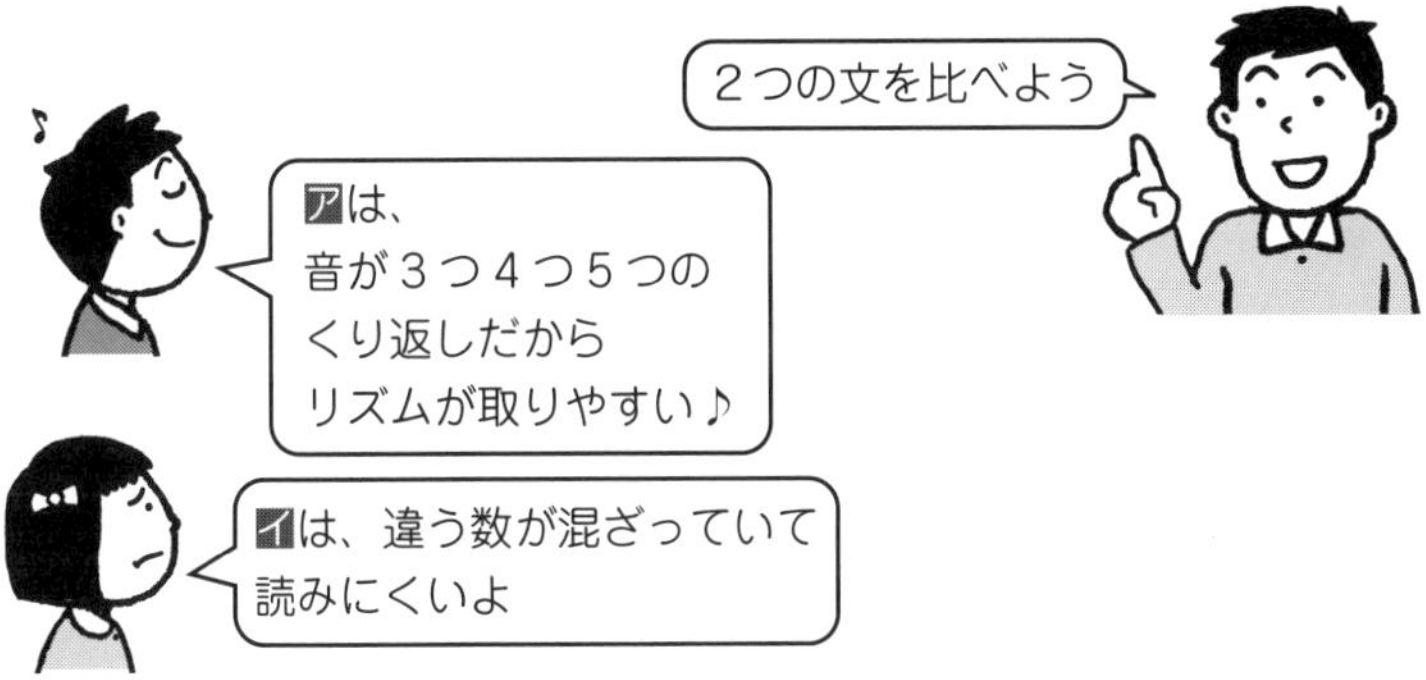
2つの文を比べよう
アは、音が3つ4つ5つのくり返しだからリズムが取りやすい♪
イは、違う数が混ざっていて読みにくいよ

指導の実際ーAfter

「なぜ、アのほうが読みやすいのかな？同じ言葉のところで比べよう」と、リズムを取りながら音数を数えることを提案し、二つの文章が書かれたプリントを配ります。子どもは、「『むかし』は三音だね」「『むかしの』は四音だね」と一行ずつ確認していきます。数えたら、語句の横に記録します。

「小さい『っ』はどうなるんだろう？」と、つまる音（促音）に疑問をもつ子どもが出てきます。音読させながらリズムを取ると、「っ」も一音と数えることがわかります。

教科書の文は「三音・四音・五音でできている」、リライト文は「三音・四音・五音以外の音（六音や七音）が混じっている」ことを確認します。もう一度、音読すると「三・四・五の組み合わせだとリズムがよくて読みやすい」ことに子どもは改めて気づきます。最後に、三音・四音・五音などの音数の組み合わせやそれをくり返すことで、リズムよく感じることを確認します。

㊺人物を仮定する

Before
お手紙
「まかせてくれよ。」
「すぐやるぜ。」
かたつむりくんは、まだやって来ません。
かたつむりくんは、まだやって来ません。
かたつむりくんは、まだやって来ません。
四日たって、かたつむりくんが、
がまくんの家につきました。
★「まかせてくれぴょん。」
「すぐやるぴょん。」
うさぎさんは、とんでいきました。
うさぎさんは、あっという間に
がまくんの家につき、
お手紙をわたしました。
こんなに待たせるかたつむりくんより、うさぎさんにお願いするほうがいいよね！
うん！　速いほうがいい!!
そうかなぁ……？かたつむりくんのほうが、4日もかかるからおもしろいよ

【中心人物の変化】（気持ちの変化）
使うシーン▼第二次後半

がまくんが待ち遠しく思っているお手紙を、かえるくんが足の遅いかたつむりに預けるというユーモラスなお話です。あえて別人物を提示して対比することで、作品のおもしろさに気づかせます。

指導の実際―Before

子どもたちは、かたつむりくんが大好きです。それは、「すぐやるぜ」と言っているのに四日もかかってしまう、コミカルさがあるからです。

そこで、「かたつむりくんより、足が速いうさぎさんにお願いしようよ！」としかけ文を提示します。すると、「すぐ喜べるからいい」「えぇー、かたつむりくんがいいよ」と話し始めます。

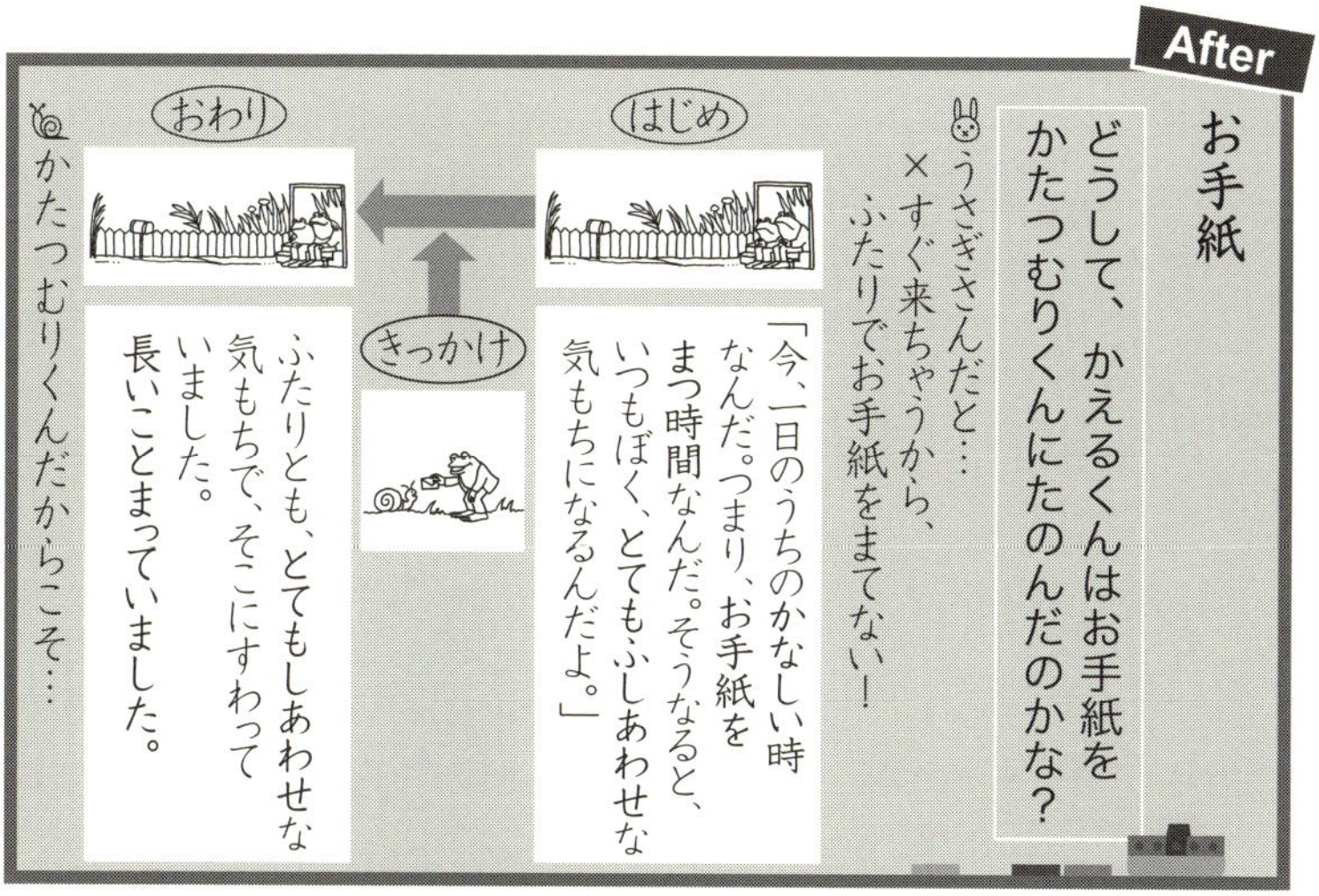
After
お手紙
どうして、かえるくんはお手紙を
かたつむりくんにたのんだのかな？
うさぎさんだと…
×すぐ来ちゃうから、
ふたりでお手紙をまてない！
はじめ
「今、一日のうちのかなしい時
なんだ。つまり、お手紙を
まつ時間なんだ。そうなると、
いつもぼく、とてもふしあわせな
気もちになるんだよ。」
きっかけ
おわり
ふたりとも、とてもしあわせな
気もちで、そこにすわって
いました。
長いことまっていました。
かたつむりくんだからこそ…

教材名「お手紙」（光村図書二年下）

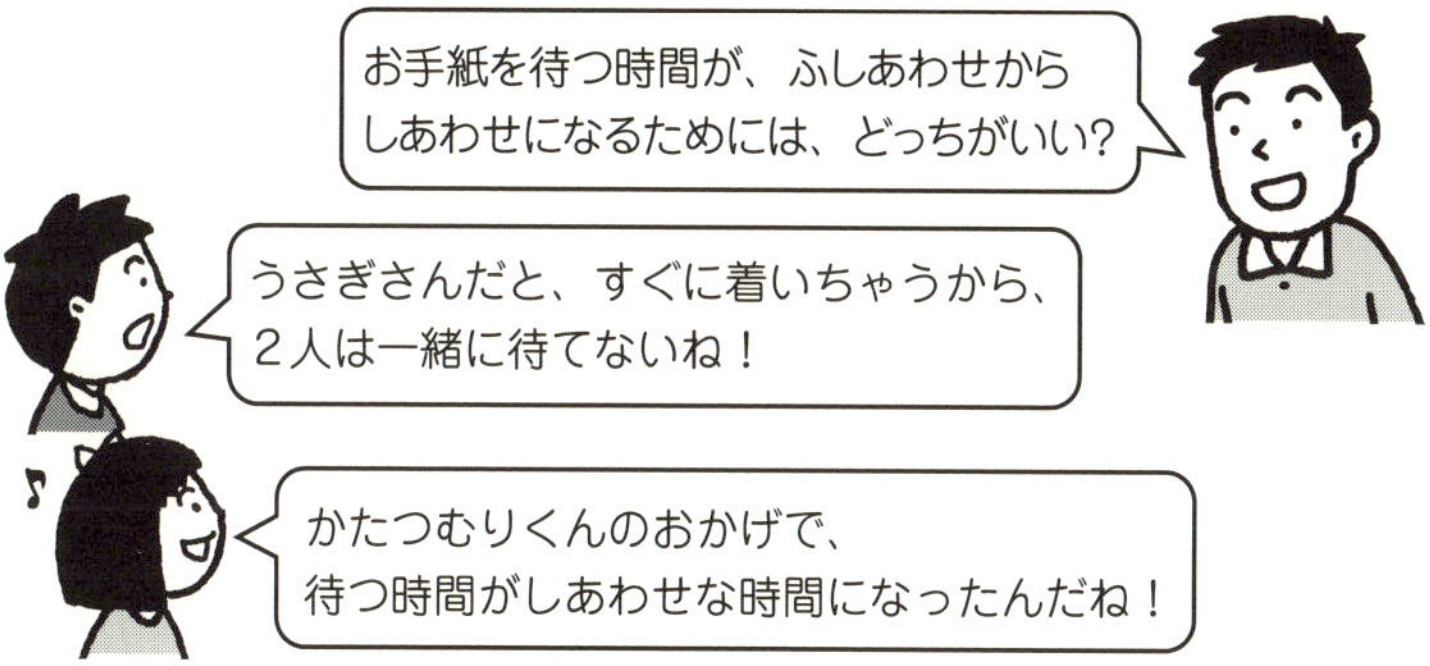
お手紙を待つ時間が、ふしあわせから
しあわせになるためには、どっちがいい？
うさぎさんだと、すぐに着いちゃうから、
２人は一緒に待てないね！
かたつむりくんのおかげで、
待つ時間がしあわせな時間になったんだね！

指導の実際－After

子どもはペアになり、うさぎさんがいいか、かたつむりくんがいいか考え、その理由を話し合います。考えを全体で共有しながら、次の文を提示します。

「今、一日のうちのかなしい時なんだ。つまり、お手紙をまつ時間なんだ。そうなると、いつもぼく、とてもふしあわせな気もちになるんだよ。」

「ふたりとも、とてもしあわせな気もちで、そこにすわっていました。長いことまっていました。」

これらの文から、お手紙を待つ時間が「ふしあわせ」なものから「しあわせ」なものへと変化したのは、かたつむりくんが長い時間をかけて手紙を届けにやってきたことが大きく関係していることに気づきます。

このように、しかけの人物を提示し対比することで、物語の展開の楽しさに加え、中心人物の変化に深く関わる登場人物の役割に着目させることができます。

㊻ 文を仮定する

Before
お手紙
★かえるくんは、
大いそぎで家へ帰って、
えんぴつと紙を見つけて、
紙に何か書いて、
紙をふうとうに入れて、
ふうとうにこう書きました。
「がまがえるくんへ」
文が多いから、つなげてみたよ！
つなげると、なんだか変だよ
えっ
おかしいよ！

【表現技法】（短文の効果）

使うシーン▼第二次中盤

本教材は、親友のために一生懸命になっている登場人物の様子が、リズミカルな表現で描写されています。表現の効果から、場面の様子を読み取るために、原文としかけ文を読み比べます。

指導の実際―Before

かえるくんが、がまくんのためにお手紙を書く場面です。「文が多いから、先生がつなげてみたよ」と言って、しかけ文を読み上げます。本文との違いが明確になるように、しかけ文はあえて、まのびしたように読み上げます。

「なんだか変だよ！」「だらだらしてる」という声が上がったら、「一体どこが違うんだろう？」と、ペアで間違い探しをします。

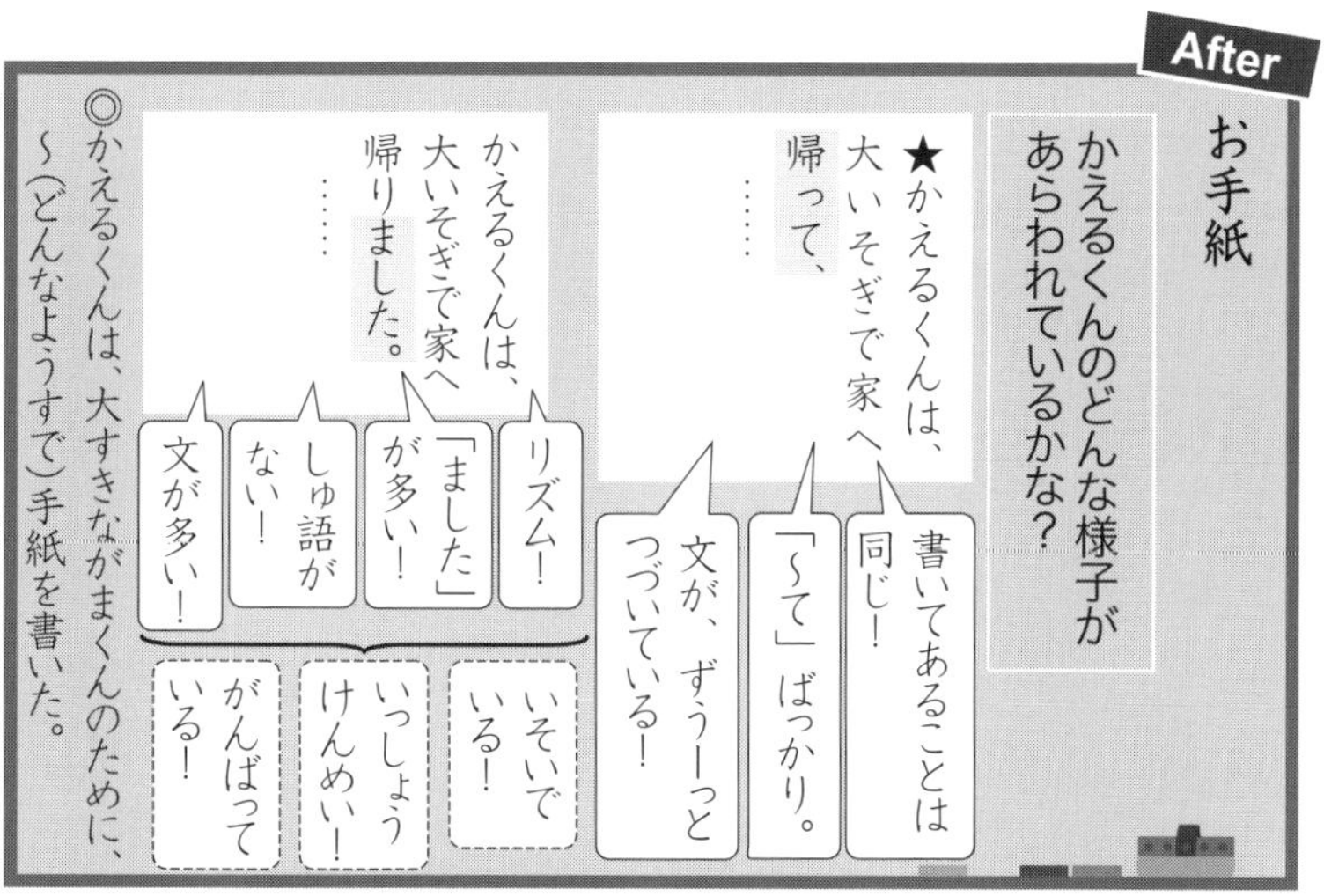
After
お手紙
かえるくんのどんな様子があらわれているかな？
★かえるくんは、大いそぎで家へ帰って、……
書いてあることは同じ！
「〜て」ばっかり。
文が、ずうーっとつづいている！
かえるくんは、大いそぎで家へ帰りました。……
リズム！
「ました」が多い！
しゅ語がない！
文が多い！
いそいでいる！
いっしょうけんめい！
がんばっている！
◎かえるくんは、大すきながまくんのために、〜（どんなようすで）手紙を書いた。

教材名「お手紙」（光村図書二年下）

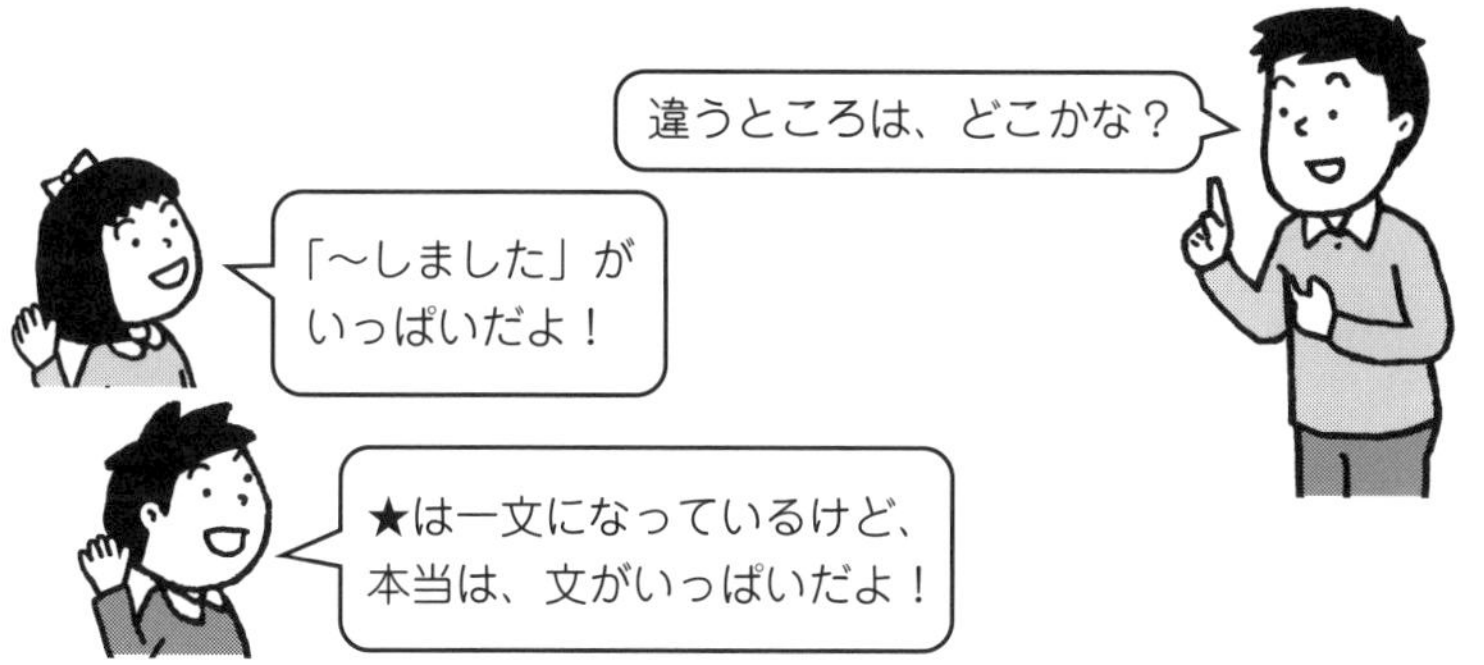
違うところは、どこかな？
「〜しました」がいっぱいだよ！
★は一文になっているけど、本当は、文がいっぱいだよ！

指導の実際―After

原文は、短い文がいくつも続いていることや、主語がないことにより、リズムが生まれています。こうした原文の特徴が、かえるくんの「大いそぎ」の様子をよく表していることに気づかせます。

最後に、「がまくんのために大急ぎなかえるくんの様子を実況中継しよう！」と言って、原文を動作化します。実際に動作に起こすことで、「大急ぎって感じがする」「あせっている感じ」「一生懸命な感じ」と視覚的にも原文のよさに迫ることができるからです。

このように、原文としかけ文とを比べることで、親友のために一生懸命なかえるくんの様子を生み出す表現の効果を理解することができます。

㊼グラフを仮定する

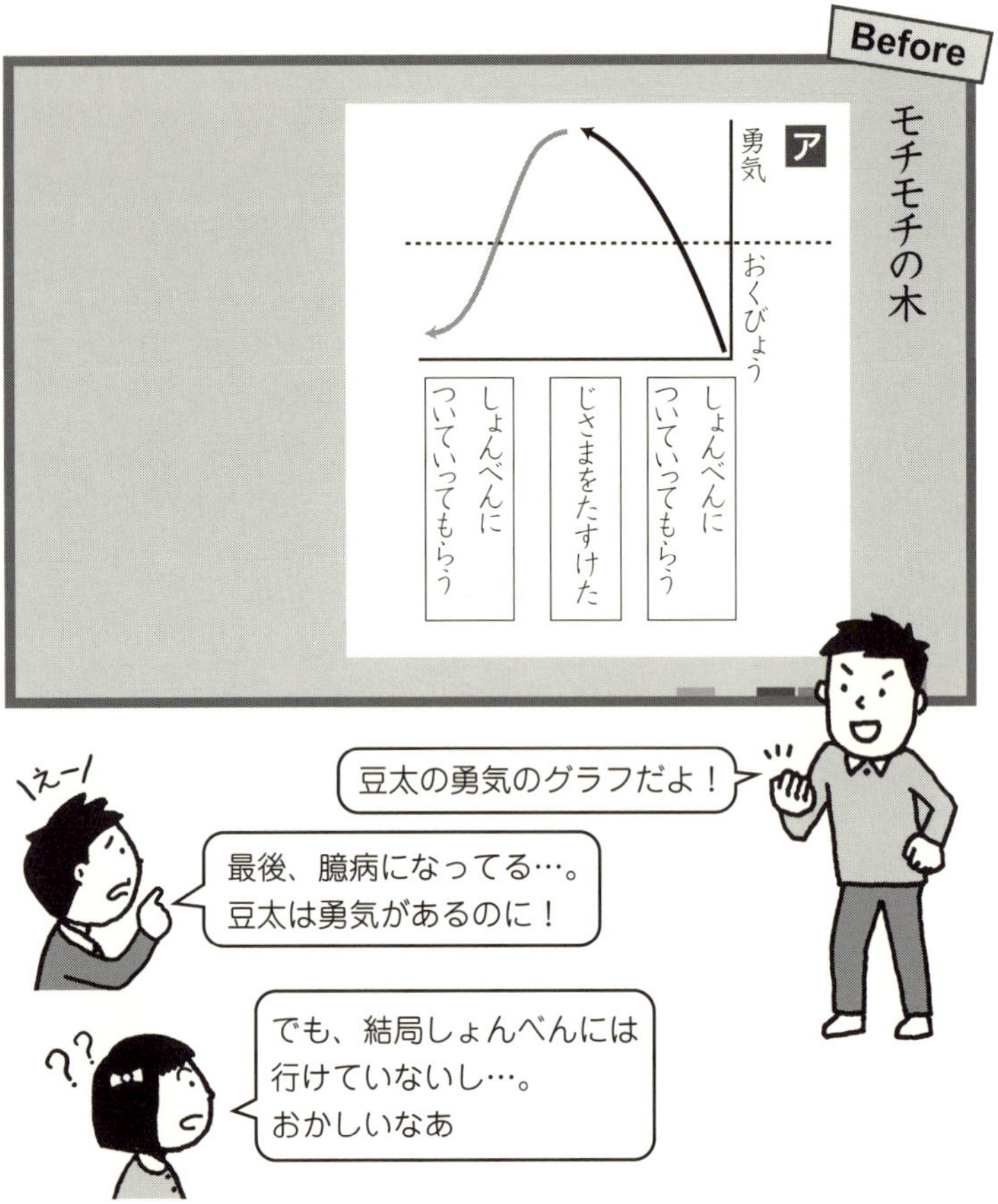
Before
モチモチの木
ア
勇気
おくびょう
しょんべんについていってもらう
じさまをたすけた
しょんべんについていってもらう
豆太の勇気のグラフだよ！
えー！
最後、臆病になってる…。豆太は勇気があるのに！
??
でも、結局しょんべんには行けていないし…。おかしいなあ

【中心人物の変化】（心情の変化）

使うシーン▼第二次後半

本教材は、中心人物の人間らしさが描かれた作品です。中心人物の心情の変化を、心情曲線と行動を対応させることで考えることができます。

指導の実際―Before

［ア］のグラフを提示します。「はじめ臆病だった豆太は、結局、臆病な子どものままだったね」と投げかけます。すると、子どもは「いや、違う。だって、じさまを助けることができたよ」「でも、最後は結局しょんべんに行けないし……」と首を傾げます。

これまでの作品では、中心人物は心情も行動も変化しているものが多く、子どもはとまどいます。

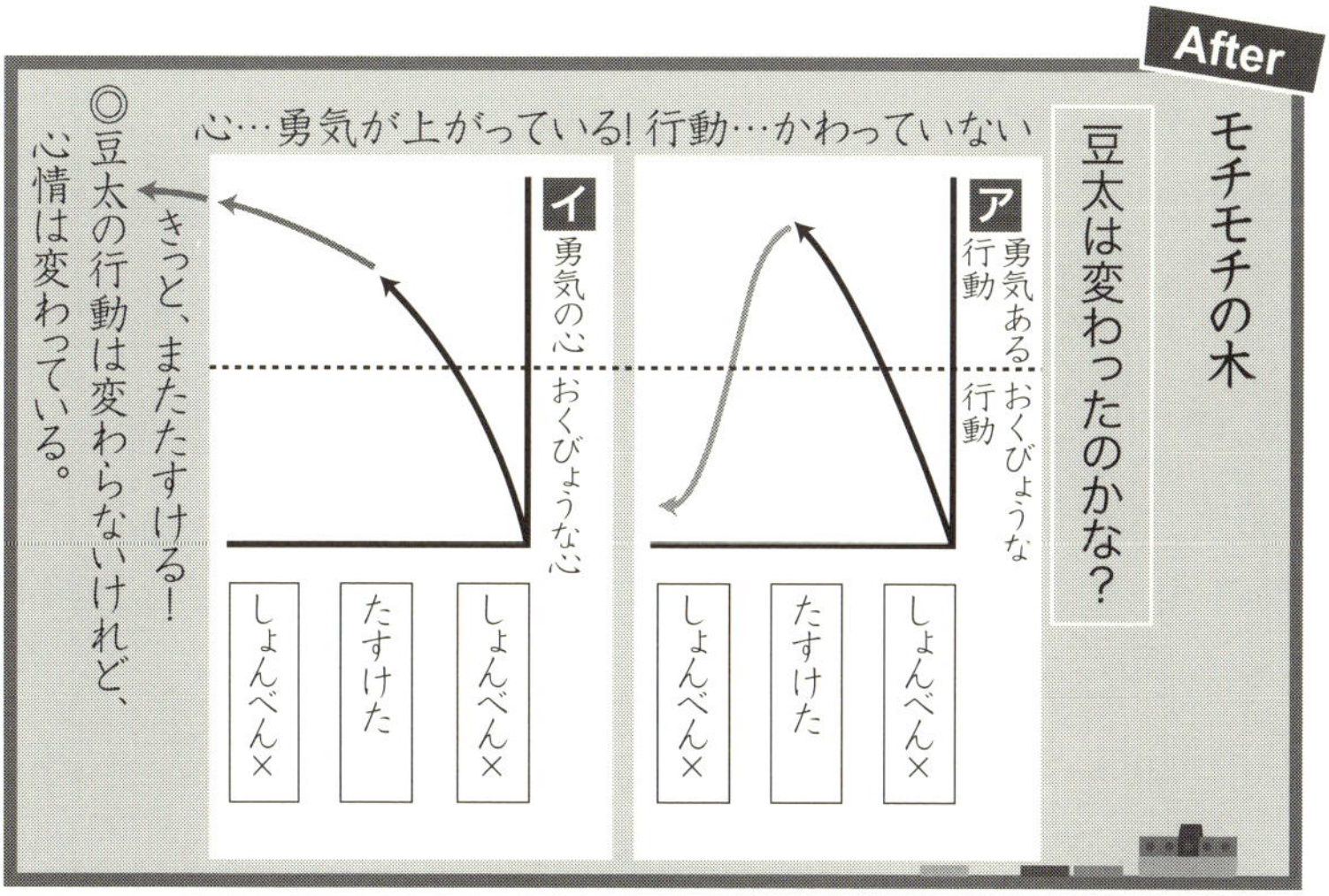
After
モチモチの木
豆太は変わったのかな？
心…勇気が上がっている！ 行動…かわっていない
ア
勇気ある 行動
おくびょうな 行動
しょんべん×
たすけた
しょんべん×
イ
勇気の心
おくびょうな心
しょんべん×
たすけた
しょんべん×
きっと、またたすける！
◎豆太の行動は変わらないけれど、心情は変わっている。

教材名「モチモチの木」（光村図書三年下）

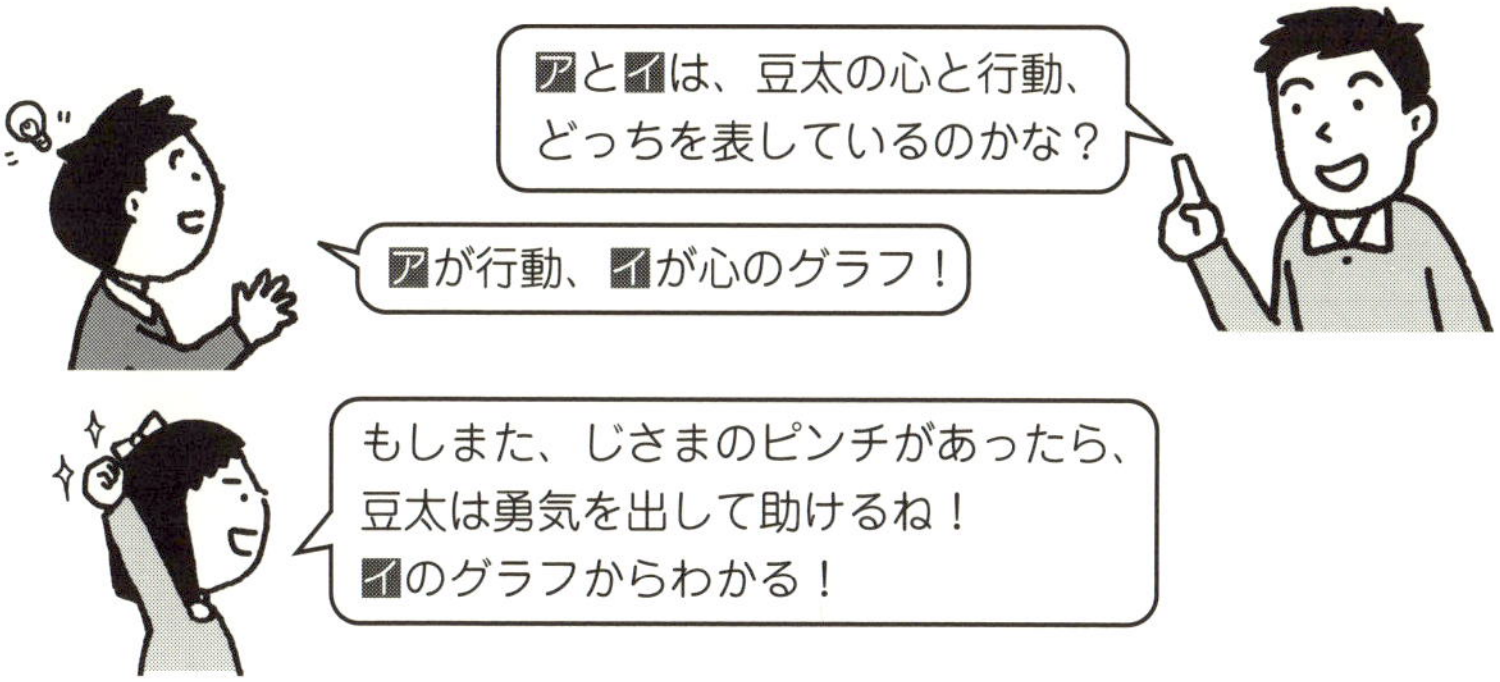
アとイは、豆太の心と行動、どっちを表しているのかな？
アが行動、イが心のグラフ！
もしまた、じさまのピンチがあったら、豆太は勇気を出して助けるね！イのグラフからわかる！

指導の実際―After

「これはどうかな？」と言って、イを提示します。けれども、一人でしょんべんに行けないことを考えると、勇気があると言えるかどうか迷ってしまいます。

そこで、「実は、アとイのグラフは、豆太の行動か心を表しています。それぞれ、どちらでしょう？」と問いかけます。子どもはペアになって話し合い、アは行動、イは心を表していることを確かめます。「豆太の変わらないところと変わったところは？」と問い、いつもの行動は最後も変わらなかったが、気持ちは変わったこと、豆太の中に眠っていた勇気を発揮できたことを確認します。発言を整理しながら、豆太が勇気を出すきっかけが「じさまを思う気持ち」であり、それがじさまの言う「やさしさ」と関連していることにもつなげていきます。

こうして、行動や心情のグラフから、行動からは見えない中心人物の変化を考えることができます。

㊽文を仮定する

Before

白いぼうし

①「ほう、夏みかんてのは、
こんなににおうものですか。」

㊐松「もぎたてなのです。きのう、
いなかのおふくろが、
速達で送ってくれました。
においまでわたしに
とどけたかったのでしょう。」

㊐竹「におうでしょ。まったく、
いつも夏みかんばかり
送ってくるんですよ。
それも、お金もかかるのに
速達で送って来るんだから、
こっちはいいめいわくですよ。」

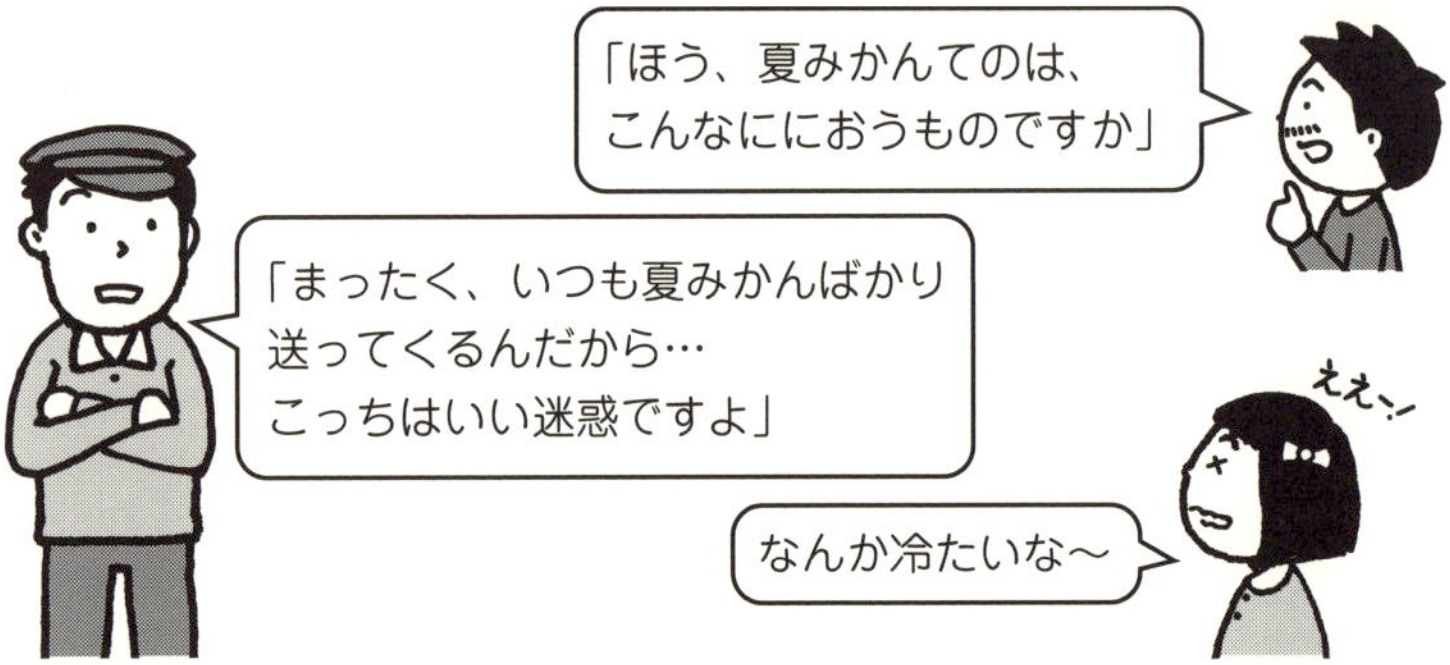
「ほう、夏みかんてのは、
こんなににおうものですか」
「まったく、いつも夏みかんばかり
送ってくるんだから…
こっちはいい迷惑ですよ」
ええ〜!
なんか冷たいな〜

【作品の設定】（人物像）

使うシーン▼第二次後半

本教材は、優しく温厚な性格である中心人物の松井さんが、不思議な出来事に遭遇するファンタジー作品です。中心人物と架空の人物とを対比させることで、人物像をつかませることができます。

指導の実際―Before

「松井さんと同じタクシー会社の竹井さんです」と言って、しかけ文を提示します。子どもがお客の紳士、先生が松井さん・竹井さんになって劇化します。

「そんな運転手さんだったら嫌だ」「松井さんがいいよ!」。ここでは、先生が竹井さんを大げさに演じることがポイントです。対照的な人物と比べることで、人物像の違いを印象づけます。

After

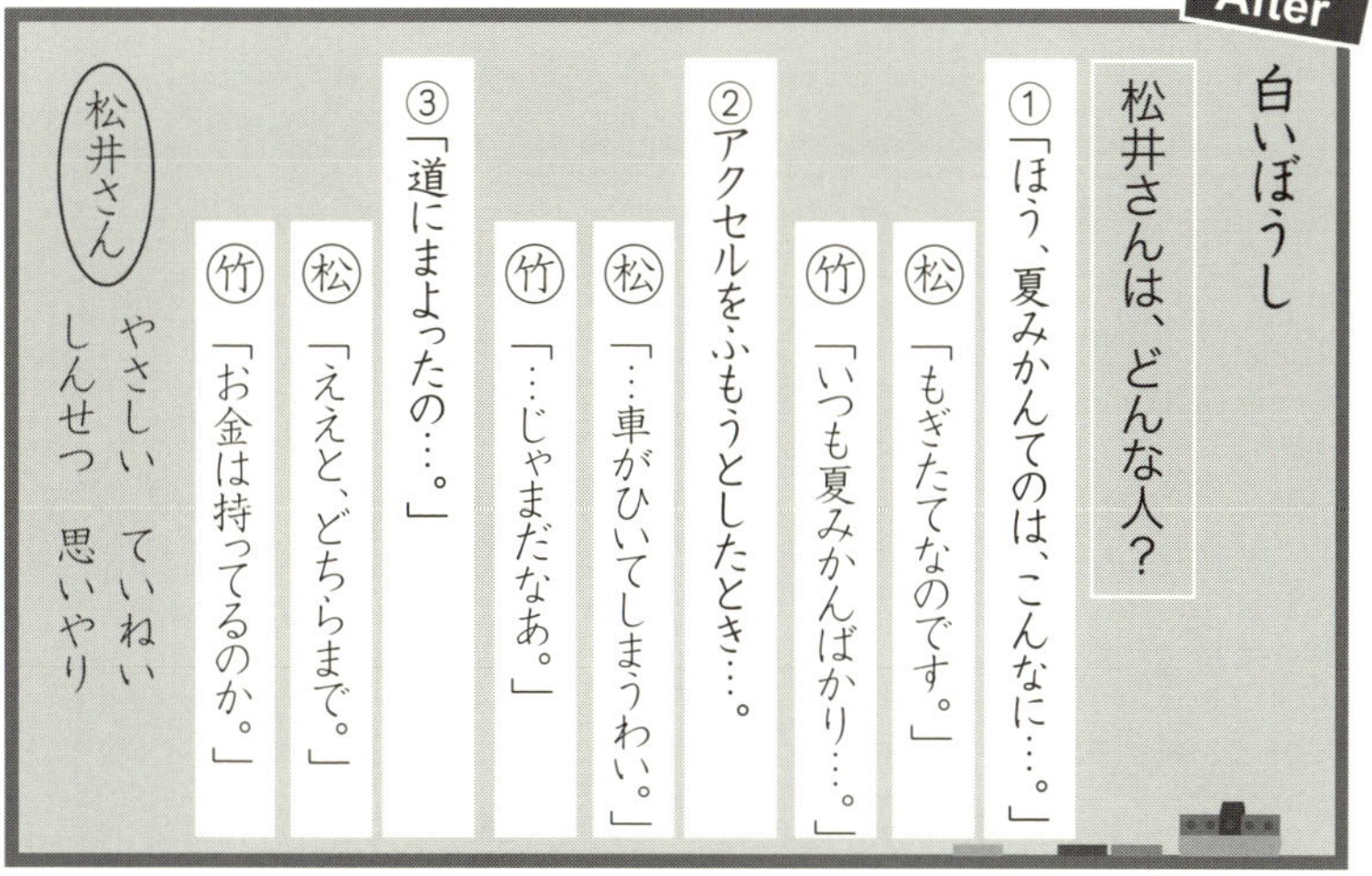

白いぼうし
松井さんは、どんな人？
①「ほう、夏みかんてのは、こんなに…。」
松「もぎたてなのです。」
竹「いつも夏みかんばかり…。」
②アクセルをふもうとしたとき…。
松「…車がひいてしまうわい。」
竹「…じゃまだなあ。」
③「道にまよったの…。」
松「ええと、どちらまで。」
竹「お金は持ってるのか。」
松井さん
やさしい　ていねい
しんせつ　思いやり

教材名「白いぼうし」（光村図書四年上）

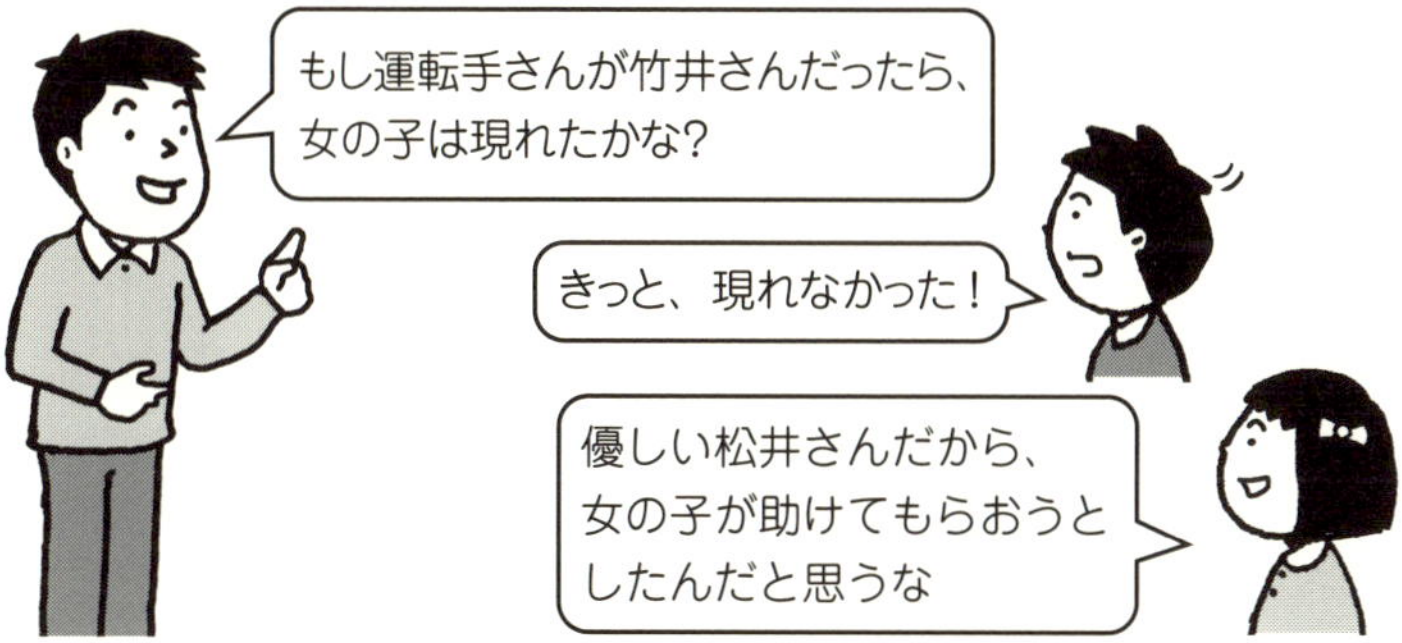

もし運転手さんが竹井さんだったら、女の子は現れたかな？
きっと、現れなかった！
優しい松井さんだから、女の子が助けてもらおうとしたんだと思うな

指導の実際―After

三つの場面の劇を見たあと、「松井さんのほうが優しくていいんだね。どんなところが優しいと感じたの？」と尋ねます。子どもは、「お母さんのことをうれしそうに話しているところ」「親切に答えてくれるところ」など、会話文の言葉に着目し、理由を説明します。対比することで、松井さんの話しぶりや行動から、優しい人柄が見えてきます。ここでの子どもの発言が、松井さんの人物像につながっていくのです。

さらに、ここで、「もし、竹井さんだったら、ちょうは女の子に変身して現れたかな？」と問いかけます。ここから、子どもたちは、松井さんの人柄だからこそ、ちょうが女の子になって、松井さんを頼ったのかもしれないと気づき始めます。

こうして人物を対比することで、人物像をとらえるだけでなく、作品の展開が中心人物の人柄と関わっていることをつかむことができます。

㊾文を仮定する

Before
わらぐつの中の神様
おねえさん、そのわらぐつ、見せてもらえますか。
あんまり、見た目がよくないわらぐつで――。
大工さんとおみつさんの会話だよ
話し方が普通…
こんな話し方じゃなかったよ

【表現技法】（方言）　使うシーン▼第二次前半

本教材は、登場人物の会話が方言を用いて書かれており、その土地特有の雰囲気や人物の人柄が表れています。標準語と比べて読むことで、方言を用いた書き方の効果に気づかせていきます。

指導の実際―Before

標準語に直した会話文を用意しておきます。授業の導入で提示すると、子どもからは、「話し方が教科書と違うよ」「標準語になっているよ」「物語の中では方言が使われていたよ」などの反応が返ってきます。

次に、方言や標準語のイメージを子どもに相談させ、標準語は「現代の言葉」、方言は「昔から使われている、その地方の言葉」などと大まかなイメージを確認します。

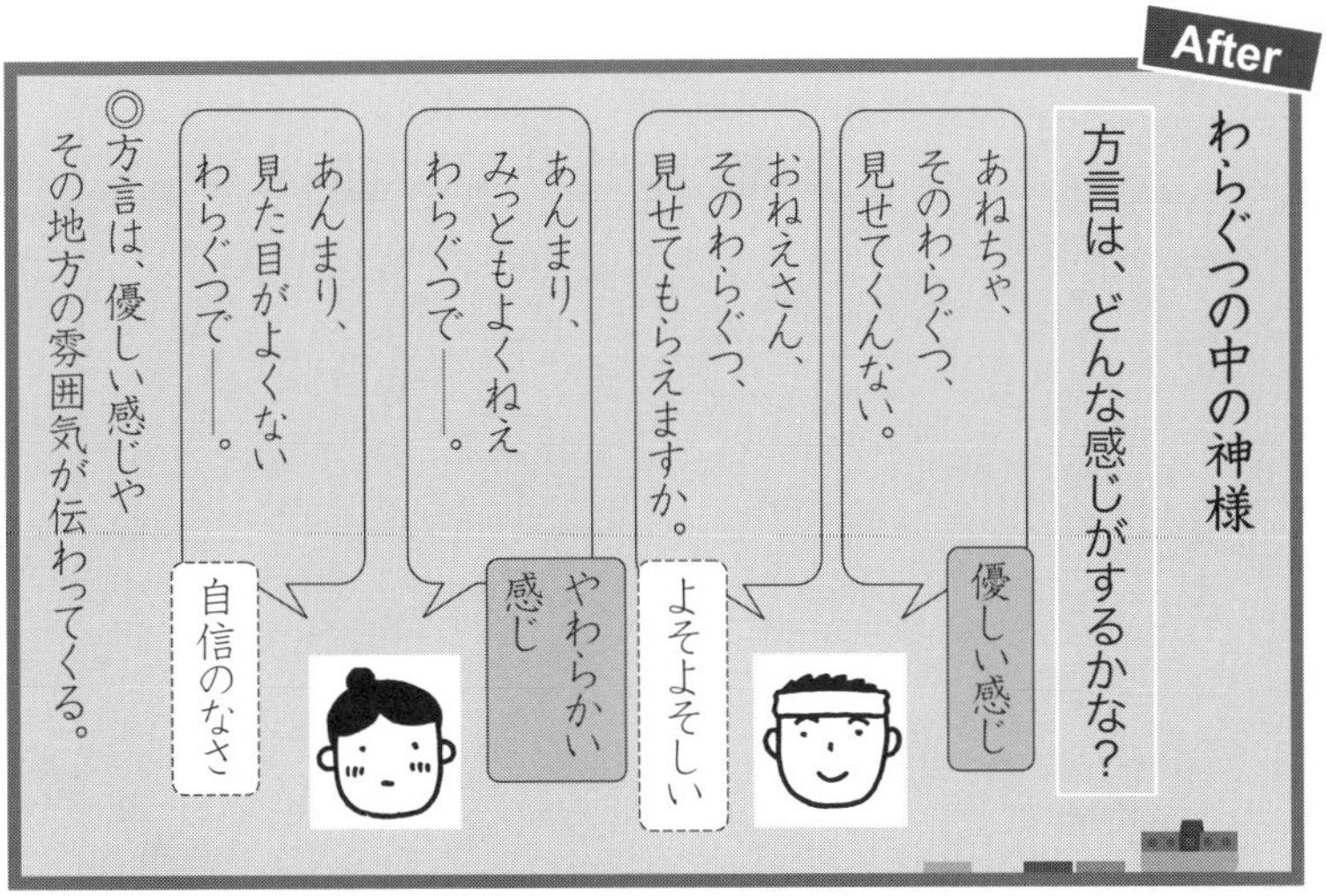
After
わらぐつの中の神様
方言は、どんな感じがするかな？
あねちゃ、そのわらぐつ、見せてくんない。
優しい感じ
おねえさん、そのわらぐつ、見せてもらえますか。
よそよそしい
あんまり、みっともよくねえわらぐつで――。
やわらかい感じ
あんまり、見た目がよくないわらぐつで――。
自信のなさ
◎方言は、優しい感じやその地方の雰囲気が伝わってくる。

教材名「わらぐつの中の神様」（光村図書五年）

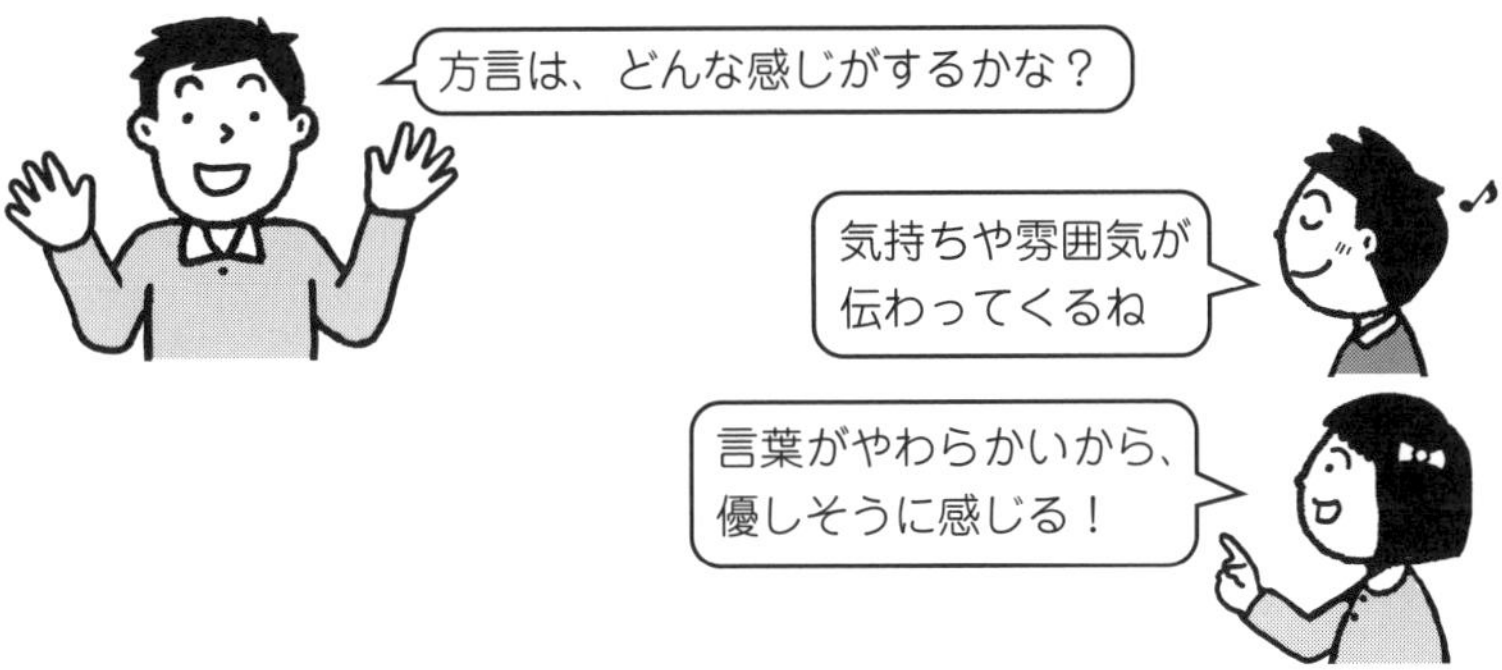
方言は、どんな感じがするかな？
気持ちや雰囲気が伝わってくるね
言葉がやわらかいから、優しそうに感じる！

指導の実際－After

次に、「他にも、方言の使われている大工さんとおみつさんのやりとりを探そう」と投げかけ、方言の使われている会話文を探します。

ペアで探して、方言の文（本文）を見つけたらカードに書き、それを標準語に直して、カードに書きます。

方言のカードと、それを標準語に直したカードを読み比べ、「方言を使うとどんな感じになるかな？」と投げかけます。子どもからは「言葉がやわらかいから、性格も優しそうに感じる」「方言のほうが読みにくいけど、気持ちや雰囲気がよく伝わってくる」などの理由が上がるでしょう。

方言を標準語のものと比較することで、方言を取り入れた表現の効果に気づくことができます。

㊿文を仮定する

Before
カレーライス
ア
ひろしは、悪くないと思った。
だから、絶対に「ごめんなさい。」は
言わないと思った。
お父さんなんかにと思った。
イ
ぼくは、悪くない。
だから、絶対に「ごめんなさい。」は
言わない。
言うもんか、お父さんなんかに。
アとイはどう違うかな？
アは「ひろし」、イは「ぼく」になっているね
アは「思った」がくっついているよ

【視点】（一人称）

使うシーン▼第二次前半

本教材は、一人称「ぼく」の視点で、中心人物の心情が書かれています。三人称の文と比較する活動を取り入れることで、視点による印象の違いや、一人称の特長に気づかせます。

指導の実際―Before

教材文の初めの三文を三人称で書き直した文を準備し、本文（一人称）と一緒にセンテンスカードにして提示します。「アとイはどう違うかな？」と問いかけると、子どもは主語「ぼく」→「ひろし」や文末の違いを挙げます。

そこで、本文は「ぼく（一人称）」で、書き直した文は「ひろし（三人称）」と視点が違うことを確認します。

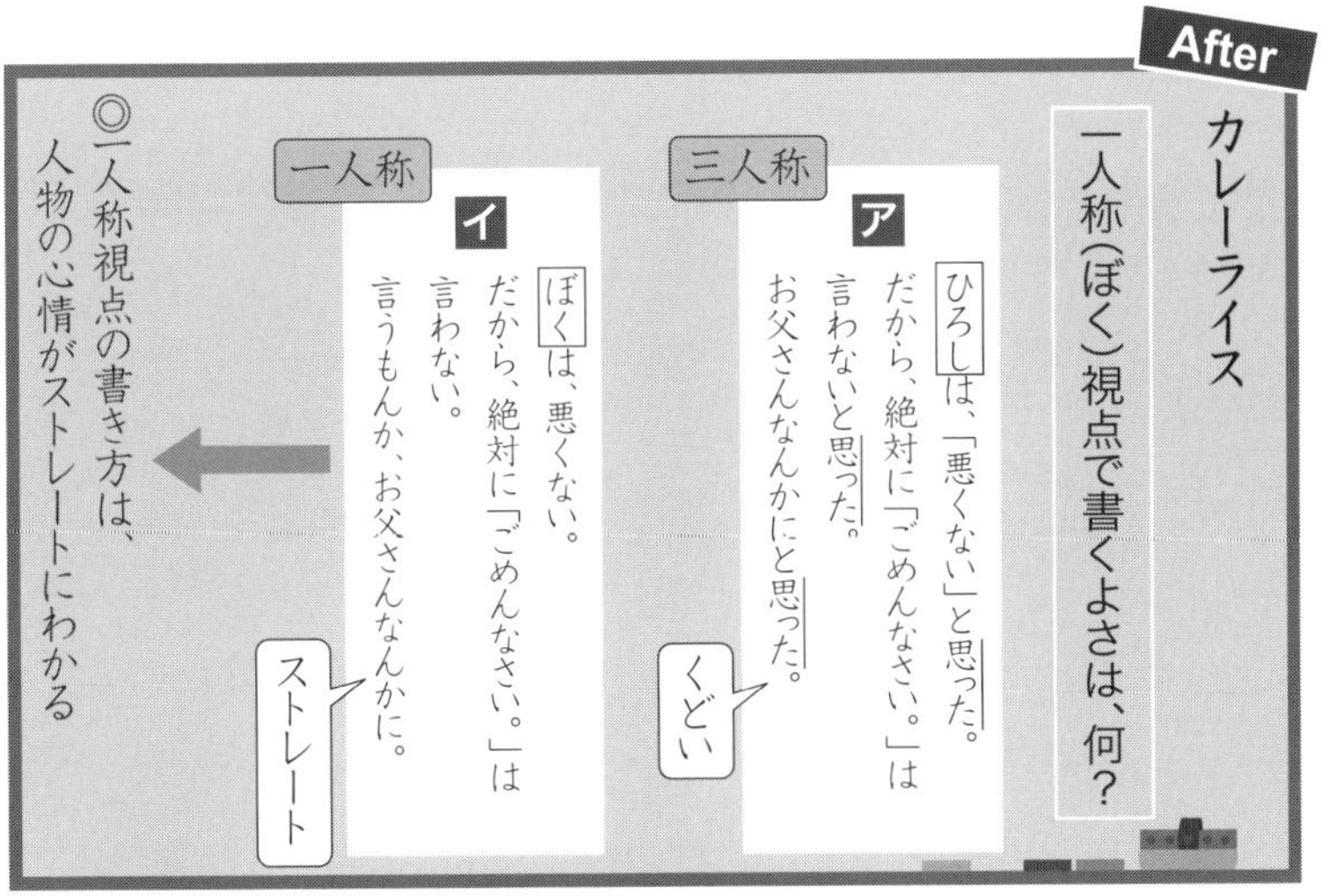
After
カレーライス
一人称（ぼく）視点で書くよさは、何？
三人称
ア
ひろしは、「悪くない」と思った。
だから、絶対に「ごめんなさい。」は
言わないと思った。
お父さんなんかにと思った。
くどい
一人称
イ
ぼくは、悪くない。
だから、絶対に「ごめんなさい。」は
言わない。
言うもんか、お父さんなんかに。
ストレート
◎一人称視点の書き方は、
人物の心情がストレートにわかる

教材名「カレーライス」（光村図書六年）

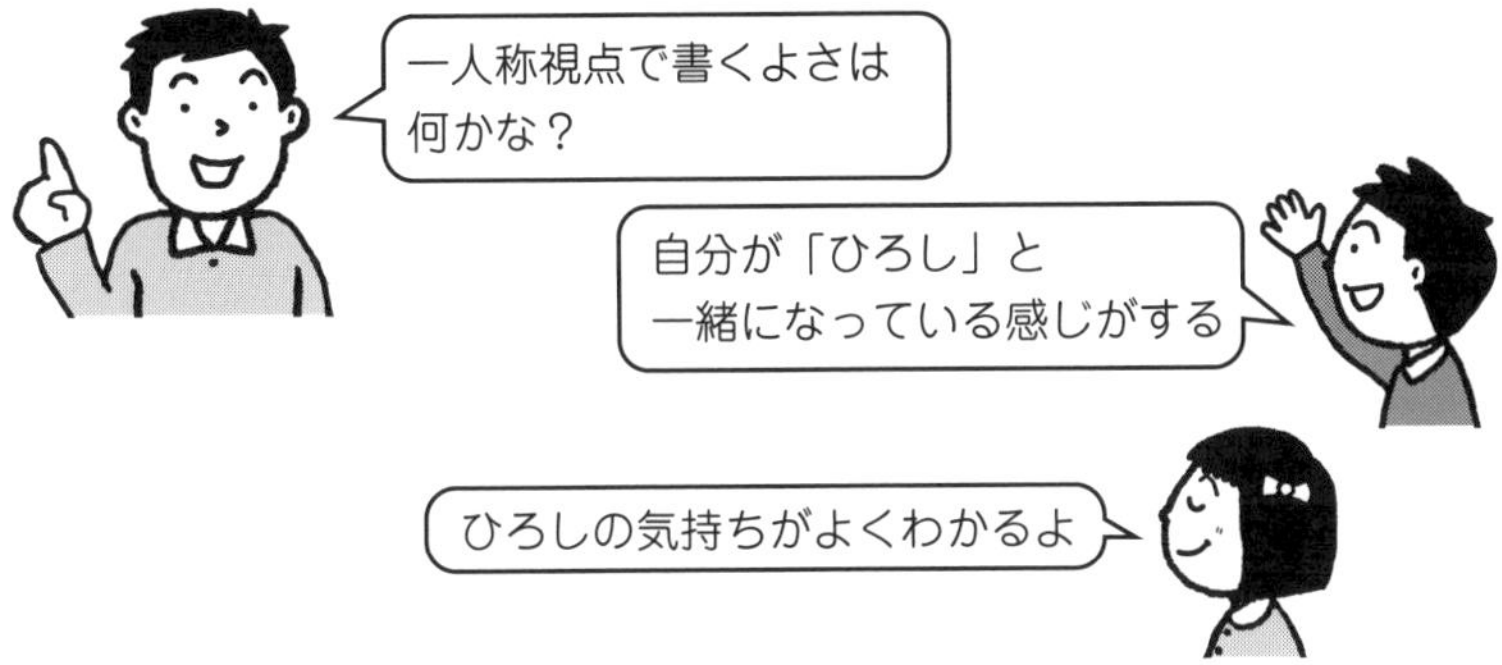
一人称視点で書くよさは
何かな？
自分が「ひろし」と
一緒になっている感じがする
ひろしの気持ちがよくわかるよ

指導の実際―After

次に、「一人称視点で書くよさは何かな？」と投げかけます。このとき、音読をして読み比べる活動が有効です。

子どもは「三人称では『思った』が何度も出てくるから、くどい感じがする」「『思った』って言わなくても伝わる」などと発言するでしょう。

その上で、一人称の特長を考えていきます。「一人称のほうが、ストレートにひろしの気持ちが伝わってくる」「一人称のほうが、ひろしと一体になって物語が進んでいくように感じる」など、一人称のよさを整理します。

一人称の視点で書かれていると、短い文章で伝わることや、中心人物の気持ちを表しやすいことを確認します。

第3章

文学教材のしかけづくり実践例

実践❶

スイミー

光村図書二年上

【単元名】

お話を読んで、スイミーの吹き出し紙芝居を作ろう

【単元目標】

○登場人物の行動をとらえ、場面の様子を想像して読み、吹き出しを紹介することができる。

○レオ＝レオニの本を選んで読み、好きなところを友達に紹介することができる。

Ⅰ

■しかけのねらい

単元の導入では、挿絵で一部のシーンだけを見せるのも一つの方法です。全文を読む前に、限定された挿絵からイメージを膨らませて興味をもつことができます。

■準備物

挿絵を拡大したものを黒板に貼れるようにしておきます。

Ⅱ

■しかけのねらい

文の並び替えをすることで、人物の言動や内容を理解することができます。

■準備物

授業で扱う段落の文をセンテンスカードにしておきます。各センテンスカードには、番号や五十音を振るなどして、並び替えをしやすくしておきます。

Ⅲ

■しかけのねらい

本文としかけ文の比べ読みをすることで、表現技法の効果を深くとらえることができます。

■準備物

取り上げる会話文と、それを普通の表現に直したものを、カードに書いておきます。

【教材のポイント】

本教材は、仲間と楽しく暮らしていたスイミーが、まぐろの出現によって、仲間を失ってしまうが、小さな赤い魚たちと協力して大きな魚を追い出し、再び自由を手に入れるお話です。スイミーの真っ黒な体と泳ぎの速さに加え、みんなで幸せになるために知恵を出す賢さや強いものにも立ち向かう勇敢さは、子どもの心を惹きつけます。

また、本教材では、体言止め・倒置法・比喩の表現技法が使われており、それが場面の様子を情景豊かに表しています。物語を読み進めていく際、表現技法の効果を味わうことで、スイミーの心情に迫ることができるのも特徴です。

一次

学習計画を立てる

①単元のめあて設定

> しかけⅠ
> **挿絵を限定する**
> ➡ **挿絵から想像する**

二次

「スイミー」を読んで吹き出し紙芝居をつくる

①楽しく暮らすスイミーの気持ち

②比喩表現の効果から考えるスイミーの気持ち

③比喩表現や様子を表す言葉の効果から考えるスイミーの気持ち

④くり返し表現と倒置法から考えるスイミーの気持ち

> しかけⅡ
> **文の順序を変える**
> ➡ **文の並べ替えをする**

> しかけⅢ
> **文を仮定する**
> ➡ **会話文を比べる**

⑤対句表現の効果から考えるスイミーの気持ち

⑥中心人物の心情変化

⑦吹き出し紙芝居の発表会

三次

他のレオ＝レオニの作品で吹き出し紙芝居をつくる

①他のレオ＝レオニの作品の読書
②吹き出し紙芝居の作成
③吹き出し紙芝居の紹介

第一次 1/1

本時のねらい

「スイミー」を読み、吹き出し紙芝居への意欲をもつ

授業の流れ

1 挿絵から物語の展開を想像する。

2 範読を聞き、話の内容を知る。

しかけI

3 単元のめあてを知る。

4 初発の感想を書く。

しかけの解説と教師の働きかけ

▼まぐろの場面の挿絵を提示する。
▼子どもに自由に話の内容を想像させる。
▼挿絵を教科書の通りに並べる。

限定 **みんなで一緒に泳いでいる挿絵を提示する。**

〇先生は、スイミーは怖がりだと思うな。
▼教師が挿絵を使い、「怖いよぉ」「みんな、ぼくを守ってくれよぉ」と、スイミーになりきって言う。
▼子どもが「おかしいよ」と反論してきたところで、「どう言ったらいいかな？」と聞き返す。
▼子どもは「『みんな、ぼくの言うことをよく聞いてね』がいいな」などと意見を出し合う。
▼教師は「じゃあ、それを吹き出しにしたら、おもしろいね」と言って、「スイミーの吹き出し紙芝居を作ろう」と単元のめあてを設定する。

▼おもしろいところ、知りたいところなど、視点を与える。

しかけⅠ

Before
スイミーって怖がりだと思うな 真ん中にいるし…
こわいよ こわいよ
みんなでぼくを守ってくれよぉ
うーん… スイミーは怖がりではない気がする

After
?
どう言ったらいいのかな? スイミーの言葉を考えよう!
みんなで泳ぐぞー!
みんな、ぼくの言うことをちゃんと聞いてね

じゃあ、それを吹き出しにしよう
つなげて紙しばいを作っていくよ
やった!!
楽しそう!
早く完成させたいな♪

第二次　4/7

本時のねらい　比べ読みを通して、倒置法の効果に気づき、作戦を思いついたときのスイミーの言葉を吹き出しに書くことができる。

授業の流れ

1　第四場面を音読する。

しかけⅡ

2　センテンスカードの並べ替えを通して、スイミーがしたこと、言ったことを確認する。

しかけⅢ

3　倒置の効果から、スイミーの気持ちを考える。

「海でいちばん大きな魚のふりをして、
みんないっしょにおよぐんだ。」

「みんないっしょにおよぐんだ。
海でいちばん大きな魚のふりをして。」

4　叫んだときのスイミーの言葉を考え、伝え合う。

5　考えた言葉を吹き出しに書く。

しかけの解説と教師の働きかけ

順序　スイミーの行動と会話文のセンテンスカードをバラバラに提示する。

○スイミーのしたことは、どんな順番かな？

▼「考えた」が三つもあることを確認し、スイミーが必死に考えたことをおさえる。

仮定　倒置でない文と比較し、倒置の効果について、感じることを出し合う。

○別の言い方にしてみたよ。音読してみよう。

▼それぞれの文を思いをこめて音読する。倒置を使った言い方のほうが、作戦がひらめいた様子がよく伝わってくることをおさえる。

▼表現の効果を踏まえて、言葉を書かせる。

しかけⅡ

Before

After

しかけⅢ

Before

After

実践❷

海をかっとばせ

光村図書三年上

【単元名】
読んで考えたことを発表しよう

【単元目標】
○場面の移り変わりに気をつけて、登場人物の性格や気持ちの変化、情景などについて、叙述をもとに想像して読むことができる。
○読んで感じたことを発表し合い、一人ひとりの感じ方の違いに気づくことができる。

Ⅰ

■しかけのねらい
ファンタジーの世界を表す比喩表現が多用されている場面です。挿絵を効果的に用いながら、表現とそれが表すものを対応させていくことで、情景をイメージしやすくします。

■準備物
ファンタジーの比喩表現で表された挿絵と語句をカードにしておきます。黒板に貼りやすいように、マグネットシールをつけておきます。

Ⅱ
Ⅲ

■しかけのねらい
叙述をもとに中心人物の気持ちの変化をとらえることは大切ですが、たくさんの文の中から自分で探し出すことは容易ではありません。そこで、中心人物の変化に関わる部分をセンテンスカードにし、重要な語句を置き換えます。そうすることで、自然と叙述に着目しながら中心人物の変化に気づくことができます。

■準備物
〈はじめ - きっかけ - おわり〉の三色に色分けしたＢ４サイズの色画用紙でセンテンスカードを作ります。

【教材のポイント】

中心人物ワタルは、野球の試合に出たい一心で、朝の海で一人「ひみつのとっくん」を始めます。そこに、波の子どもが現れます。

波はボール、海はグラウンドになり、ワタルは不思議な世界へと引き込まれていきます。

現実にはいるはずのない人物が現れ、現実には起こりえない不思議な出来事が起こる。これがファンタジー作品のおもしろさです。しかし、ファンタジー作品として読むことができなければ、子どもたちにとってよくわからないお話となってしまいます。

お話の構成や、作品を豊かにしている情景描写に気づかせながら、不思議な世界で中心人物がどのような体験や関わりをし、どのように変化していくのかを読み取ります。

一次

学習計画を立てる

①題名からお話をイメージし、全文を読む

二次

ワタルの様子や気持ちを読み取る

①作品の設定をつかむ

②ワタルの人物像をつかむ

③波の子と練習するワタルの様子を読み取る

- しかけⅠ　**挿絵を配置する**
  ➡ **ファンタジーの世界と現実の世界を対比する**

④情景描写からワタルの気持ちを考える

⑤中心人物の変化を読み取る

- しかけⅡ　**語句を置き換える**
  ➡ **語句の間違い探しをする**
- しかけⅢ　**中心人物の変化を図解する**
  ➡ **カードを<はじめーきっかけーおわり>にまとめる**

三次

感想を交流する

①読んで考えたことを発表する

第二次 3／5

本時のねらい

現実のものと非現実のものを対応させる活動を通して、ファンタジーの比喩表現に着目し、ワタルの夢中な様子をノートに書くことができる。

授業の流れ	しかけの解説と教師の働きかけ
1　第三・四場面を音読する。	○そこらにいた人間の男の子たちがびしょぬれになりながら、本物のボールを投げてきたんだよね。 ▼「人間の子じゃなくて、波の子だよ」「ボールは本物ではないよ」と、比喩表現に着目できるようにする。
2　教師が描いた絵を提示する。	
3　比喩表現が何を表すかを考える。（しかけⅠ）	**配置** 比喩表現の語句カードを並べ、それらがたとえているものの語句カードを横に貼っていく。 ▼対応するカードをペアで考える。 ▼比喩表現とは何かを教える。
4　比喩表現の効果を考え、ノートにまとめる。	▼比喩表現によって、ファンタジーの様子がよく伝わり、ワタルがその世界に夢中になっている様子がわかることを確かめる。
5　自分自身が何かに夢中になった体験を話し合う。	▼ワタルのように、現実世界を忘れるくらい何かに夢中になった体験を話し合う。

男の子たちが海に入ってボールを投げているんだよね
男の子たちは砂浜でボール遊びをしてたんだろうね
違う違う！波の子だよ！
ボールは波しぶきのことだよ！

しかけⅠ

Before
現実
波の音
波しぶき
すなはま
波がしら
何のことかな？
非現実
白いボール
ピッチングマシン
いろんなかけ声
バッターボックス
現実のものを非現実のものにたとえているんだね
えーっと…「白いボール」が表わしているのは…

After
非現実
白いボール
ピッチングマシン
いろんなかけ声
バッターボックス
現実
波しぶき
波がしら
波の音
すなはま
もしも比喩表現が使われていなかったら？
つまらないよ。比喩だから、ワタルの夢中な様子がよくわかる

第二次 5/5

本時のねらい 語句の間違い探しを通して、ワタルの行動や気持ちに着目し、その気持ちの変化をノートにまとめることができる。

授業の流れ	しかけの解説と教師の働きかけ
【しかけⅡ】 1 センテンスカードを音読する。	○今日の授業は、間違い探しだよ。 ▼子どもが語句の間違いに気づいたところで、本時のめあてを提示する。
2 ペアで間違いを話し合う。	**置換** 語句を置き換えたセンテンスカードを提示する。
3 全体で正しい表現を確かめる。	▼ペアで黒板を指さしながら説明させる。
【しかけⅢ】 4 中心人物の変化を考える。	**図解** 〈はじめ－きっかけ－おわり〉の形にカードを並べる。 ▼カードが水色・黄色・ピンクに色分けされていることをヒントに、ワタルの気持ちの変化を考える。
5 ノートに中心人物の変化をまとめ、発表する。	▼板書をヒントに、自分の言葉でまとめることを伝える。

しかけⅡ

Before
読んでみよう!
ア
せなかが
ぞくぞく
あったかかった。
えー、おかしいよ!
「ぞくぞく」だと寒いよ。ワタルはあったかくなったんだよ!

After
今日は間違い探しだよ!
イ
五十回を
すぎたころから
うでがだんだん
軽くなった。
かった。
ウ
おしっこを
がまんして、
ワタルはすなはまに
かけ下りた。
エ
ワタルは
しょんぼりと
せなかを丸め、
ダイヤモンドを
一周する。
オ
ぜったい
来るからね。

しかけⅢ

Before
正しい順番に並べてみよう
これがこっちで…
約束するのが最後だね!

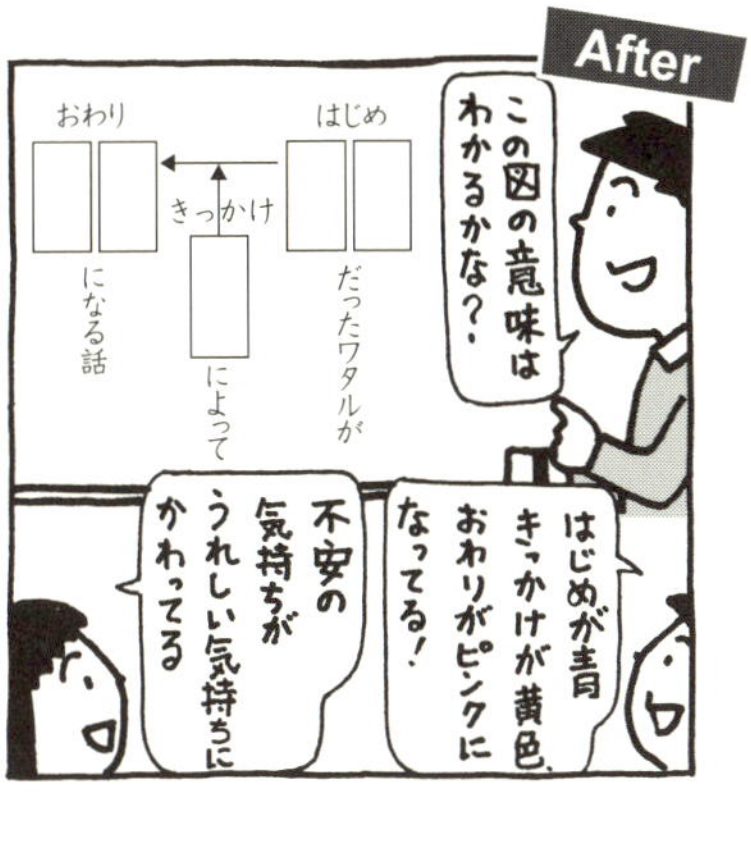
After
この図の意味はわかるかな?
はじめ
おわり
きっかけ
だったワタルが
によって
になる話
はじめが青 きっかけが黄色、おわりがピンクになってる!
不安の気持ちがうれしい気持ちにかわってる

実践❸

わらぐつの中の神様

光村図書五年

【単元名】

作品の特色をとらえ、自分の考えをまとめよう

【単元目標】

○登場人物の心情や生き方・考え方を行動や会話から読み取ることができる。

○人物の考え方や生き方について、自分なりの感想をもつ。

I

II

■しかけのねらい

単元のおわりで中心人物の変容をとらえるために、中心人物のはじめのものの見方・考え方をおさえることが大切です。センテンスカードの間違い探しをすることで、どこに着目するとよいかがわかりやすくなります。

■準備物

語句を置き換えたセンテンスカードを用意し、記号をつけておきます。

III

■しかけのねらい

「作品の主題は何かな？」と尋ねても、はじめから自分の言葉で説明するのは難しいものです。そこで、選択肢を与えることで、主題について考えやすくなります。

■準備物

センテンスカードに記号をつけて準備します。

【教材のポイント】

この作品は、【現在】→【過去】→【現在】という額縁構造で描かれた作品です。

わらぐつを「みったぐない（みっともない）」と思っているマサエに、わらぐつの中には神様がいるのだとおばあちゃんが昔話をし始めます。読み手はマサエと自分自身を重ね、おばあちゃんの話に耳を傾けるように、作品を読むことができます。

おばあちゃんの話を聞いたマサエは、古くてみっともないと思っていたわらぐつに対する見方・考え方が変容します。さらに、作品のおわりでは、昔話の主人公おみつさんが、実はおばあちゃんだったという種明かしがあり、読み手はマサエと同じようにに感動します。

こうした構成のおもしろさをもつ作品です。作品の特色をとらえながら、登場人物の生き方や考え方を読み取り、自分の考えを深めていきます。

一次

学習計画を立てる

①題名からお話をイメージし、全文を読む

▼▼

二次

マサエの気持ちを読み取る

①作品の設定をとらえる

②マサエのはじめの見方・考え方を読み取る

③おみつさんの人物像を読み取る

④おみつさんや大工さんの生き方・考え方をとらえる

⑤中心人物（マサエ）の変化をとらえる

⑥主題をつかむ

しかけⅠ
語句を置き換える
➡ センテンスカードの間違い探しをする

しかけⅡ
人物関係を図解する
➡ マサエの見方が表れるようにカードを置く

しかけⅢ
文の選択肢をつくる
➡ 主題に合うセンテンスカードを検討する

▼▼

三次

感想を交流する

①読んで考えたことをまとめ、交流する

第二次 2／6

本時のねらい

間違い探しや文の配置という活動を通して、マサエの対人物に対する言動をとらえ、マサエのはじめの見方・考え方についてノートに書くことができる。

授業の流れ

しかけⅠ

1 各センテンスカードを音読する。

ア マサエは、ふと思い出して、こたつにいるお母さんをよびました。

イ 「やだあ、わらぐつなんて、もったいない。だれもはいてる人ないよ」

ウ 「そんなの知ってるよ、おばあちゃん。」

エ おふろ好きのおじいちゃんは、「この寒いのに——。」と、みんなに尊敬されながら、さっきおふろ屋さんへ出かけていきました。

しかけⅡ

2 マサエと他の登場人物との関係をとらえる。

3 マサエの人物像について話し合う。

しかけの解説と教師の働きかけ

しかけⅠ

置換 キーワードとなる言葉を置き換えたセンテンスカードを提示する。

▼子どもが「変なところがあるよ」と、話したくなるような提示の工夫をする。

○それぞれのカードに一つずつ間違いがあるよ。ペアで話し合いながら見つけてみよう。

▼話し合いが進まないペアには、教科書を参考にしてもよいなど個別の配慮をする。

しかけⅡ

○「センテンスカードは、どこに当てはまるかな？」

配置 図の中にセンテンスカードを配置する。

▼登場人物やわらぐつの絵を描いたカードを用意する。

▼マサエの吹き出しを書かせる。

しかけⅠ

Before
ア こたつ
イ もったいない
ウ 知ってるよ
エ 尊敬され
読んでみよう
あれ？おかしなところがあるよ
間違いがあるね！

After
ア こたつ
台所
イ もったいない
みったぐない
ウ 知ってるよ
迷信でしょ
エ 尊敬され
笑われ
それぞれ正しく直そう！
マサエはわらぐつのことを信じていない。だから「迷信」って言ったんだ

しかけⅡ

Before
ア 「マサエは…」
お母さん
エ おふろ…
おじいちゃん
マサエ
ウ 「そんなの…」
おばあちゃん
イ 「やだあ…」
わらぐつ
それぞれどこにあてはまるかな？

After
それぞれの人物に対するはじめのマサエの見方は？
わらぐつのことをばかにしている感じ
イのカードからわかるね

本時のねらい 選択肢を吟味していくことを通して、主題のとらえ方を知り、自分なりに主題をノートに書くことができる。

授業の流れ

しかけⅢ

1 主題を一つずつ検討する。

ア わらぐつの中には神様がいるので、はくときに気をつけること

イ おみつさんは、やさしい人ということ

ウ 思いやり

エ 努力は必ず報われること

2 中心人物の変化と照らし合わせて主題文を選ぶ。

オ 物事や人間の本質を見かけで判断せず、内にこめられた想いに目を向けること

3 ノートに自分が考える主題文を書く。

しかけの解説と教師の働きかけ

○作品の主題を考えてきたよ。どうかな？

選択肢 主題文のセンテンスカードを五つ用意し、一枚ずつ提示する。

▼主題は、「人の生き方で大切なのは～かな。」に続く文で考えるとよいことを伝える。

▼主題の検討をする際、①内容との整合性、②具体的すぎていないか、③抽象的すぎていないか、④飛躍しすぎていないかといった視点を与える。

▼主題は、中心人物の変化と照らし合わせて考えるとよいことを伝える。

しかけⅢ

Before
人間の生き方では、
ア
わらぐつの中には神様がいるので、はくときに気をつけること
が大切だな。
この作品の主題文を考えてみたよ どうかな？
えー!! こんなお話じゃないよ
主題は作者が読み手に最も伝えたいことだよ

After
ア
イ
ウ
エ
オ
「人の生き方で大切なのは…」に続く文を考えよう
イは具体的すぎ ウは抽象的 エは言いすぎてる
マサエは、はじめとおわりで見方が変わってる。それが主題文に表れるといいよね

あとがき

子どものために日々の授業を改善したいと願い、授業のユニバーサルデザイン研究会沖縄支部を立ち上げて二年が過ぎた頃、桂先生から本書のお話をいただきました。

最初はあまりの大きな目標にびっくりしたのですが、

「日本を変えるような本を一緒につくろう」

という桂先生のしびれる言葉に、沖縄支部のメンバーも気がついたらその気に……。細かいことは考えず、「とにかくやってみよう」と、やる気満々でこの本の計画をスタートさせました。

子どもの「あっ！」「わかった！」が一つでも多く授業の中で出てくるように教材にしかけをつくり、その活動の中で子どもが「論理」に気づき、理解できるようにする。

そのために、授業のねらいを絞ってしかけをつくるだけでなく、子どもがつい動き出したくなるような楽しいしかけを作り出そうと、苦戦苦闘の日々が始まりました。アイデアや実践に行き詰まるとメンバーで集まり、「教材を変えてみよう」「こんな視点で取り組んでみたら」と互いにアドバイスし合うなど、試行錯誤の連続でした。

「先生〜、そうじゃないよ。ここを見ればわかるよ。理由はね……」

「あ〜、なるほど。○○さんの言っていることがわかった」

試行錯誤の中で授業が変わってくると、それに伴って子どもの姿もどんどん変わっていきました。子どもはとても正直です。しかけのピントが論理に合うと、何をすればいいのかわかり、びっくりするくらい活動的になります。一生懸命ペアに理由を説明する子や、友達からヒントをもらいながら挿絵の並べ替えをする子など、考えながら授業に参加する子が増えてきました。
また、教材・しかけの提示の仕方やゆさぶり発問なども、しかけを論理に導くために重要な要素であることもわかってきました。しかけを取り入れた授業づくりでの手応えと振り返りの中で、一つの形にすることができました。まだまだ追究したい課題もありますが、これで満足することなく、今後もより多くの実践を重ね、授業改善をしていきたいと考えています。
そして、この本が一人でも多くの方のお役に立てたら幸いです。

大変お忙しい中を毎月のように来沖してくださっただけでなく、台風の中での編集会議や深夜のスカイプ会議など、桂先生には本当に丁寧にご指導・ご助言をいただきました。また、この本の道筋をつけてくださった元東洋館出版社の井上幸子さん、原稿の提出が遅くなりハラハラさせてしまった東洋館出版社の大崎奈津子さんをはじめ、この本に関わってくださった多くの方に感謝申し上げます。

二〇一三年　二月

授業のユニバーサルデザイン研究会沖縄支部代表　小島　哲夫

参考文献

桂聖（二〇一一）『国語授業のユニバーサルデザイン—全員が楽しく「わかる・できる」国語授業づくり—』東洋館出版社

桂聖編著／「考える音読」の会著（二〇一一）『論理が身につく「考える音読」の授業　文学アイデア50』東洋館出版社

西郷竹彦（一九六八）『教師のための文芸学入門』明治図書

西郷竹彦監修／文芸教育研究協議会編（二〇一一）『ものの見方・考え方を育てる国語の授業』小学校一学年〜六学年　新読書社

桂聖編著／紀美野町立小川小学校著（二〇〇九）『和歌山発　3つのステップで読解力をつける複式の国語科授業—文学・説明文で何をどのように指導するのか?—』東洋館出版社

桂聖編著／下関市立滝部小学校著（二〇〇九）『下関発　読解力の「活用」が見える32の授業プラン—「プレ学習→メイン学習」で国語授業が変わる！—』東洋館出版社

白石範孝編著／三次市立神杉小学校著（二〇一〇）『三次発「思考の場」で育つ言語力—用語・構成・方法から—』東洋館出版社

青山由紀編著／白河市立白河第二小学校著（二〇一〇）『白河発　問題解決的な学習と考える力—12の視点で国語授業をつくる—』東洋館出版社

桂聖編著（二〇一〇）『板書でわかる国語　教科書新教材の授業プラン小学校2年』東洋館出版社

授業のユニバーサルデザイン研究会監修／桂聖・廣瀬由美子編著（二〇一二）『授業のユニバーサルデザインを目指す国語授業の全時間指導ガイド1年—特別支援教育の視点をふまえた国語授業づくり—』東洋館出版社

授業のユニバーサルデザイン研究会編著（二〇一〇〜二〇一二）『授業のユニバーサルデザイン「全員参加」の国語授業づくり』Vol.1〜Vol.5 東洋館出版社

全国国語授業研究会・筑波大学附属小学校国語研究部編著（二〇一〇）『国語授業力シリーズ　読解力を育てる　文学・説明文授業の発問づくりと対応力』東洋館出版社

白石範孝編著／田島　亮一・駒形　みゆき・江見　みどり・倉本　佳代子著（二〇〇九）『東京・吉祥寺発　読みの力を育てる用語―読解力を支える用語の習得・活用―』東洋館出版社

白石範孝著（二〇一一）『白石範孝の国語授業の教科書』東洋館出版社

白石範孝著（二〇〇九）『白石範孝の国語授業のつくり方（プレミアム講座ライブ）』東洋館出版社

桂聖編著／佐々木憲徳著（二〇一二）『プロ教師に学ぶ小学校国語科授業の基礎技術Q&A』東洋館出版社

編著者

桂　聖（かつら・さとし）

筑波大学附属小学校教諭。筑波大学講師兼任。

山口県出身。山口県公立小学校、山口大学教育学部附属山口小学校、広島大学附属小学校、東京学芸大学附属小金井小学校教諭を経て、現職。全国国語授業研究会理事、授業のユニバーサルデザイン研究会代表、光村図書国語教科書編集委員、『子どもと創る「国語の授業」』編集委員、国語授業ICT活用研究会理事、くどうなおこ研究会事務局、教師の“知恵”.net事務局、全国大学国語教育学会会員、国語教育探究の会会員。

著書は『フリートークで読みを深める文学の授業』『クイズトーク・フリートークで育つ話し合う力』『フリートークでつくる文学・説明文の授業』（以上、学事出版）、『国語授業のユニバーサルデザイン』『通常の学級担任がつくる授業のユニバーサルデザイン』『授業のユニバーサルデザイン』Vol.1 ～ Vol.5『論理が身につく「考える音読」の授業』〈文学・説明文全２巻〉『プロ教師に学ぶ小学校国語科授業の基礎技術Ｑ＆Ａ』『授業のユニバーサルデザインを目指す国語授業の全時間指導ガイド』『スタートブック 説明文授業のユニバーサルデザイン』（以上、東洋館出版社）、『こうすればうまくいく！　小学校教科担任制』（ぎょうせい）、『考える力をのばす！　読解力アップゲーム (1) 説明文編』（学習研究社）、『なぞらずにうまくなる子どものひらがな練習帳』（実務教育出版）他多数。DVDには『フリートーク　話し合う力を育てる』（学習研究社）、『６年「フリートークで文学をよむ」～海の命～』（内田洋行）がある。
●ツイッター　https://twitter.com/satoshi1173ka
●ブログ　http://ameblo.jp/katsurasatoshi/

著者

授業のユニバーサルデザイン研究会沖縄支部

「どの子にも『できる』『わかる』で未来の架け橋を」を合い言葉に、国語・算数の授業のUD研究を中心にして、定例会や研究大会で、沖縄から全国への発信を行っている。
●研究会 HP　https://sites.google.com/site/okinawaud/

代表　那覇市立城北小学校　小島　哲夫
宜野湾市立大山小学校　長浜　朝子
うるま市立赤道小学校　山田　秀人
うるま市立与那城小学校　山田はるか
うるま市立中原小学校　新崎今日子
沖縄市立泡瀬小学校　勝連　侑子
北谷町立浜川小学校　塩崎　美和
沖縄市立諸見小学校　寄川真友美

教材に「しかけ」をつくる国語授業
10の方法　文学アイデア50

2013(平成25)年 2 月13日　初版第1刷発行
2020(令和2)年 7 月 3 日　初版第20刷発行

編著者　桂　聖
著　者　授業のユニバーサルデザイン研究会沖縄支部
発行者　錦織圭之介
発行所　株式会社　東洋館出版社
〒113-0021　東京都文京区本駒込5丁目16番7号
営業部　電話：03-3823-9206　FAX：03-3823-9208
編集部　電話：03-3823-9207　FAX：03-3823-9209
振替：00180-7-96823
URL：http://www.toyokan.co.jp

装幀　小林亜希子
イラスト　パント大吉
印刷・製本　藤原印刷株式会社
ISBN978-4-491-02900-9 ／ Printed in Japan